中華古籍保護計劃

ZHONG HUA GU JI BAO HU JI HUA CHENG GUO

·成果·

册府千華　中國與亞洲

# 浙江大學藏中文珍貴古籍版本圖録

浙江大學圖書館古籍碑帖研究與保護中心　編

浙江古籍出版社

# 凡例

**收録範圍：**本書爲展覽圖録，收録了『册府千華：中國與亞洲——浙江大學藏中外善本珍本圖書』展覽中的『中國古籍』單元的所有古籍，共計八十種。

**正文編排：**本書將古籍分爲與展覽相同的三個單元，分别爲『宋元遺珍』『明槧概覽』『書林「清」話』。對古籍的編排主要參考黄永年《古籍版本學》所述之版本脈絡，而略有修改和增删。

宋元部分分爲宋刻宋印、元刻元印、重修本三個部分。

明代部分爲本書重點，首先分爲前期、中期、後期。各部分普通刻本依内府刻本、官刻本、藩刻本、私刻本和坊刻本爲序，有則列出，無則不録。特殊版本分爲活字本、套印本、稿本、抄本、批校本、覆刻本、四庫底本和大藏經。

清代部分分爲清前期刻本、套印本、插圖本、稿本、抄本、影抄本、批校本。

**著録：**本書按古籍著録規則和展覽要求對古籍進行著録和説明。著録項主要包括：題名、卷數、著者、版本、行款版式、國家珍貴古籍編號、古籍版本考訂及説明介紹、藏印等。

**書影的收録：**本書爲圖録，每書基本收入兩張書影，其中一張主要是卷首或較能反映古籍主要版本特徵的書影，尺寸基本爲原大，能以最直觀的方式讓讀者對該古籍具備較爲準確的印象；另一張主要選取體現古籍刻印時間、藏印所在或具有其他特色的書影。

# 序言

2021年7月15日，『册府千華：中國與亞洲——浙江大學藏中外善本珍本圖書』展覽開幕。對於已經在21個省舉辦過28個場次的『册府千華』系列中第一場由高等院校獨立承辦的館藏珍本展，國家圖書館副館長、國家古籍保護中心副主任張志清在致詞中高度讚譽：『展覽以中國和亞洲爲主題，視角新穎、視野開闊；無論從立意設計，還是從藏品的角度，都能成爲國內古籍專題展中引爲借鑒的標杆。』本書爲展覽圖録，茲略述成書因緣如次。

浙江大學古籍收藏歷史可以追溯至1897年建立的求是書院藏書室，現圖籍印記仍在，惜泰半不存。1927年，國立浙江大學於求是書院舊址成立，初名『國立第三中山大學』。建校之初，廣開門徑搜求書籍，獲邵裴子先生贈書近五千册，1933年購得劉大白先生藏書萬餘册，藏書規模漸宏。遵湄時期，數學系教授章用、史地系教授張蔭麟不幸病逝，章氏藏書按照本人遺囑捐贈本校，其中有天文曆算類稀見抄本數種；張氏藏書近萬册，多爲近代史文獻，亦有不少古籍，由其夫人倫慧珠女士捐給本校史地系。抗戰期間，屢經播遷，古籍圖書多有散失。回杭後，努力充實藏書，先後獲南潯劉氏嘉業堂和瑞安孫氏玉海樓藏書，奠定了館藏古籍善本的基礎。1949年國立英士大學併入本校，所藏古籍也隨之入藏，其珍貴者有『澤存書庫』舊藏，如元刻《玉海附刻》十三種、明鮑松刻《李杜全集》等。在此前後，接受馬敘倫先生贈書二百餘種，有批校本、稿抄本及明刻本等數十種善本書；又接受琦君所贈其父潘國綱先生遺書約四千册、任銘善先生贈書百餘種、陳漢第先生贈書二千三百餘册等。

1952年院系調整，國立浙江大學拆分爲工、文理、農、醫四所單科性大學，即浙江大學、浙江師範學院（後爲杭州大學）、浙江農學院（後爲浙江農業大學）、浙江醫學院（後爲浙江醫科大學），館藏古籍聚散離合，有得有失。損失部分主要有：一、隨院系調整部分古籍調往其他高校。二、『文革』期間，老浙江大學的數百部善本古籍及三萬餘册普通古籍移送浙江圖書館。增長的部分主要有：一、併入浙江師範學院的之江大學藏書、併入浙江醫學院的浙江省立醫學院藏書。二、浙江師範學院時期陸續購入古籍數萬册，大宗者有孫世偉藏書八九千册、屈彊藏書數千册、薛聲震藏書二百餘種以及高時顯藏書約八十種。三、杭州大學時期從江浙滬等地的古舊書店購得古籍數萬册、接受胡士瑩先生所藏小説戲曲類贈書一千餘册、方令孺先生贈書七百零二册。四、1986 年底，老浙江大學接受袁氏後人所贈袁滌庵先生舊藏約三百册，内有宋刻本《資治通鑑綱目》殘本一卷、明游明刻本《史記》三十二册。1998 年，四校重新合併爲新浙江大學，以上藏書均歸入新的浙江大學圖書館。

浙江大學圖書館現藏有古籍及民國線裝書總計十八萬餘册，其中善本二千種二萬餘册，《國家珍貴古籍名録》收録一百七十五部，居全國高校第二位。2021 年 5 月，浙江大學圖書館古籍館正式開館，同年 7 月，浙江大學圖書館藝術與考古專業館，藏有西文珍本圖書的方聞圖書館試開館。爲展示館藏並祝賀新館開館，浙江大學申請承辦由國家圖書館、國家古籍保護中心冠名的『册府千華』展覽。

展覽分中國古籍與外國珍本兩個單元。中國古籍突破傳統『珍寶展』的展陳思路，以黄永年先生《古籍版本學》所述的版本脈絡爲經緯，依版刻之前後及類型，分爲『宋元遺珍』『明槧概覽』『書林「清」話』三部分。

『宋元遺珍』展出了浙江大學所藏宋元本古籍八種，而唯一收藏的一個宋刻殘本，是本單元展覽的焦點。浙江大學所藏南宋嘉定十四年（1221）鄭寅廬陵郡庠刻本《資治通鑑綱目》五十九卷（存第四十五卷）爲嵊州袁氏家族於 20 世紀 80 年代捐贈，新入選第六批國家珍貴古籍。按黄永年先生的分類，該本屬宋浙本系統。本次展出的元本有西湖書院、建康路及慶元路儒學刻本，也都屬浙本系統。本單元雖體量不大，但也可使觀展者略窺宋元浙本之一斑。

『明槧概覽』是本次中國古籍展覽的重點。浙江大學藏有明代版本七百餘種，被認定國家珍貴古籍的就有一百餘種。展覽精選了其中的六十種，依黄永年先生對明刻本所分的前、中、後期分期陳列。各期又依照普通刻本（内府刻本、官刻本、藩刻本、家刻本、坊刻本等）和特殊版本（活字本、套印本、插圖本、稿本、抄本、批校本等）分别展示。其中較爲優秀的版本主要有明銅活字印本《唐人集》（存三十八種一百十七卷），明嘉靖孫沐萬玉堂覆宋兩浙茶鹽司本《太玄經》十卷，明萬曆三十七年汪汝淳刻本《重刻徐幼文北郭集》六卷（四庫底本）等。

『書林「清」話』單元取名於名作《書林清話》以諸清代版本之意。浙江大學收入《國家珍貴古籍名録》的清代版本以稿抄校本爲多，本單元展示以内府抄本、名家抄本，以及本館獨家收藏的孫詒讓稿本爲主。

本次展陳一依黄永年先生古籍版本學的脈絡進行，其目的如『中國古籍』單元前言所述，『謹以此次展覽致敬黄永年先生，這是一次新的嘗試，希望能爲古籍版本之普及、典籍文化之傳播盡一些綿薄之力。』通過三個單元的設置，以古籍版本爲策展核心，使觀展者對古籍版本在時間上的變遷和形式上的多樣有較爲完整的認識，這是本次展覽中文部分的學術旨趣。

西文珍本首次成體系地出現在『册府千華』的系列展覽中，也是本次展覽的重要創新。對於國外珍本的界定，圖書館界主要以版本年代爲據，而本次展覽西文部分的策展人、著名藝術史專家繆哲教授，完全從内容的角度理解外國珍本的概念，這無疑是一個全新而更具説服力的角度。

展陳的珍本揭示了浙江大學圖書館『方聞圖書館』，一座由方聞教授夫婦提議並捐建的藝術與考古方向的專業圖書館的館藏。繆哲教授是方聞圖書館學術資源的主要建設者，他指出方聞圖書館對標普林斯頓大學馬昆德藝術與考古圖書館，希望建設成爲全球一流的藝術與考古專業圖書館。這次展覽就方聞圖書館收藏的重點，展出了五個主題的内容，分别是『耶穌會士與早期漢學文獻』『馬戛爾尼訪華文獻』『東亞』『東南亞』『中亞、西亞』，前兩者是本次外國珍本單元的重點。

外國珍本單元重要的文獻，有拿破侖政府出資印製的1813年出版的《漢字西譯》，這是西方第一部中文—法文—拉丁文字典，先由意大利傳教士葉尊孝（Basilio Brollo, 1648—1704）於1690年在南京完成初次編纂，形成手稿。1800年拿破侖下令編纂一部漢語字典，並於1808年任命小德經（l. J. de Guignes, 1759—1845）爲主編，其在葉尊孝手稿基礎上於1813年編撰完成。

又如杜赫德編撰，並於1735年在巴黎出版的《中華帝國全志》，該書被稱爲『歐洲崇華者的聖經』，是18世紀最權威的中國百科全書，該書致力於呈現中華帝國之文學、科學、哲學與藝術的偉大與輝煌。是書最重要的内容，還在於書内所附的康熙委託西方依西法製作的43份中國分省（含重要都市）地圖。

繆哲教授在展覽的序言中斷言：『這批善本、珍本的意義，不僅在於其内容乃重要的學術資源，也尤在於作爲人類重要的「物質産品」(artefacts)，這些書籍所使用的材料、製作的樣式、印刷與裝幀的風格、遞藏的經過與改裝的形態，無不體現了不同時期的社會、經濟、文化與科技之發展，及美學與趣味的變遷。』這是一位藝術史學者對展品的解讀，也是本次西文珍本展示的策展旨趣。從這個角度再去觀看、審視這批展品，想必應該有全新的體會。

本次展覽以『中國與亞洲』爲題，分置中西文兩個單元。考慮到中國古籍和外國珍本兩個部分的受衆不同，故計劃出版兩部圖録，即中國古籍和外國珍本各一册，且保持相對獨立，對應於兩個單元的學術理路和展陳脈絡。

中國古籍部分，沿襲策展思路，我們按黄永年先生的《古籍版本學》所述的版本脈絡編排，勉力使之成爲研究古籍版本的工具書，並將題名稱爲『版本圖録』。今人論黄永年先生《古籍版本學》，往往稱其爲高水準之作，美中不足者惟其無圖。本次圖録出版，除了留存展覽並借此致敬老一輩學者，還有一個小小的奢望，就是作爲《古籍版本學》『配套』的工具書，能夠與黄永年先生之經典參看，也算成就了我們『爲古籍版本之普及，典籍文化之傳播盡一些綿薄之力』的美好願望。另外，本圖録書目介紹由程惠新、朱延、韓松濤、鄭穎、范晨曉撰寫，謹以致謝！

外國珍本部分，圖録除展示藏品之外，更希望藉以揭示已經初具規模的『方聞圖書館』藝術與考古的文獻收藏，並以此紀念我校博物館之父、已故著名藝術史家方聞教授（1930—2018）及其夫人唐志明女士。方聞圖書館創建於2012年，以收藏不同文明的藝術與考古專業圖籍，支持相關學科的教學與研究爲使命。收藏範圍覆蓋中國、東亞、東南亞、南亞、中亞、西亞、近東、地中海及歐洲等不同地區，以購入國外收藏家整體藏書爲主要建設方式。現收藏有基伯斯藏書（日本、中國、歐洲藝術與建築）、佛德南茲藏書（文藝復興與巴洛克時代建築與藝術史專題）、格林特藏書（希臘—羅馬藝術與考古專題）等二十餘個專題，藏書約九萬種，十餘萬册，可稱爲我國高校收藏範圍最廣、内容最宏富的藝術與考古專業圖書館。

今天，我們推出圖録的中國古籍部分。希望圖録的出版能夠成爲一個指南，既便於觀瞻古籍之美，更有利於學人之翻檢考索，成爲全球學者瞭解、利用我館資源的一個視窗。

黄晨

2021年8月於玩辭清舍

# 目録

# 前言

浙江大學古籍收藏歷史可以追溯至1897年建立的求是書院藏書室，現圖籍印記仍在。20世紀40年代，先後獲得南潯劉氏嘉業堂和瑞安孫氏玉海樓藏書，奠定了館藏古籍善本的基礎。1986年獲嵊州袁氏贈書，得宋本《資治通鑑綱目》殘本一卷，可稱『鎮館之寶』。

浙江大學現藏有古籍及民國線裝書總計十八萬餘册，其中善本二千種二萬餘册。浙江大學五次申報國家珍貴古籍，有幸被收録一百七十五部，居全國高校第二位。時值浙江大學圖書館古籍新館建成，遂申報國家圖書館（國家古籍保護中心）冠名之『册府千華』展覽，以展示館藏，並賀新館落成。

關於展覽之排布，擬出新意。古籍雖以經史子集爲目，但收藏古籍還是以古籍版本鑒定爲入手之處。古人談古籍版本之學，多以漫談的形式，建立古籍版本學之體系者首推黄永年先生，其《古籍版本學》堪稱名作，影響甚大。故本次展覽以黄永年先生《古籍版本學》所述之版本脈絡爲經緯，依版刻之前後及類型，分爲『宋元遺珍』『明槧概覽』『書林「清」話』三部分。

謹以此次展覽致敬黄永年先生，這是一次新的嘗試，希望能爲古籍版本之普及、典籍文化之傳播盡一些綿薄之力。同時祝願酉山事業發揚光大，踵古繼往，文脈永存。

# 第一部分

# 宋元遺珍

雕版印刷雖始於唐代，但大規模刻書則起於宋代。宋代之版刻也頗有留存，故古籍版本學之研究，首起宋代。兩宋三百一十九年，與之同時有遼與金，後統一於元。黄永年先生將宋遼金本分爲浙本、建本、蜀本、遼本和金平水本諸系統，又述元本與宋本略同，分爲浙本、建本、平水本諸系統。

宋元本浙江大學所藏不豐，宋本只一種，元本含遞修十餘種，此次精選宋本一種、元本七種合成八種，從版本系統來看，宋本《資治通鑑綱目》爲江西廬陵郡庠刻本，元刻本有西湖書院、建康路、慶元路刻本，均屬浙本系統。單元稱宋元遺珍，約可使觀者略窺宋元浙本之一斑。

## 資治通鑑綱目五十九卷（存第四十五卷）

（宋）朱熹撰

南宋嘉定十四年（1221）鄭寅廬陵郡庠刻本

二册

匡高 22 厘米，寬 16.2 厘米

半葉八行十三至十五字，小字雙行二十二字，白口，左右雙邊，有刻工

國家珍貴古籍名録編號：12367

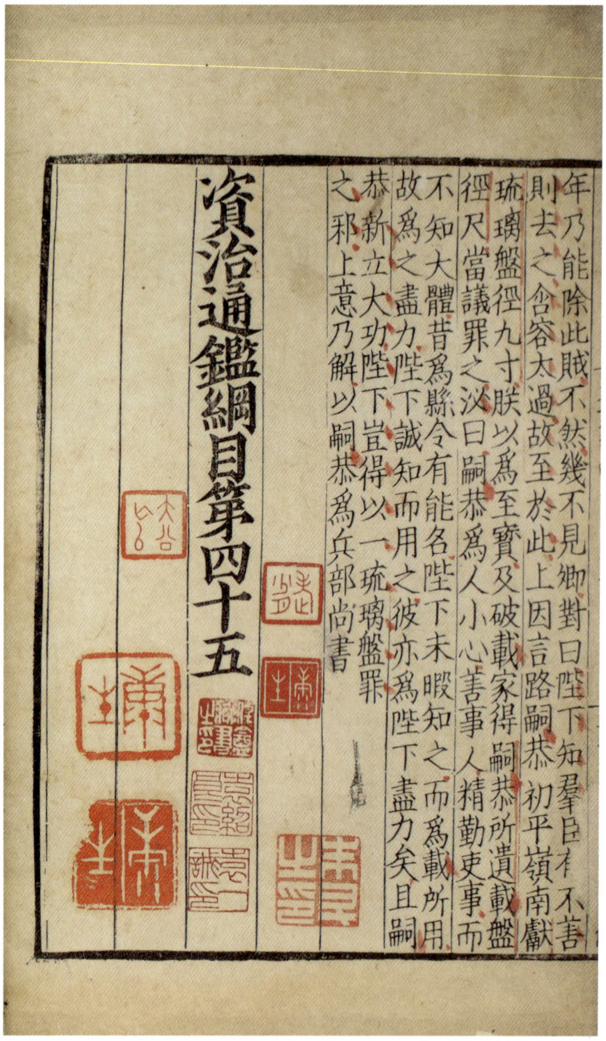
年乃能除此賊不然幾不見御對曰陛下知羣臣有不善
則去之含容太過故至於此上因言路嗣恭初平嶺南獻
琉璃盤徑九寸朕以爲至寶及破載家得嗣恭所遺載盤
徑尺當議罪之泌曰嗣恭爲人小心善事人精勤吏事而
不知大體昔爲縣令有能名陛下未暇知之而爲載所用
故爲之盡力陛下誠知而用之彼亦爲陛下盡力矣且嗣
恭新立大功陛下豈得以一琉璃盤罪
之邪上意乃解以嗣恭爲兵部尚書
資治通鑑綱目第四十五

《資治通鑑綱目》廬陵本傳世稀少，清内府曾庋藏一部，著録於《天禄琳琅書目》，清乾隆帝還命寫御容並題詩於卷前，可見其寶愛程度。但此藏本在嘉慶二年（1797）乾清宮大火中不幸被焚，令人惋惜。

廬陵本現僅存十四卷，其中公藏十二卷：山東省博物館存四卷（五十至五十二、五十四），上海圖書館存二卷（十九、五十六），以上六卷入選第二批《國家珍貴古籍名録》；吉林省圖書館存一卷（十八）、天津圖書館存一卷（四十八），以上兩卷入選第三批《國家珍貴古籍名録》；國家博物館存一卷（二十二）、浙江大學圖書館存一卷（四十五），以上兩卷入選第六批《國家珍貴古籍名録》；國家圖書館存兩卷（五十三、五十五）。此外，1999 年朵雲軒拍賣了一卷（五十九），此卷末有饒誼跋文敘述刊刻始末；2017 年西泠印社高價拍賣成交一卷（二十三），以上兩卷均被民間藏家收入篋中。

館藏本原爲著名實業家和古籍收藏家袁滌庵先生（1881—1959）舊藏。1986 年，袁滌庵子女袁紹文（1914—2006）、袁紹良等人將包含有此宋本的二十二種近三百册古籍捐贈給浙江大學。有『朱昇之印』『滌盦藏書之印』『袁紹良印』『袁一誠印』『康生』『戊戌人』『歸公』『大公無私』等印。

# 資治通鑑綱目第四十五

起己亥唐肅宗乾元二年盡戊午唐代宗大曆十三年

凡二十年

己亥

二年春正月史思明自稱燕王　史思明自稱大聖燕王周摯爲行軍司馬李光弼曰思明得魏州而按兵不進此欲使我懈惰而以精鋭掩吾不備也請與朔方軍同逼魏城求與之戰彼懲嘉山之敗必不敢輕出得曠日引久則鄴城拔慶緒死而彼無辭以用其衆矣魚朝恩以爲不可乃止

鎮西節度使李嗣業卒於軍　嗣業攻鄴城中流矢卒兵馬使荔非元禮代將其衆初嗣業表段秀實爲懷州長史知留後事秀實運芻粟募兵市馬以奉鎮西行營相繼於道

二月月食既　先是百官請加皇后尊號上以問中書舍人李

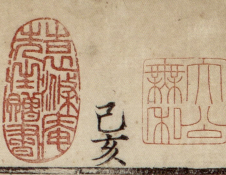

## 新編方輿勝覽七十卷

（宋）祝穆輯

元刻本

三十二册

匡高 17.4 厘米，寬 11.7 厘米

半葉十四行二十三字，細黑口，雙順黑魚尾，左右雙邊

國家珍貴古籍名録編號：02872

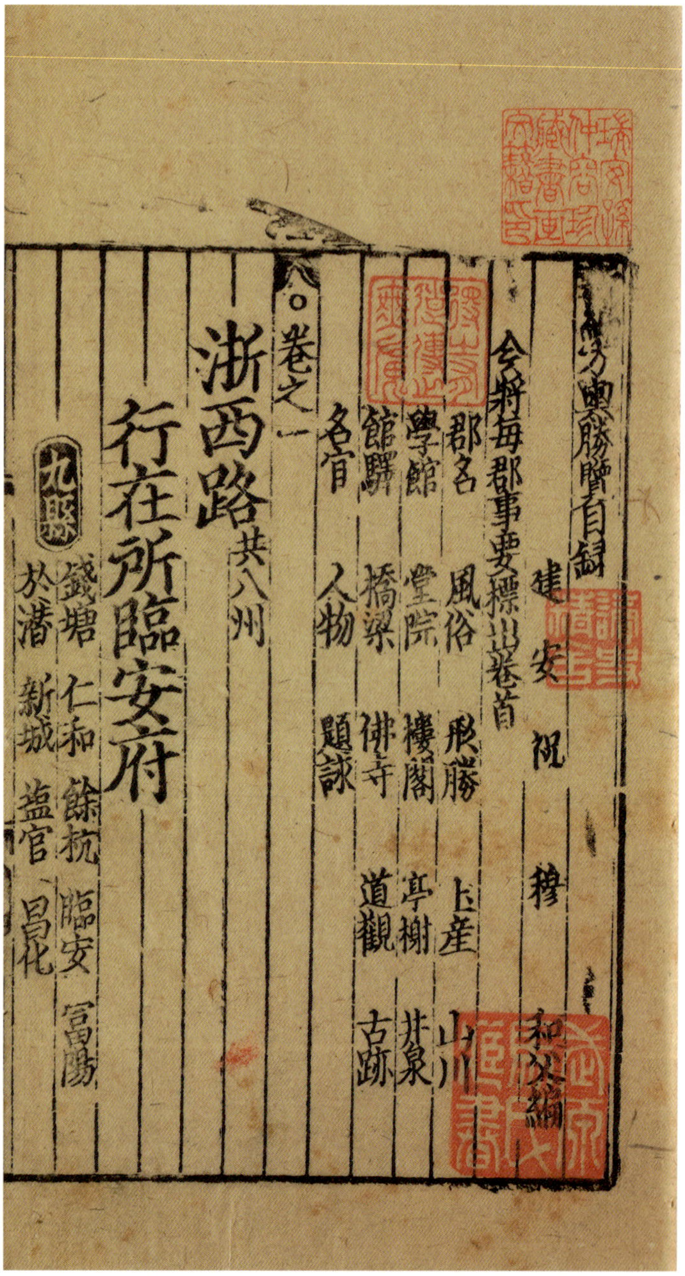
新編方輿勝覽目録　建安　祝穆　和父編

今將每郡事要標出卷首

郡名　風俗　形勝　土産　山川

學館　堂院　樓閣　亭榭　井泉

館驛　橋梁　佛寺　道觀　古跡

名宦　人物　題詠

卷之一

浙西路 共八州

行在所臨安府

九縣　錢塘　仁和　餘杭　臨安　富陽

於潛　新城　鹽官　昌化

《新編方輿勝覽》爲南宋祝穆編寫的記載南宋版圖内行政區劃的地理書，是現存六種唐宋地理總志之一。不同於一般地理書，該書對建置沿革、疆域、田賦、户口等記録較簡略，而對各地風土習俗采摭豐富，尤其對名勝古跡記載詳備，並全文收録有關詩賦序記，因此不僅對於研究人文地理和經濟地理極具價值，還兼具類書功能。是書最早刻於宋理宗時，後有咸淳三年（1267）吴堅、劉震孫刻祝洙重訂本及元刻本傳世。此本爲元代仿宋咸淳刻本，字體古拙，且版片未經修補，保持元本面貌，故尤足珍貴。有『瑞安孫仲容珍藏書畫文籍印』『讀史精舍』『武原馬氏藏書』『得之有道傳之無愧』『漢唐齋』『馬玉堂』『笏齋』等印。

新編方輿勝覽卷之一

建安祝穆和父編

# ○浙西路

## 臨安府

錢塘 仁和 餘杭 臨安 富陽
於潛 新城 鹽官 昌化

建置沿革 禹貢揚州之域寰宇記牽牛婺女吳地斗分野
漢地理志春秋時初屬越越敗屬吳吳滅又屬
越越敗爲楚秦幷天下屬會稽郡漢因之東漢分浙西爲
吳郡陳立錢塘郡隋平陳置杭州唐改爲餘杭郡後復爲
杭州 國朝錢俶納土改爲寧海軍分浙東西爲西路陞
爲帥府 中興駐蹕陞杭州爲臨安府仍舊浙西安撫使
兼兵馬鈐轄統郡八領
縣九治錢塘仁和兩縣

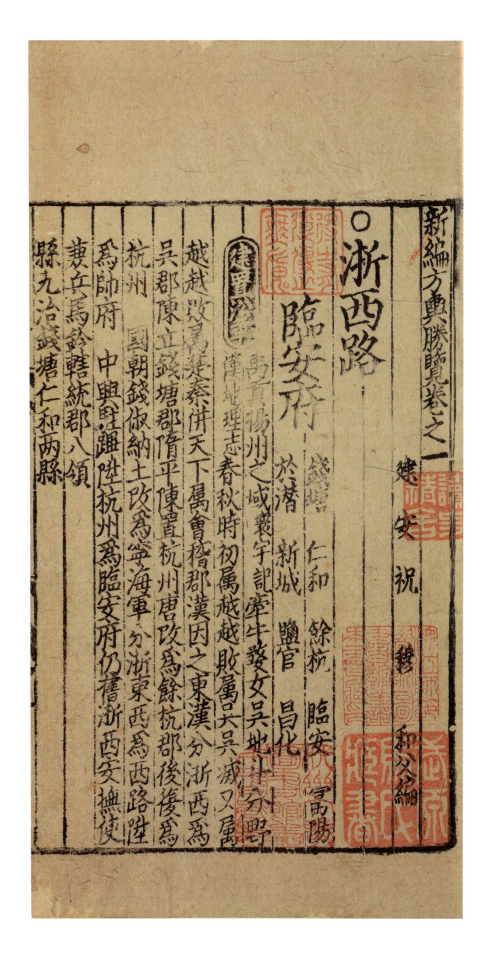

## 玉海二百卷辭學指南四卷詩攷一卷詩地理攷六卷漢藝文志攷證十卷通鑑地理通釋十四卷漢制攷四卷踐阼篇集解一卷周易鄭康成注一卷姓氏急就篇二卷急就篇補注四卷周書王會補注一卷小學紺珠十卷六經天文編二卷通鑑答問五卷（存詩攷等六十一卷）

（宋）王應麟撰

元後至元六年（1340）慶元路儒學刻本

四十册

匡高 22 厘米，寬 13.8 厘米

半葉十行二十字，間有十九字、二十一字，小字雙行同，白口，雙黑魚尾，左右雙邊，有書耳，有刻工

國家珍貴古籍名録編號：02922

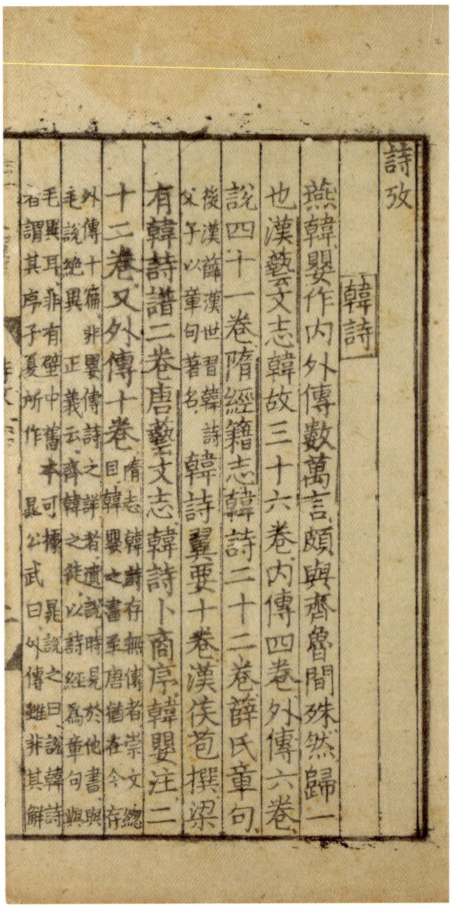
詩攷
韓詩
燕韓嬰作內外傳數萬言頗與齊魯閒殊然歸一
也漢藝文志韓故三十六卷內傳四卷外傳六卷
說四十一卷隋經籍志韓詩二十二卷薛氏章句
後漢薛漢世習韓詩父子以章句著名韓詩翼要十卷漢侯苞撰梁
有韓詩譜二卷唐藝文志韓詩卜商序韓嬰注二
十二卷又外傳十卷隋志韓詩存無傳者崇文總目韓嬰之書至唐猶在今存
外傳十篇非嬰傳詩之詳者遺說時見於他書與毛詩絕異正義云齊韓之徒以詩經爲章句與
毛異耳非有壁中舊本可據晁說之曰韓詩序謂其序子夏所作晁公武曰外傳雖非其解

《玉海》是南宋著名學者王應麟（1223—1296）所撰的一部規模宏大的百科全書式著作，《辭學指南》是現存唯一一部研究宋代詞科的專書，《詩攷》是現存最早的韓魯齊三家詩輯本，《詩地理攷》是第一部《詩》地理學專著，《漢藝文志攷證》首開藝文志、經籍志專題研究先河，《通鑑地理通釋》是我國沿革地理研究的發端之作，《漢制攷》是考訂漢代職官、禮樂、刑法、名物等制度的著作，《周易鄭康成注》等是輯佚學的典範之作，《小學紺珠》則是首部爲童蒙初學而編的類書。

《玉海》首刻於元後至元六年（1340），從元至正十一年（1351）第一次修版開始，歷經元明清三朝多次補版重修，到清嘉慶五年（1800），遞修次數竟達到二十餘次。時至今日，鮮有單位收藏有完整的元刻元印《玉海》及附刻十三種書。《國家珍貴古籍名録》收録的八部《玉海》，五部是元刻元明遞修本，三部是元刻殘本。元刻殘本中，國家圖書館存一百一十卷，浙江圖書館存《玉海》二百卷《辭學指南》四卷，浙大圖書館存《詩攷》等十三種六十一卷。

浙大館藏本爲清末浙江巡撫、浙江大學前身——『求是書院』創建者之一廖壽豐（1835—1901）之子廖世蔭舊藏，有『穀士』『古瞟擡百城樓主人珍藏書畫印記』『廖世蔭印』等印。

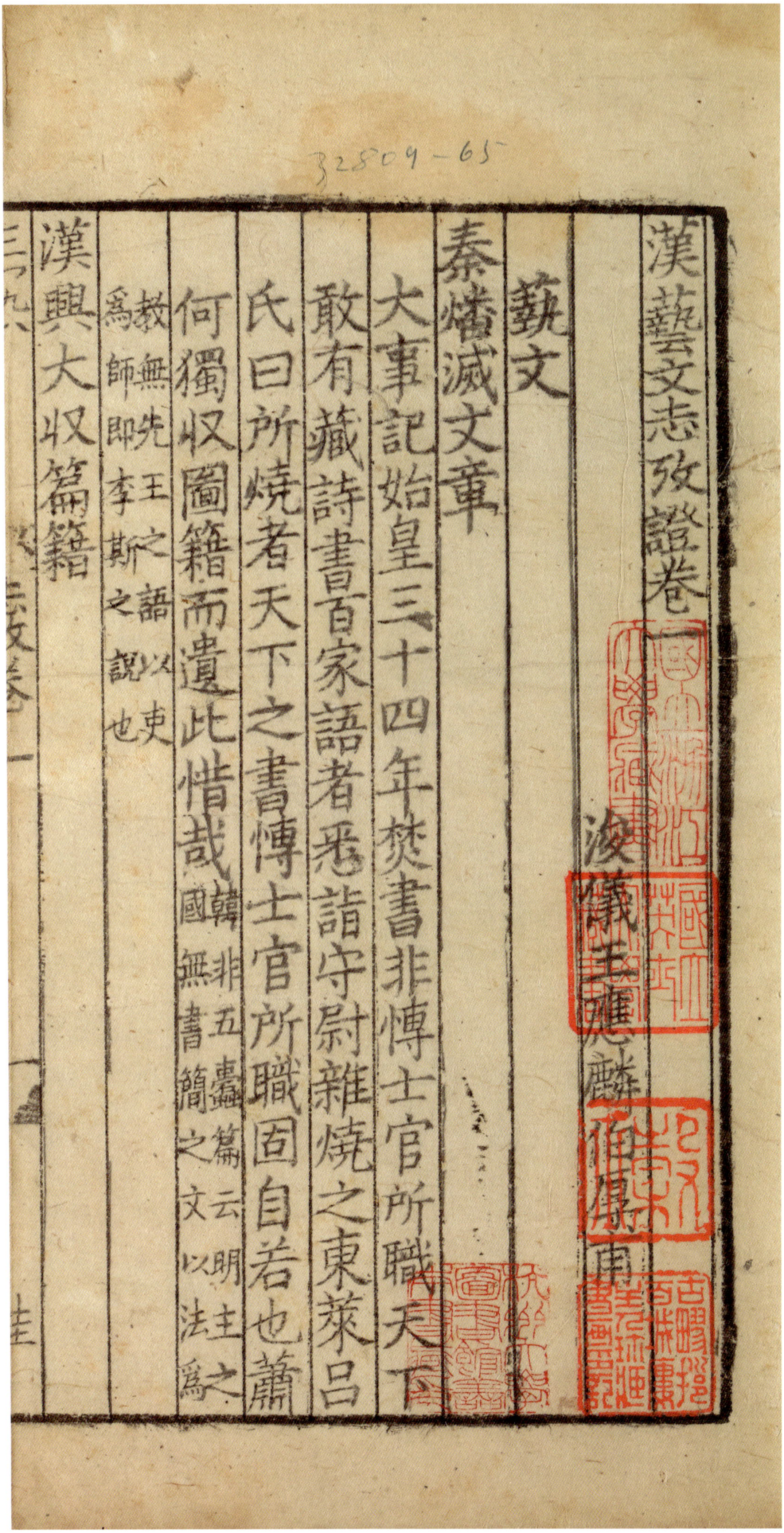

漢藝文志攷證卷一

浚儀王應麟伯厚甫

藝文

秦燔滅文章

大事記始皇三十四年焚書非博士官所職天下敢有藏詩書百家語者悉詣守尉雜燒之東萊呂氏曰所燒者天下之書博士官所職固自若也蕭何獨收圖籍而遺此惜哉韓非五蠹篇云明主之國無書簡之文以法爲教無先王之語以吏爲師即李斯之說也

漢興大收篇籍

◎元刻元印

## 漢書一百卷

（漢）班固撰 （唐）顔師古注

宋刻元明遞修本

六十册

匡高 20.7 厘米，寬 14.7 厘米

半葉十行字數不等，小字雙行，上下黑口，間有白口，間有雙對黑魚尾、單黑魚尾，四周單邊、雙邊或左右單邊、雙邊

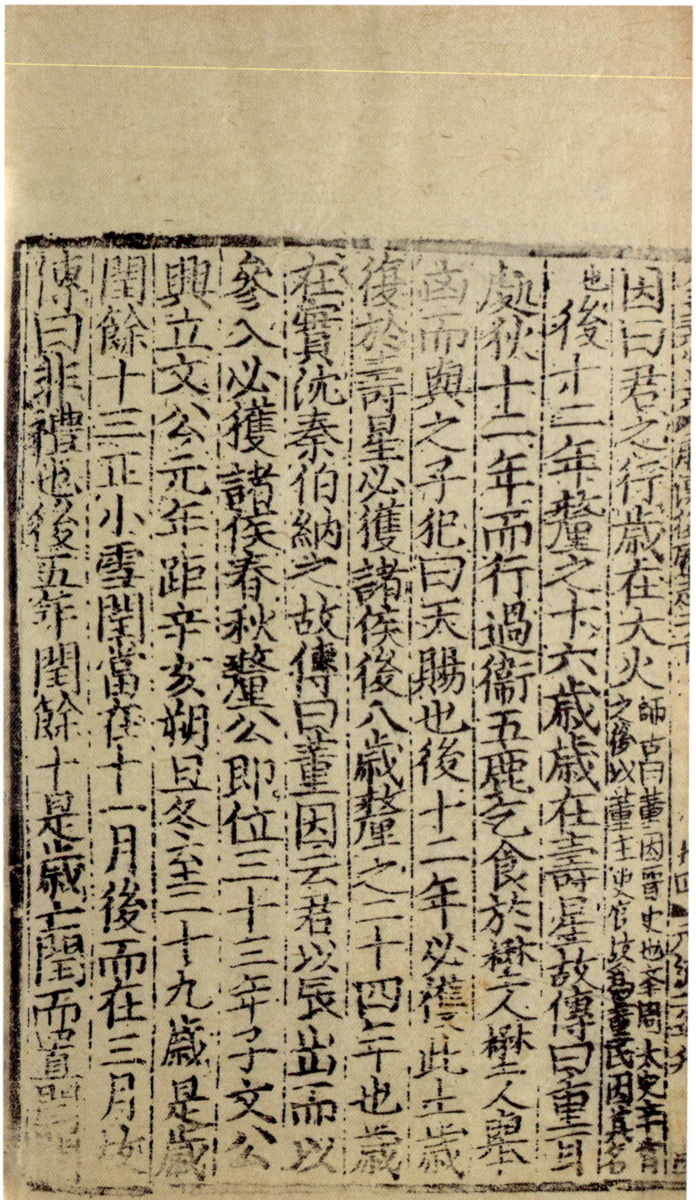
因曰君之行歲在大火師古曰董因晉史也
也後十二年釐之十六歲歲在壽星故傳曰重耳
處狄十二年而行過衛五鹿乞食於野人野人舉
凷而與之子犯曰天賜也後十二年必獲此土歲
復於壽星必獲諸侯後八歲釐之二十四年也歲
在實沈秦伯納之故傳曰董因云君以辰出而以
參入必獲諸侯春秋釐公即位三十三年子文公
興立文公元年距辛亥朔旦冬至二十九歲是歲
閏餘十三正小雪閏當在十一月後而在三月故
傳曰非禮也後五年閏餘十是歲亡閏而置閏

此書是班固編撰的一部紀傳體斷代史。據學者研究，此版或爲宋福唐（今福州）郡庠刻，元元統、大德及明正德、宣德年間均有修補。版心有補刊年份和刻工姓名等信息。舊藏嘉業堂，有『吴興劉氏嘉業堂藏書記』『御賜抗心希古』『翰怡欣賞』『張叔平』等印。

# 成帝紀第十　漢書十

秘書監上護軍琅邪縣開國子顏師古注

孝成皇帝 荀悅曰：諱驁，字太孫。驁之字曰俊。應劭曰：謚法安民立政曰成。師古曰：驁音五到反。 元帝太子也。母曰王皇后，元帝在太子宮生甲觀畫堂，應劭曰：甲觀在太子宮甲地，主用乳生也。畫堂畫九子母。如淳曰：甲觀，觀名。畫堂，堂名。三輔黃圖云太子宮有甲觀。師古曰：甲者，甲乙丙丁之次也。元后傳言見於丙殿，此其例也。而應氏以為在宮之甲地，謬矣。畫堂但畫飾耳，豈必九子母乎？霍光止畫室中，是則宮殿中通有彩畫之堂室。 為世嫡皇孫。宣帝愛之，字曰太孫，常置左右。年三歲而宣帝崩，元帝即位，帝為太子。壯好經書，寬博謹慎。初居桂宮，師古曰：三輔黃圖桂宮在城中，近北宮，非太子宮。 上嘗急召，太子出龍樓門，張晏曰：門樓上有銅龍，若白鶴飛廉之為名也。 不敢絕馳道，應劭曰：馳道，天子所行道也，若今之中道。

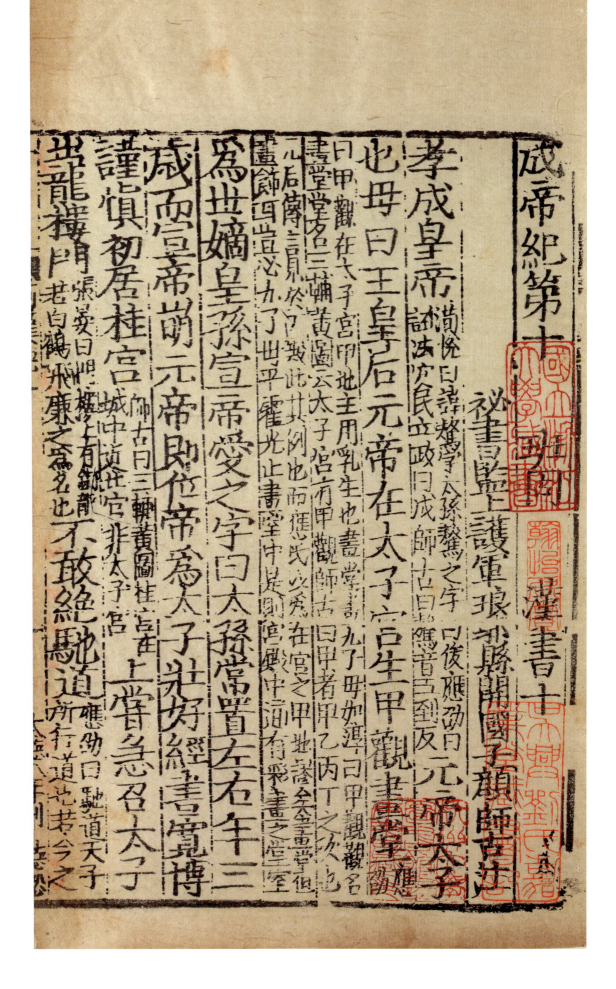

## 三國志六十五卷

（晉）陳壽撰　（南朝宋）裴松之注
元刻明嘉靖萬曆南京國子監遞修本
十二册

匡高 21.6 厘米，寬 15.6 厘米
半葉十行十九字或二十字，小字雙行，白口，單黑魚尾，左右雙邊或四周雙邊

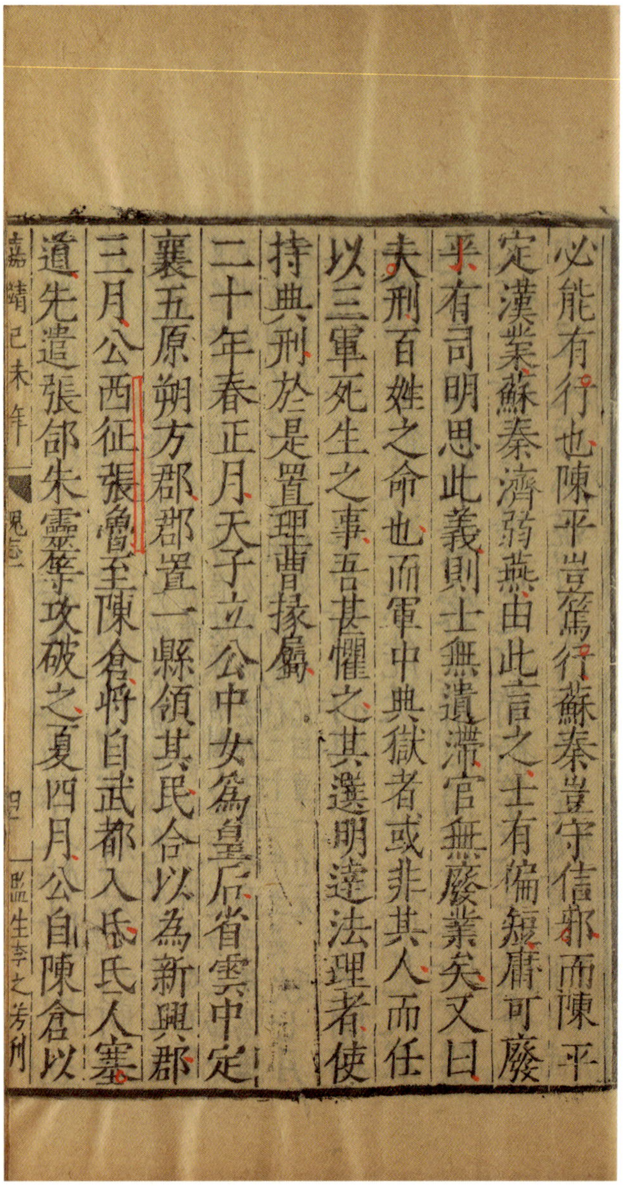
必能有行也陳平豈篤行蘇秦豈守信邪而陳平
定漢業蘇秦濟弱燕由此言之士有偏短庸可廢
乎有司明思此義則士無遺滯官無廢業矣又曰
夫刑百姓之命也而軍中典獄者或非其人而任
以三軍死生之事吾甚懼之其選明達法理者使
持典刑於是置理曹掾屬
二十年春正月天子立公中女爲皇后省雲中定
襄五原朔方郡郡置一縣領其民合以為新興郡
三月公西征張魯至陳倉將自武都入氐氐人塞
道先遣張郃朱靈等攻破之夏四月公自陳倉以
嘉靖己未年　魏志一　監生李之芳刊

此書是記載三國時魏、蜀、吴三國歷史的紀傳體斷代史，爲元代刊版，入明後書板藏於南京國子監，先後於嘉靖、萬曆年間修補，最終付印。該書有佚名工楷朱批，並有『紅葉山莊』『秀水王景曾所藏金石書籍印』『吴興劉氏嘉業堂藏書印』『劉承幹字貞一號翰怡』『張叔平』等印。

任蘇杜鄭倉傳第十六　魏書　國志十六

任峻字伯達河南中牟人也漢末擾亂關東皆震
中牟令楊原愁恐欲棄官走峻說原曰董卓首亂
天下莫不側目然而未有先發者非無其心也勢
未敢耳明府若能唱之必有和者原曰為之奈何
峻曰今關東有十餘縣能勝兵者不減萬人若權
行河南尹事摠而用之無不濟矣原從其計以峻
為主簿峻乃為原表行尹事使諸縣堅守遂發兵

○峻○倡

○義○歸○義○家○卑○兵○入○太○祖○有聲色

會太祖起關東入中牟界衆不知所從峻獨與同
郡張奮議舉郡以歸太祖峻又別收宗族及賓客

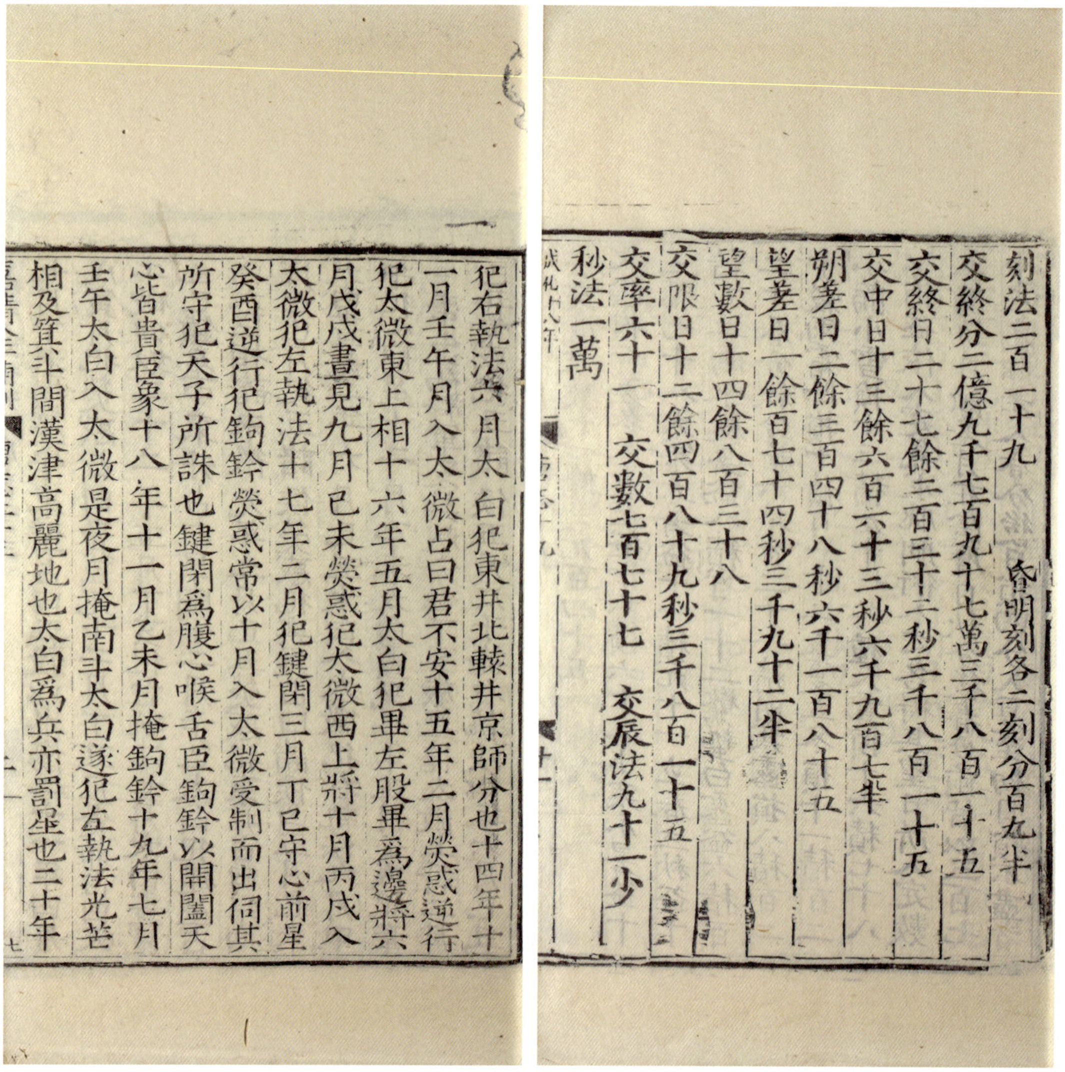
刻法二百一十九 昏明刻各二刻分百九半
交終分二億九千七百九十七萬三千八百一十五
交終日二十七餘二百三十二秒三千八百一十五
交中日十三餘六百六十三秒六千九百七半
朔差日二餘三百四十八秒六千一百八十五
望差日一餘百七十四秒三千九十二半
望數日十四餘八百三十八
交限日十二餘四百八十九秒三千八百一十五
交率六十一 交數七百七十七 交辰法九十一少
秒法一萬

犯右執法六月太白犯東井北轅井京師分也十四年十
一月壬午月入太微占曰君不安十五年二月熒惑逆行
犯太微東上相十六年五月太白犯畢左股畢爲邊將六
月戊戌晝見九月己未熒惑犯太微西上將十月丙戌入
太微犯左執法十七年二月犯鍵閉三月丁巳守心前星
癸酉逆行犯鉤鈐熒惑常以十月入太微受制而出伺其
所守犯天子所誅也鍵閉爲腹心喉舌臣鉤鈐以開闔天
心皆貴臣象十八年十一月乙未月掩鉤鈐十九年七月
壬午太白入太微是夜月掩南斗太白遂犯左執法光芒
相及箕斗間漢津高麗地也太白爲兵亦罰星也二十年

## 唐書二百二十五卷

（宋）歐陽修、宋祁等撰

## 釋音二十五卷

（宋）董衝撰

元大德九年（1305）建康路儒學刻明成化、弘治、嘉靖南京國子監遞修本

五十册

匡高 22.3 厘米，寬 15.9 厘米

半葉十行二十二字，白口，四周雙邊或左右雙邊

國家珍貴古籍名録編號：02767

此書是記載唐代歷史的宋代官修紀傳體史書，董衝爲使讀書人不被《唐書》中字的音義所困擾，特撰《釋音》二十五卷附於其後。元大德年間，江浙九路儒學重刻十七史，此書書板即爲大德九年（1305）建康路儒學承刊，後經成化、弘治、嘉靖年間遞修並付印。有『瑞安孫仲容珍藏書畫文籍印』。

本紀第一　　唐書一

翰林學士兼龍圖閣學士朝散大夫給事中知制誥充史館修撰判祕閣臣歐陽脩奉　勑撰

高祖神堯大聖大光孝皇帝諱淵字叔德姓李氏隴西成紀人也其七世祖暠當晉末據秦涼以自王是爲涼武昭王暠生歆歆爲沮渠蒙遜所滅歆生重耳魏弘農太守重耳生熙金門鎮將戍于武川因留家焉熙生天賜爲幢主天賜生虎西魏時賜姓大野氏官至太尉與李弼等八人佐周代魏有功皆爲柱國號八柱國家周閔帝受魏禪虎已卒乃追録其功封唐國公謚曰襄襄公生昞襲封唐公隋安州總管柱國大將軍卒謚曰仁仁公生高祖於長安

## 樂府詩集一百卷（存十一至一百卷）

（宋）郭茂倩輯

元至正元年（1341）集慶路儒學刻明修本

十六册

匡高 22.5 厘米，寬 15.5 厘米

半葉十一行二十字，小字雙行同，細黑口，三黑魚尾，左右雙邊，版心上有字數，下有刻工名

國家珍貴古籍名録編號：03174

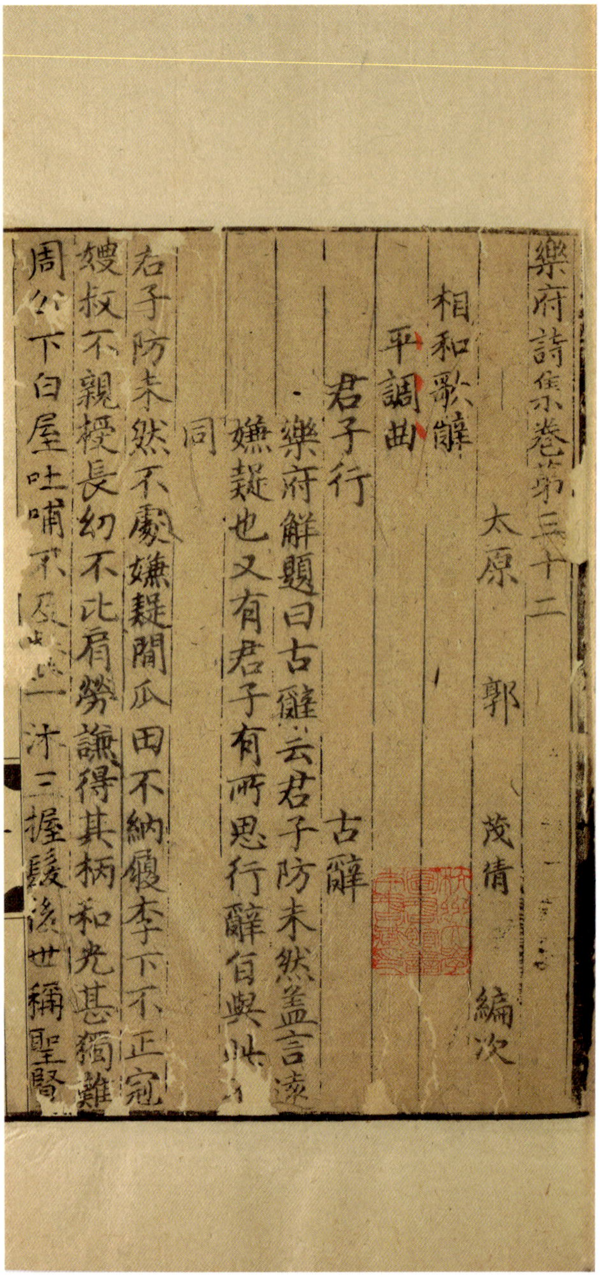
樂府詩集卷第三十二
太原 郭 茂倩 編次
相和歌辭
平調曲
君子行 古辭
樂府解題曰古辭云君子防未然蓋言遠
嫌疑也又有君子有所思行辭旨與此
同
君子防未然不處嫌疑間瓜田不納履李下不正冠
嫂叔不親授長幼不比肩勞謙得其柄和光甚獨難
周公下白屋吐哺不及餐一沐三握髮後世稱聖賢

《樂府詩集》是宋代郭茂倩（1041—1099）編纂的一部樂府詩歌總集。該書收録漢魏至唐五代的樂府歌詞和先秦至唐末的歌謠 5000 餘首，是收集歷代樂府詩最爲完備的一部詩歌總集。

《樂府詩集》現存最早並保存最完整的版本爲國家圖書館藏的宋刻本（存七十九卷目録二卷），此本曾被近代著名學者、藏書家傅增湘收藏並精心考訂，故被稱爲傳宋本。元至正元年（1341），監察御史彭叔儀得到一部《樂府詩集》，他親自校正訛缺後，又從吴粤之間别求善本參校，委託學官童萬元、周慧孫等人刻於集慶路儒學（在今南京）。入明以後，此書的板片就保存在南京國子監，後來被不斷修補重印，一直到明末。

目前《樂府詩集》元集慶路儒學刻本（含明修）入選《國家珍貴古籍名録》共 19 部，其中除了兩部（存五卷）著録爲元刻本外，其餘均爲元刻明修本。浙大館藏本雖爲明修本，但元刻風貌仍保存較好，應該是明早期修補印刷的。此本原爲玉海樓舊藏，卷内有佚名據《文苑英華》校正文字，有『瑞安孫仲容珍藏書畫文籍印』等印。

# 樂府詩集卷第十二

太原 郭 茂倩 編次

## 郊廟歌辭

### 唐享太廟樂章

唐書樂志曰代宗寶應已後續造享太廟樂章獻玄宗用廣運之舞肅宗用惟新之舞代宗用保大之舞德宗用文明之舞順宗用大順之舞憲宗用象德之舞穆宗
和寧之舞武宗用大定之舞昭宗用
之舞宣宗懿宗有舞詞而名不傳

廣運舞

郭子儀

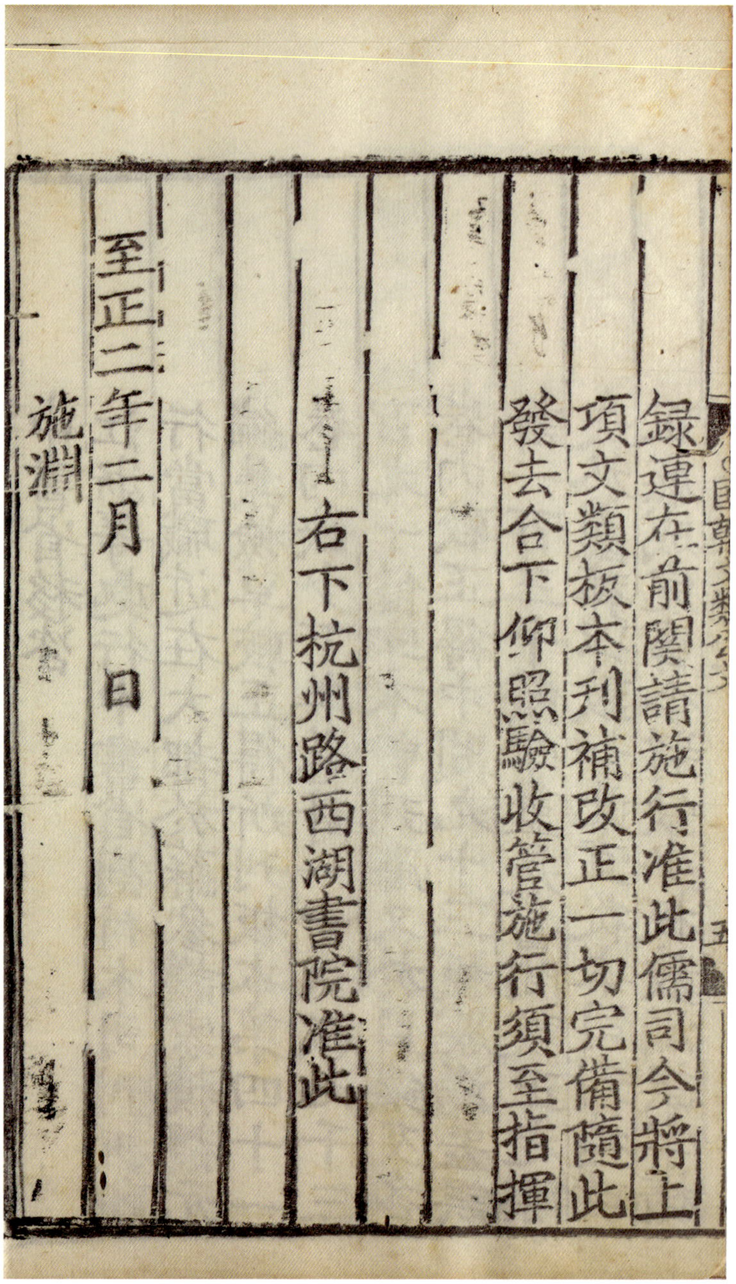
録連在前閔請施行准此儒司今將上
項文類板本刊補改正一切完備隨此
發去合下仰照驗收管施行須至指揮
右下杭州路西湖書院准此
至正二年二月　日
施淵

## 國朝文類七十卷目録三卷

（元）蘇天爵輯

元至元至正間西湖書院刻明修本

十册

匡高 22 厘米，寬 16.1 厘米

半葉十行十九字，細黑口，雙黑魚尾，左右雙邊

國家珍貴古籍名録編號：03185

據本書序言可知，蘇天爵作書緣起，乃恐元代立國之初文章散佚，故效法《文選》《唐文粹》《宋文鑑》之作，將元朝國初至延祐名公及聞人逸士述作彙而編之，目曰《國朝文類》，成書在元統三年（1335）。

蘇天爵（1294—1352），字伯修，學者稱滋溪先生，元真定（今河北正定）人，《元史》有傳。曾任國史翰林院典籍官、應奉翰林文字、江南行臺監察御史等職，官至吏部尚書，參議中書省事。曾撰修《武宗實録》《文宗實録》。輯有《國朝名臣事略》《國朝文類》。有『瑞安孫仲容珍藏書畫文籍印』。

# 國朝文類卷第一

## 賦

### 琴賦

熊朋來

庖犧氏之創物兮始弦桐以爲琴蓋辭三之虛中兮戴九梁而洞越弦大衍之五十兮一不勝悲而半析浩朱襄之飄風兮肇五弦於士達瞽三之爲十有五兮重華作而增八灑有番弦兮或二十而贏七必五五一而廼定兮與天數以爲一紛弦樂之殊名兮皆放此而發也夫是以雅樂器之完兮莫或嶷大而度長歷蒼黄而隨唐兮爲咸池之大章韶以

第二部分

# 明槧概覽

浙江大學收有明代版刻七百餘部，收藏頗豐，列於《國家珍貴古籍名録》的明本就有一百餘部。本展覽精選六十種，依黄永年先生對明刻本的分期羅列。先生所分明代版刻時代與明史不同，而是依版刻之變化爲經緯，以洪武至弘治爲前期，以正德、嘉靖、隆慶爲中期，以萬曆至崇禎爲後期。每期中又有官刻本、家刻本、坊刻本。官刻又分内府刻本、國子監本、中央機構與地方官刻本，以及介於官刻與家刻之間的藩刻本。而坊刻本，仍以建本爲主。明代之版刻中，嘉靖本名聲赫赫，可謂美不勝收。後期有閔、凌套印本，也頗有影響。其他活字本、插圖本、抄本、稿本、批校本，以及覆宋刻本等，本館均有收藏，又有佛經數種，同時展出，單元名爲『明槧概覽』，略可得窺明代版刻之梗概。

## 歷代君鑒五十卷

（明）代宗朱祁鈺撰
明景泰四年（1453）内府刻本
十册
匡高 27.9 厘米，寬 18 厘米
半葉十行二十字，黑口，雙黑魚尾，四周雙邊
國家珍貴古籍名録編號：03919

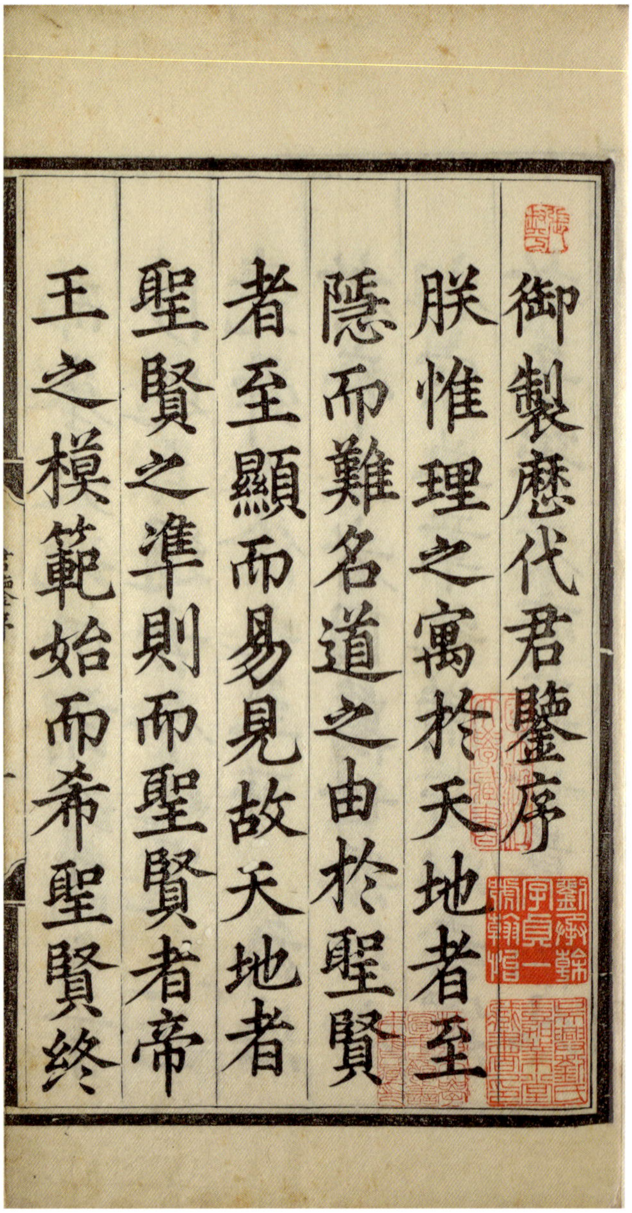
御製歴代君鑒序
朕惟理之寓於天地者至
隱而難名道之由於聖賢
者至顯而易見故天地者
聖賢之準則而聖賢者帝
王之模範始而希聖賢終

朱祁鈺（1428—1457），1449—1457 年在位，年號景泰，明英宗之弟。正統十四年（1449），英宗爲宦官王振所挾，親征瓦剌也先，被俘。皇太后命其監國，後即帝位，遥尊英宗爲上皇。繼又敗也先於京郊，明朝統治始轉危爲安。景泰元年（1450），英宗還京師，居南宫。八年（1457），石亨、徐有貞、宦官曹吉祥等擁英宗復位，又廢爲郕王。旋病卒。成化十一年（1475）復帝號，謚景帝，廟號代宗。在位第四年，朱祁鈺命大臣編纂《歷代君鑒》。此書分五十卷，記録歷代帝王治國之術。卷一至卷三十五爲『善可爲法』，自三皇五帝，迄於明宣宗。卷三十六至卷五十爲『惡可爲戒』，自夏太康，迄於元順帝。嘉業堂舊藏，有『劉承幹字貞一號翰怡』『吴興劉氏嘉業堂藏書印』『張叔平』等印。

# 歷代君鑒卷之一

## 善可爲法

### 三皇

#### 太昊伏羲氏

太昊伏羲氏風姓代燧人氏繼天而王生而聖明德合天地其王天下也有龍馬負圖出于河於是仰則觀象於天俯則觀法於地觀鳥獸之文與地之宜近取諸身遠取諸物始畫八卦以通神明之德以類萬物之情教民决嫌疑定猶豫使不迷於吉凶悔吝之塗盖非特爲萬世文字之祖實開物成務之學也造

## 性理大全書七十卷

(明)胡廣等撰
明永樂十三年(1415)内府刻本
四十册
匡高 26.7 厘米，寬 17.8 厘米
半葉十行二十二字，小字雙行同，黑口，雙黑魚尾，四周雙邊
國家珍貴古籍名録編號：04451

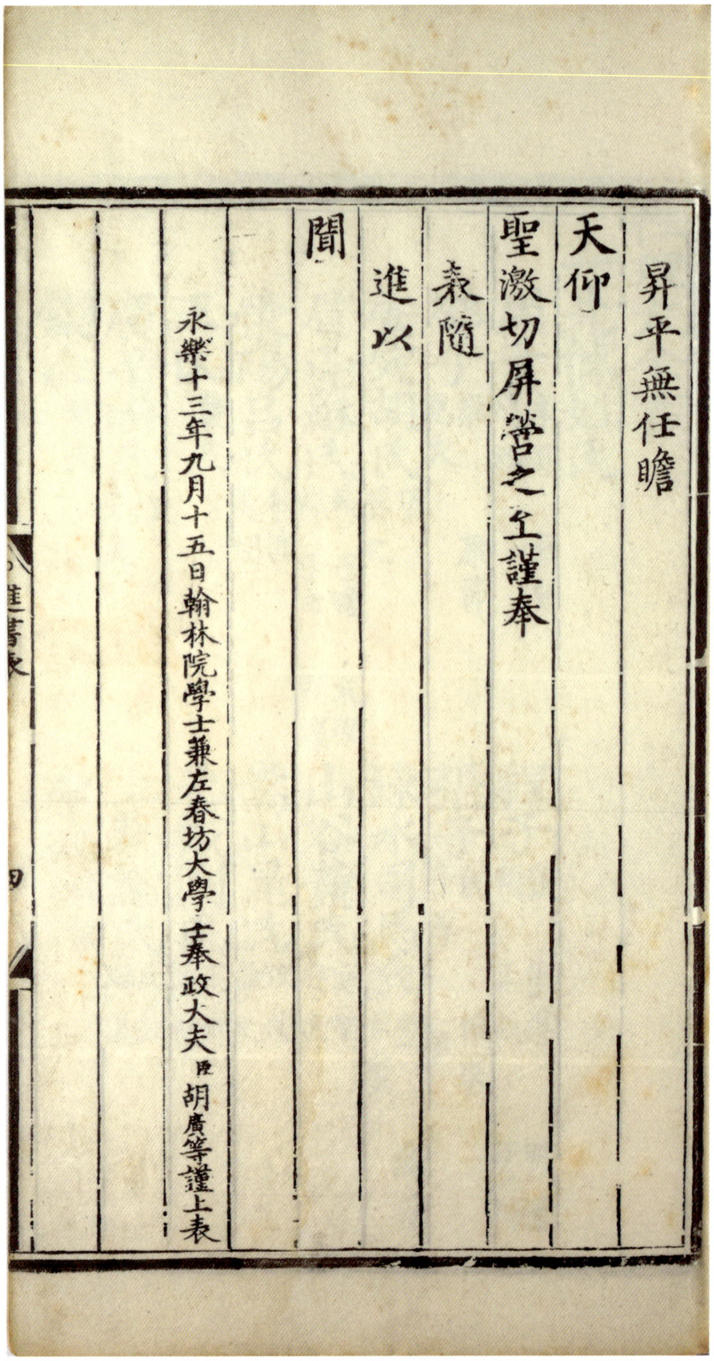
昇平無任瞻
天仰
聖激切屏營之至謹奉
表隨
進以
聞
永樂十三年九月十五日翰林院學士兼左春坊大學士奉政大夫臣胡廣等謹上表

與《五經四書大全》同輯成於永樂十三年（1415），明成祖親撰序言冠於卷首。《性理大全書》内容爲宋代理學著作與理學家言論，所采用的宋儒之説共一百二十家，可以説在當時是一部理學的百科全書。館藏本爲嘉業堂舊藏，有『吴興劉氏嘉業堂藏書記』『吴興劉氏嘉業堂藏書印』『張叔平』印。

# 性理大全書卷之一

## 太極圖

朱子曰。太極圖者。濂溪先生之所作也。先生姓周氏。名惇實。字茂叔。後避英宗舊名。改惇頤。家世道州營道縣濂溪之上。博學力行。聞道甚早。遇事剛果。有古人風。爲政精密嚴恕。務盡道理。嘗作太極圖通書易通數十篇。襟懷飄灑。雅有高趣。尤樂佳山水。廬山之麓有溪焉。先生濯纓而樂之。因寓以濂溪之號。而築書堂於其上。又曰。先生之學。其妙具於太極一圖。通書之言。亦皆此圖之蘊。而程先生兄弟語及性命之際。亦未嘗不因其說。觀通書之誠動靜理性命等章。及程氏書李仲通銘程邵公志顏子好學論等篇則可見矣。潘清逸誌先生之墓。敘所著書。特以作太極圖爲稱首。然則此圖當爲先生書首不疑也。然先生既手以授二程。本因附書後。傳者見其如此。遂誤以圖爲書之卒章。不復釐正。使先生立象盡意之微指暗而不明。而驟讀通書者。亦復不知有所總攝。此則諸本之失也。又嘗讀朱內翰震進易說表。謂此圖之

## 司馬温公經進稽古録二十卷

（宋）司馬光撰

明弘治十四年（1501）楊璋刻本（有抄配）

二冊

匡高 21 厘米，寬 15 厘米

半葉十行二十一字，小字雙行同，黑口，雙黑魚尾，四周雙邊

國家珍貴古籍名録編號：07602

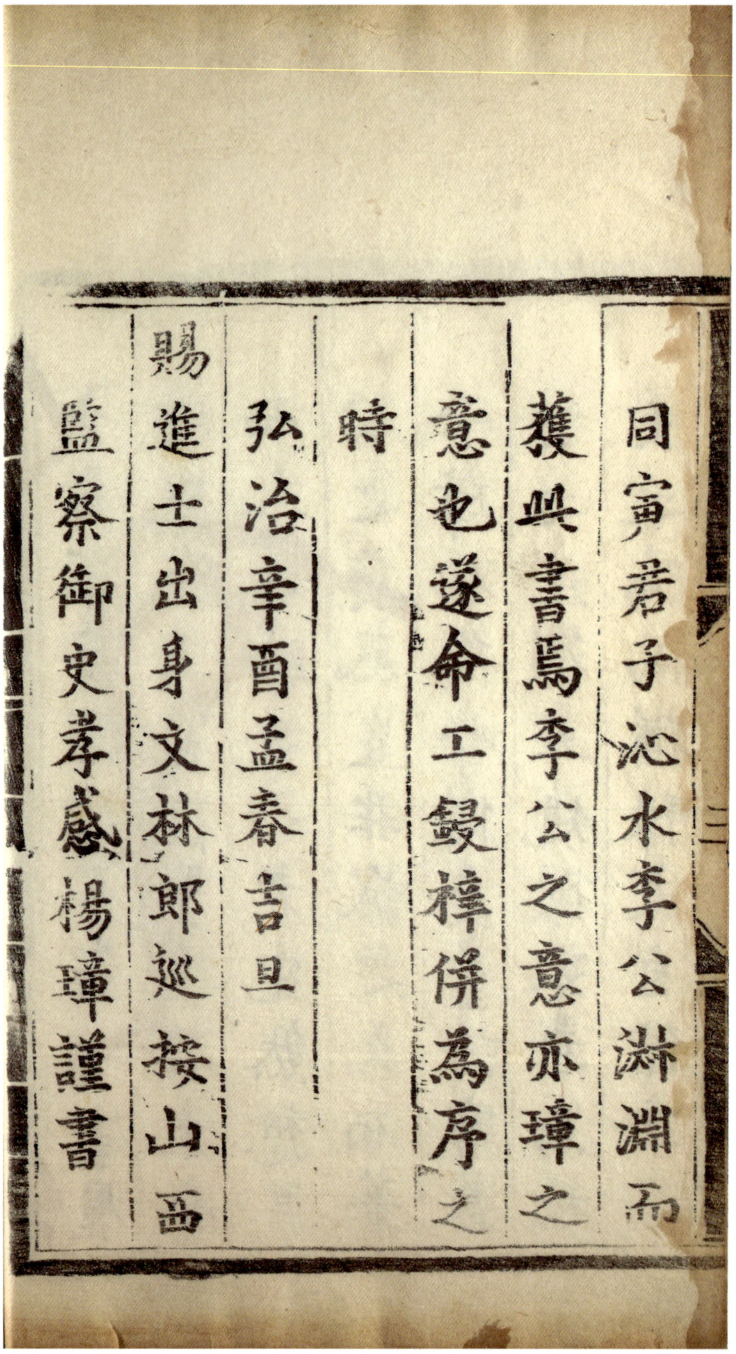

同寅君子沁水李公淑淵而
獲與書焉李公之意亦璋之
意也遂命工鋟梓併爲序之
特
弘治辛酉孟春吉旦
賜進士出身文林郎巡按山西
監察御史孝感楊璋謹書

《稽古録》是司馬光（1019—1086）所撰的一部記述上古至宋英宗朝歷史大事的簡明歷史著作。據宋代陳振孫《直齋書録解題》著録及今人考證，《稽古録》在宋代至少有越州、潭州和興化三刻，但此三種宋刻原本現皆已不存。此本乃湖北孝感人楊璋以監察御史巡按山西河東時，據沁水李瀚（1452—1535）家藏舊本刊刻而成，是現存最早的版本，也是後世刻本之祖本。館藏本有『武昌柯氏』『柯逢時印』『武昌柯逢時收藏圖記』『柯氏珍玩』等印。

司馬溫公經進稽古録卷之二

陶唐氏

帝堯祁姓曰放勳帝嚳之子初封於陶後改封唐故曰陶唐氏年十六以唐侯升爲天子都平陽（今晋州）堯欽明文思（威儀表備謂之欽照臨四方謂之明經緯天地謂之文道德純備謂之思）允恭克讓光被四表格于上下（允信克能光充格至也既有四德又信恭能讓故其名聞充溢四外至于天地也）克明峻德以親九族（峻大也言堯能脩明其大德以睦上自高祖下至玄孫尊卑旁支之親大學所謂身脩然後家齊也）九族既睦平章百姓（百姓國人也言九族之外臣民之異姓者也皆化九族而平和章明所謂家齊然後國治也）百姓昭明協和萬邦黎民於變時雍（昭亦明也協合黎衆時是雍和也言天下

## 震澤編八卷

（明）蔡昇撰　（明）王鏊重修
明弘治十八年（1505）林世遠刻本
四册

匡高 18.5 厘米，寬 14.7 厘米
半葉八行十六字，小字雙行同，白口，單黑魚尾，左右雙邊
國家珍貴古籍名録編號：08059

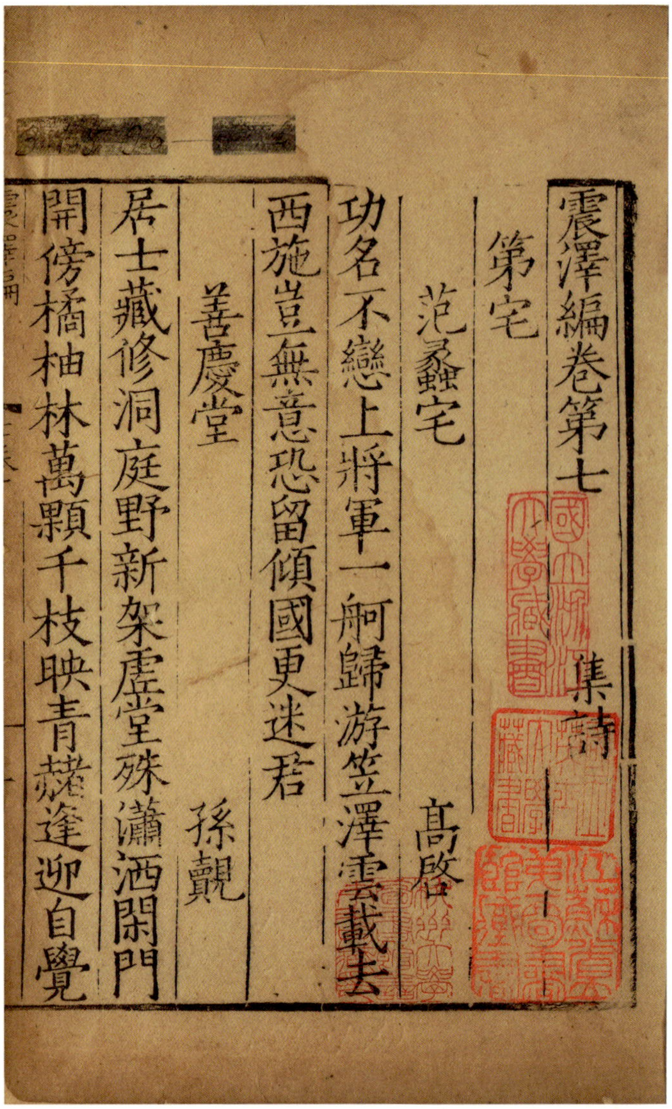
震澤編卷第七　集詩
第宅
范蠡宅　高啓
功名不戀上将軍一舸歸游笠澤雲載去
西施豈無意恐留傾國更迷君
善慶堂　孫覿
居士藏修洞庭野新架虛堂殊瀟洒閑門
開傍橘柚林萬顆千枝映青蘿逢迎自覺

《震澤編》是現存最早最完整的一部太湖志。編纂者蔡昇，字景東，號西巖，蘇州洞庭西山人。重修者王鏊（1450—1524），字濟之，號守溪，晚號拙叟，洞庭東山人，明代大臣、文學家。此本爲廣東新會人林世遠（1459—1507）在蘇州知府任上所刻（時王鏊正居家守喪），是該書最早的刻本，《國家珍貴古籍名録》僅收録浙大館藏一部。

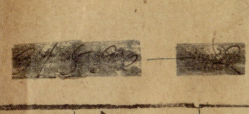

[redacted]

震澤編卷第三

風俗

湖中諸山地屬吳而與吳亦或有不同吳城之俗文也而山人近於陋吳城之俗奢也而山人近於嗇陋似質嗇似儉質與儉君子其亦有取乎故列之

湖中諸山大概皆以橘櫾爲産多或至千樹貧家亦無一不種

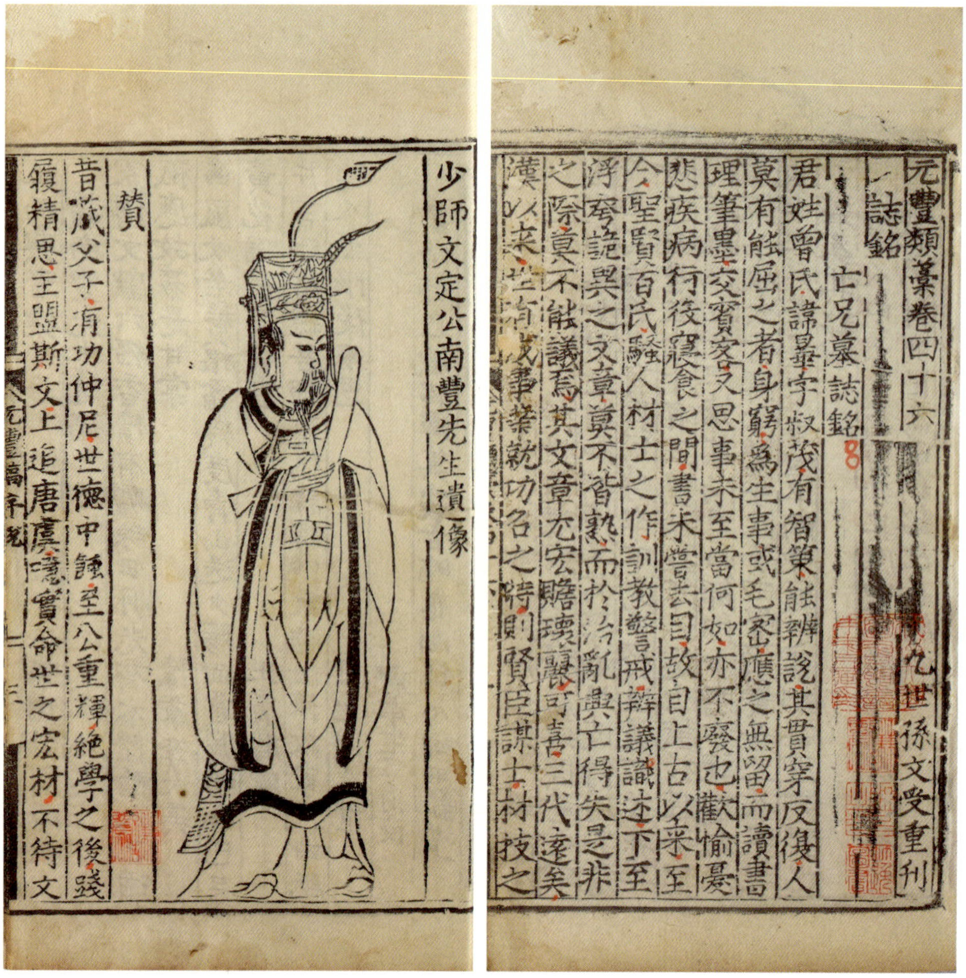
元豐類藁卷四十六　九世孫文受重刊
誌銘
亡兄墓誌銘
君姓曾氏諱曅字叔茂有智策能辯說其貫穿反復人
莫有能屈之者身窮爲生事或毛密應之無留而讀書
理筆墨交賓客之思事未至當何如亦不廢也歡愉憂
悲疾病行役寢食之間書未嘗去目故自上古以來至
今聖賢百氏騷人材士之作訓教警戒辯議識述下至
浮夸詭異之文章莫不皆熟而於治亂興亡得失是非
之際莫不能議爲其文章尤宏贍瑰麗可喜三代遂矣
漢以來士有成事業就功名之時則賢臣謀士材技之

少師文定公南豐先生遺像
贊
昔蔵父子有功仲尼世德中鍾至公重輝絶學之後踐
履精思主盟斯文上追唐虞憲實命世之宏材不待文

# 南豐先生元豐類稿五十一卷

（宋）曾鞏撰
明成化八年（1472）南豐縣刻遞修本 孫衣言校並跋
八册

匡高21.9厘米，寬13.5厘米
半葉十一行二十一字，大黑口，單黑魚尾，四周雙邊
國家珍貴古籍名録編號：05487

《元豐類稿》是北宋著名文學家、史學家、政治家曾鞏（1019—1083）的作品集，現存最早並保存最完整的版本是元大德八年（1304）丁思敬刻本（國家圖書館藏），此本是後世諸多刻本的祖本。《元豐類稿》明刻本極多，浙大館藏就有四種。明刻本以正統十二年（1447）宜興縣令鄒旦刻本爲最早，此本源出大德本，傳世稀少。成化六至八年（1470—1472），南豐縣令楊參又以宜興鄒旦本爲底本重刊於縣學，此本流傳頗廣，後又多次補版重修，今收入《國家珍貴古籍名録》的五部成化本均爲遞修本。浙大藏本爲玉海樓舊藏，有孫衣言（1814—1894）校及光緒丁亥（1887）七月初一日校畢題記，有『瑞安孫仲容珍藏書畫文籍印』『徐仁之印』『竹逸圖書』等印。

南豐先生元豐類藁卷第一

古詩

冬望

霜餘荊吳倚天山鐵色萬仞光鋩開麻姑最秀插東極
一峯挺立高嵬嵬我生智出豪俊下遠跡久此安蒿萊
譬如驊騮踏天路六轡豈議收駑駘巔崖初冬未氷雪
蘚花入履思莫裁長松夾樹蓋十里蒼顏毅氣不可迴
浮雲柳絮誰汝礙欲往自尼誠愚哉南窗聖賢有遺文
滿簡字字傾琪瑰旁搜遠探得戶牖入見奧作何雄魁
日令我意失枯槁水之灌養源源來千年大說沒荒冗
義路寸土誰能培嗟予計真不自料欲挽白日之西頹

## 圭齋文集十六卷

（元）歐陽玄撰
明成化七年（1471）劉釪刻本
四冊

匡高 20.4 厘米，寬 13.6 厘米
半葉十一行二十一字，黑口，三黑魚尾，四周雙邊
國家珍貴古籍名録編號：05767

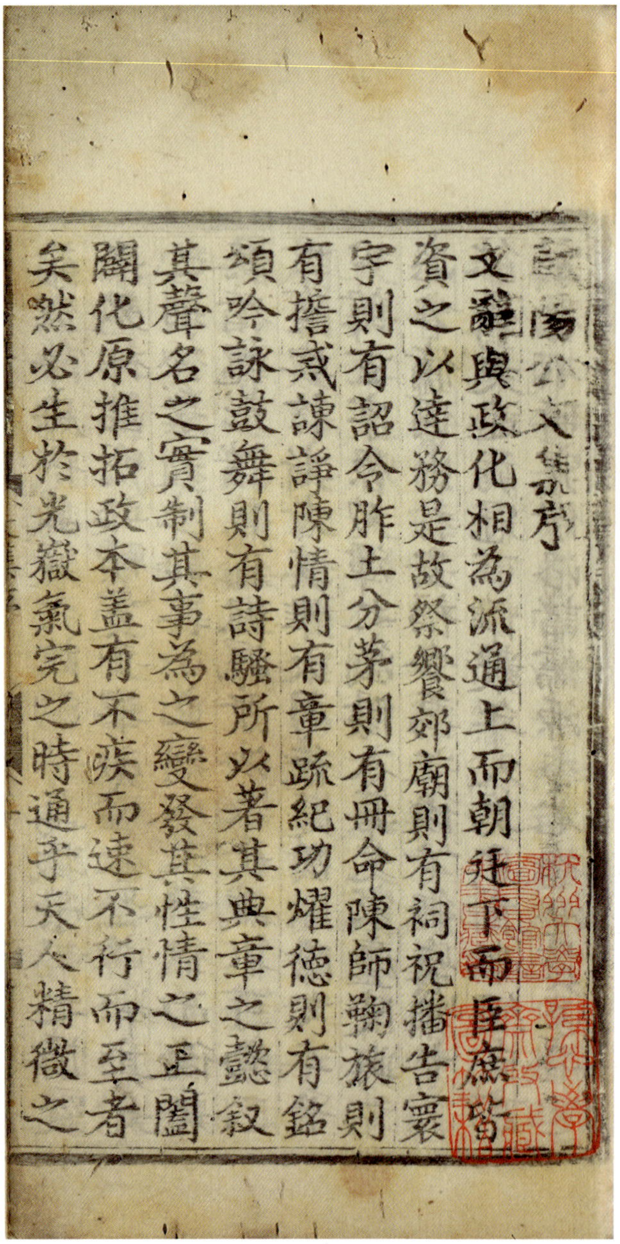
歐陽公文集序
文辭與政化相為流通上而朝廷下而臣庶
資之以達務是故祭饗郊廟則有祠祝播告寰
宇則有詔令胙土分茅則有冊命陳師鞠旅則
有擔戒諫諍陳情則有章疏紀功耀德則有銘
頌吟詠鼓舞則有詩騷所以著其典章之懿叙
其聲名之實制其事為之變發其性情之正闔
闢化原推拓政本蓋有不疾而速不行而至者
矣然必生於光嶽氣完之時通乎天人精微之

歐陽玄（1283—1358），字原功，號圭齋，湖南瀏陽人。元延祐二年（1315）進士，累官至翰林學士承旨。曾任遼、金、宋三史總裁官。據宋濂（1310—1381）、劉釪（1422—1485）等序跋，歐陽玄文稿原有一百多冊，但大部分在元末、明初兩次兵火中被毀。此本乃五世宗孫歐陽俊質與其子歐陽銘、歐陽鏞等在家藏殘稿基礎上旁搜博訪編集而成，成化七年（1471）浙江提學副使劉釪校正並捐俸刊刻，是歐陽玄文集最早的刻本。浙大館藏本爲玉海樓舊藏，有『遜學齋收藏圖籍』印。

# 圭齋文集卷之一

宗孫銘鏞編集

安成後學劉釪校正

## 賦

### 天馬賦

翳房星之委精鍾天馬之權奇濼神質於渥洼砥勁氣於月氏貞非坤牝徒本乾為上分扶輿之秀下孕蜿蟺之粲風雲資其格力雨露澤其光儀膺廣鳳臆鬣聳秀嗇鬐首昂渴烏之勢影捷杜矢之馳於是陋騊駼之蹇邁麒麟之姿驂六飛於廣漠舞九奏於希夷若乃朝刷崑崙夕秣玄圃駕緱笙之子晉道霞觴於王母風冉冉兮斯征靈繽續兮來宁覽熙世之德輝屬萬物之欣覩顧

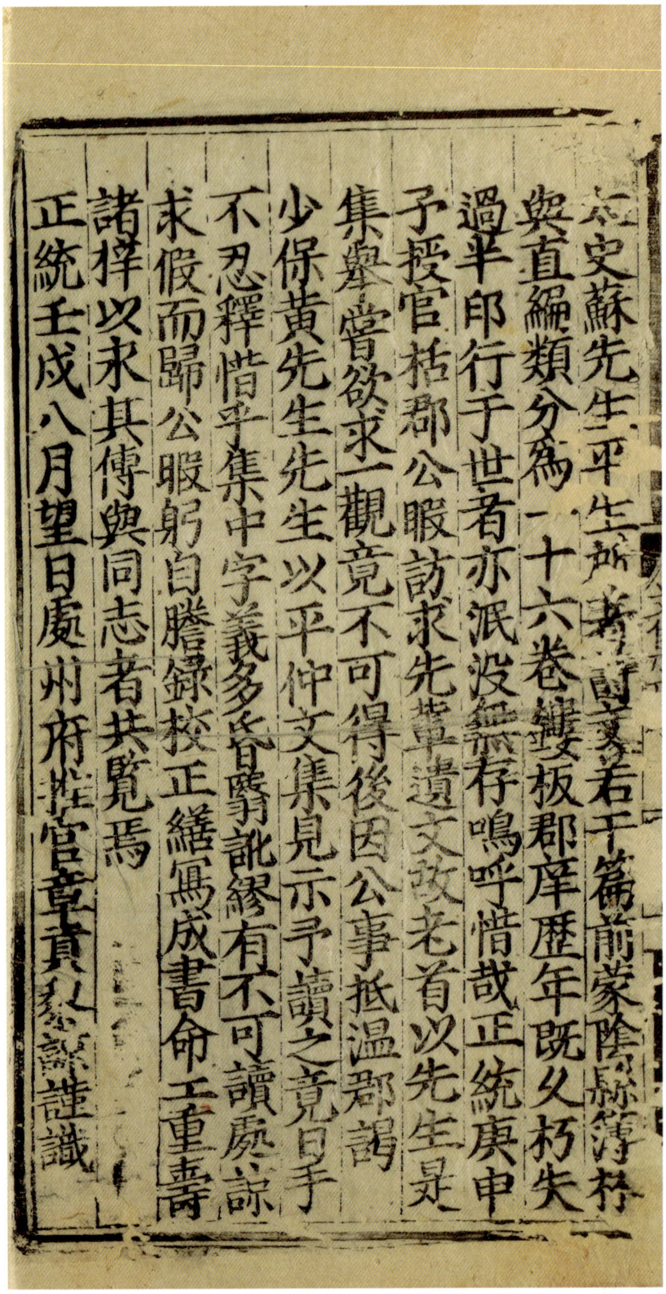
太史蘇先生平生所著詩文若干篇前蒙陰縣簿林
與直編類分為一十六卷鋟板郡庠歷年既久朽失
過半印行于世者亦泯没無存嗚呼惜哉正統庚申
予授官栝郡公暇訪求先輩遺文故老首以先生是
集舉嘗欲求一觀竟不可得後因公事抵温郡謁
少保黄先生先生以平仲文集見示予讀之竟日手
不忍釋惜乎集中字義多旨舛訛繆有不可讀處諒
求假而歸公暇躬自謄録校正繕寫成書命工重壽
諸梓以求其傳與同志者共覧焉
正統壬戌八月望日處州府推官章貢黎諒謹識

## 蘇平仲文集十六卷

（明）蘇伯衡撰
明正統七年（1442）黎諒刻本
八册
匡高 21.8 厘米，寬 13.4 厘米
半葉十二行二十四字，黑口，雙順黑魚尾，四周雙邊
國家珍貴古籍名録編號：05834

蘇伯衡（約 1330—1393），字平仲，浙江金華人，元末明初文學家。蘇伯衡曾於洪武二十三年（1390）前後任處州府教授，其文集原由友人林與直編集，首刻於處州府學，今已亡佚。此本乃正統七年（1442）章貢（今江西寧都）人黎諒任處州府推官時，從黄淮（1367—1449）處訪得文集，經校訂後重刻而成，是現存最早的刻本。玉海樓舊藏，有『經微室』『夢塘珍藏』『我是癡人』等藏印。

蘇平仲文集卷之一

雜著　　處州府推官□□黎諒校正重刊

周書補亡三首

獻禾

叔虞邦于唐越有禾異畝同穎乃獻于王拜手稽首曰天子茲惟祥我罔敢知茲惟不祥我罔敢知矧敢曰其永孚于休皇天上帝亦既崇建有夏有夏今用顛覆亦既崇建有殷有殷今用顛覆嗚呼天命難知禾則匪難知勤敷留禾乃殖敷留不勤禾罔攸殖禾殖惟人不殖惟人故天之降命于夏于殷亦惟其用德天之斷命于夏于殷亦惟其不用德天匪難知不常厥德肆不常厥命我周天有終徵厥終無大亦允罔或愆乃不可不念

# 遜志齋集三十卷拾遺十卷

（明）方孝孺撰
明成化十六年（1480）郭紳刻本
十册
匡高 20.8 厘米，寬 12.9 厘米
半葉十行二十二字，黑口，雙黑魚尾，四周雙邊
國家珍貴古籍名録編號：05845

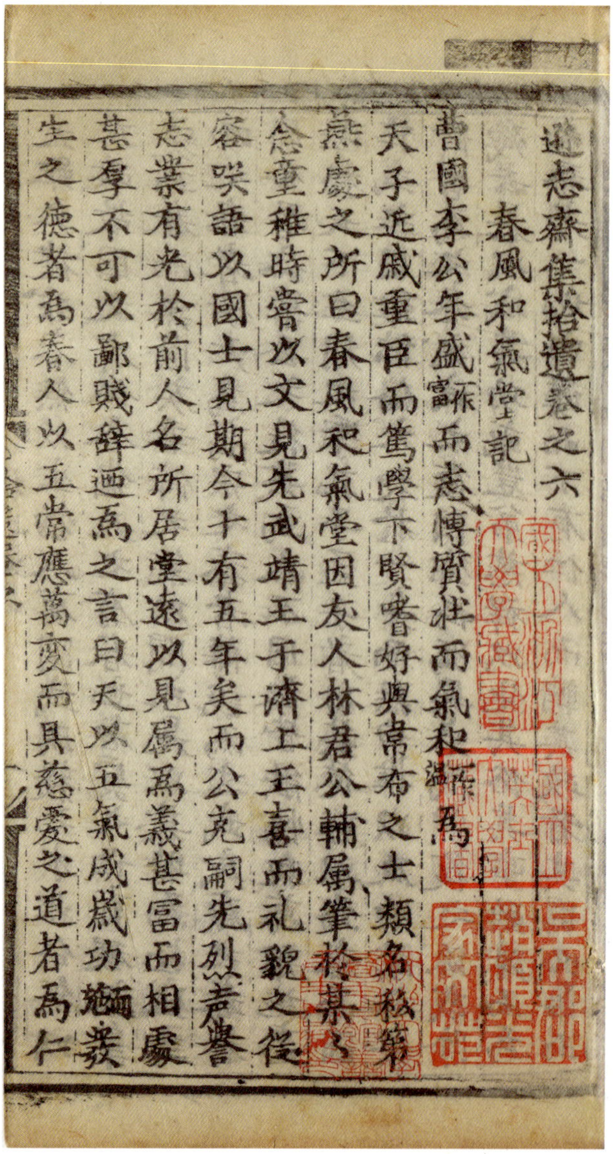
遜志齋集拾遺卷之六
春風和氣堂記
吾國李公年盛（一作富）而志博質壯而氣和（一作溫）為
天子近戚重臣而篤學下賢嗜好與韋布之士類名於翰
燕處之所曰春風和氣堂因友人林君公輔屬筆於某公
念童稚時嘗以文見先武靖王于濟上王喜而禮貌之從
容咲語以國士見期今十有五年矣而公克嗣先烈聲譽
志業有光於前人名所居堂遠以見屬為義甚富而相處
甚厚不可以鄙賤辭迺為之言曰天以五氣成歲功施發
生之德著為春人以五常應萬變而具慈愛之道者為仁

方孝孺（1357—1402），字希直，一字希古，號遜志，浙江寧海人，明代大臣、文学家。建文四年（1402），方孝孺因反對朱棣稱帝而被淩遲，並被滅十族，其作品也一度被禁，散失嚴重，直到天順七年（1463）才由臨海人趙洪掇拾燼餘詩文 300 餘篇，首刻於成都。成化間，禮部尚書黃孔昭（1428—1491）、工部侍郎謝鐸（1435—1510）等人在趙洪刻本和葉盛、林鶚、王玟等抄本基礎上，廣搜遺文，共得 1300 篇左右，於十六年（1480）交寧海知縣郭紳刊刻。此本是現存最早的刻本，但流傳不廣，目前入選《國家珍貴古籍名録》的有兩部。馆藏本有『吴郡趙頤光家文苑』印。

# 遜志齋集卷之一

## 雜著

### 幼儀雜箴二十首 有序

#### 雜箴序

道之於事無乎不在古之人自少至長於其所在皆致謹焉而不敢忽故行跪揖拜飲食言動有其則喜怒好惡憂樂取予有其度或銘于盤盂或書于紳笏所以養其心志約其形体者至詳密矣其進於道也豈不易哉後世教無其法學失其本學者汩於名勢之慕利祿之誘內無所養外無所約而人之成德者難矣予病乎此也蓋久欲自其

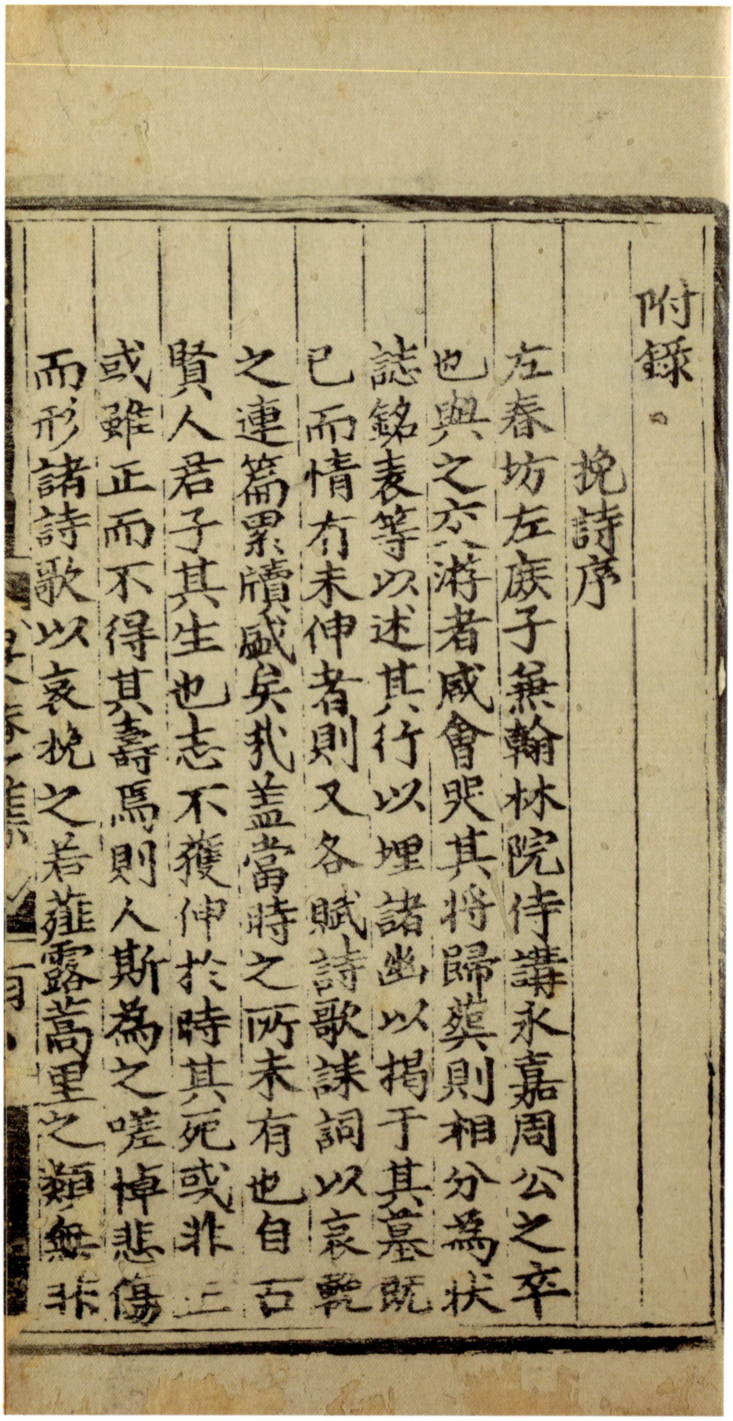
附録
挽詩序
左春坊左庶子兼翰林院侍講永嘉周公之卒也與之交游者咸會哭其將歸葬則相分爲狀誌銘表等以述其行以埋諸幽以揭于其墓既已而情有未伸者則又各賦詩歌誄詞以哀輓之連篇累牘盛矣哉盖當時之所未有也自古賢人君子其生也志不獲伸於時其死或非正或雖正而不得其壽焉則人斯爲之嗟悼悲傷而形諸詩歌以哀挽之若薤露蒿里之類無非

## 畏菴集十卷

（明）周旋撰

明成化十九年（1483）刻本

二册

匡高21.5厘米，寬13.9厘米

半葉十行二十字，粗黑口，雙對黑魚尾，四周雙邊

國家珍貴古籍名録編號：02101

周旋（1397—1454），字仲規，號畏菴，浙江永嘉人，正統元年（1436）進士第一，累官左春坊左庶子。周旋工於詩文，章綸（1413—1483）稱其詩『典雅閒淡，不假雕琢』。此集乃成化十九年（1483）永嘉知縣劉遜從其家藏抄本中選録編集刊刻，傳世稀少，《中國古籍善本書目》與《國家珍貴古籍名録》均僅收録浙大館藏一部。玉海樓舊藏，有『樗廬珍藏』『經微室』『味秋經目』諸印。

# 畏菴集卷之一

## 廷試策

皇帝制曰自古帝王肇建國家圖惟寧永必有典則以貽子孫考之禹湯文武槩可見矣繼統之君率由典常令聞長世若夏之啓商之中宗高宗祖甲周之成康蓋表表者也其所以保盈成之運隆太平之績者尚可徵歟漢高帝有天下次律令制禮儀定章程脩軍法史稱其規模弘遠矣傳至文景海内富庶黎民醇厚幾致刑措三代而下所僅有也董仲舒對武帝乃謂更化則可善治何歟當時

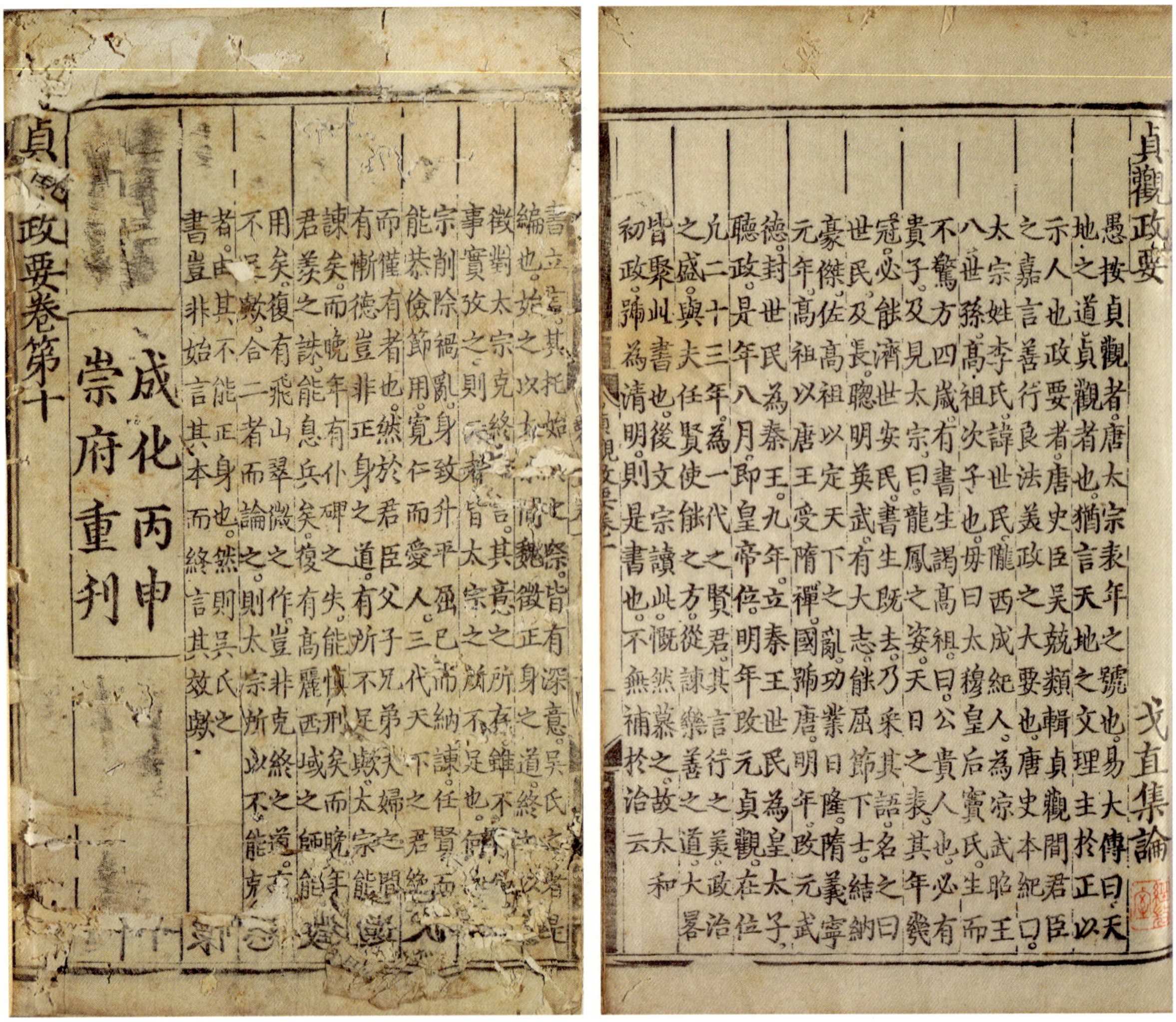


## 貞觀政要十卷

（唐）吴兢撰 （元）戈直集論
明成化十二年（1476）崇府刻本
五册

匡高25.6厘米，寬18.4厘米
半葉十行二十字，小字雙行同，
大黑口，雙黑魚尾，四周雙邊
國家古籍珍貴名録編號：03838

此書記載唐貞觀時期太宗與大臣商議政事時的各類典、謨、奏、議之詞，以爲後世君王之鑒。館藏本爲成化十二年（1476）崇王府翻刻本，卷前有成化元年（1465）憲宗御製序，後有成化十二年刊刻牌記，紙墨精良，有鮮明的明代藩府刻本特點。有『經微室』『雲中白鶴』『千山月出令人醉半夜梅花入夢香』『涵水』等印。玉海樓舊藏。

# 貞觀政要卷第一

論君道一　論政體二

## 君道第一　凡五章

貞觀初。太宗謂侍臣曰。為君之道。必須先存百姓。若損百姓以奉其身。猶割股以啖腹。股一作脛。啖音淡。食也腹飽而身斃。若安天下。必須先正其身。未有身正而影曲。上理而下亂者。朕每思傷其身者。不在外物。皆由嗜欲以成其禍。若耽嗜滋味。玩悅聲色。所欲既多。所損亦大。既妨政事。又擾生人。擾亦作損且復出一非理之言。萬姓為之解體。怨讟既作。讟音讀。痛怨也離叛亦興朕每思

## 蛟峰集七卷

（宋）方逢辰撰

## 山房先生遺文一卷

（宋）方逢振撰

## 蛟峰外集四卷

（明）方中輯

明天順七年（1463）方中刻弘治嘉靖遞修本

二册

匡高 20.5 厘米，寬 12.8 厘米

半葉十行二十二字，小字雙行同，大黑口，三黑魚尾，四周雙邊

國家珍貴古籍名録編號：05734

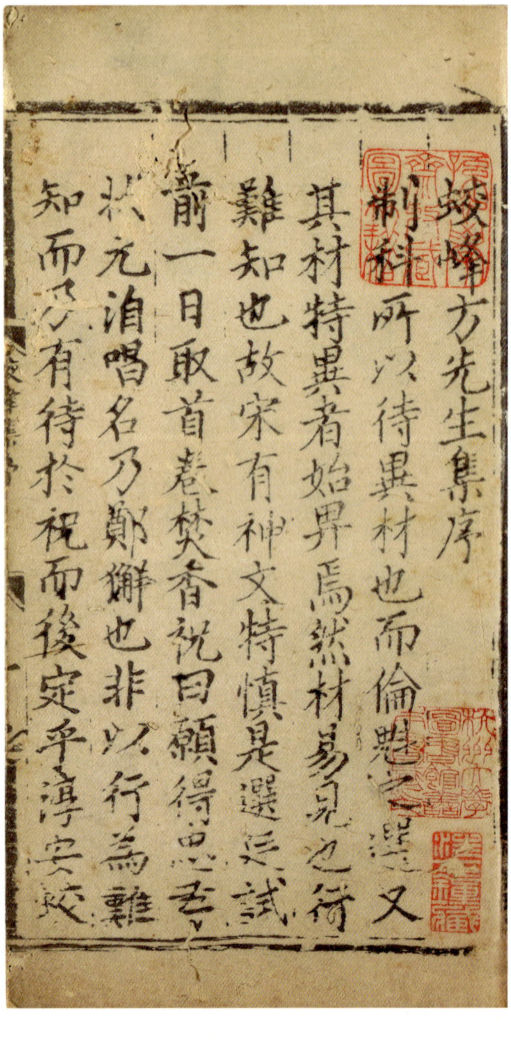

方逢辰（1221—1291），字君錫，號蛟峰，浙江淳安人，淳祐十年（1250）進士，理學家、教育家，曾主講金華婺州書堂、東陽義學等。方逢振，字君玉，方逢辰弟，景定三年（1262）進士，宋亡後講學於淳安石峽書院。方氏兄弟著作大多已散佚，此本《蛟峰集》乃五世從孫方淵所輯，《山房遺文》爲六世從孫方輔所輯，《蛟峰外集》爲七世從孫方中輯。天順七年（1463）方中刊刻後，板藏於方氏家塾中，弘治十六年（1503）淳安縣令陳渭補版重修，嘉靖間縣令徐慶衍又遞加修補。此書傳世不多，《國家珍貴古籍名録》收録浙大一部。有『汪士鐘藏』『汪振勳印』『紳之號眉泉』『遜學齋收藏圖籍』等印。

蛟峰集卷之一

申状奏劄

辭建狀元樓

某照得本縣見差修造司打量基址欲議建樓問之則曰
為某設也此固是鄉邦勝觀賢令尹之盛心於某何辭然
某為見田里嗸嗸縣庭烈烈某自束髮讀父書便以致君
澤民自任每觀后稷視天下饑由己饑之伊尹見一夫失
所若己推而納之溝中作而嘆曰彼何人也某仰家
聖涇學忝甲科則又將以致君澤民之責自任矣爰自期
集秉歸閉戶焚香首書一卷將前賢事業日夜討論將天

## 百川學海一百種一百七十九卷

（宋）左圭編

明弘治十四年（1501）華珵刻本（有抄配）

四十二册

匡高 19.3 厘米，寬 14.5 厘米

半葉十二行二十字，小字雙行同，白口，左右雙邊

國家珍貴古籍名録編號：10551

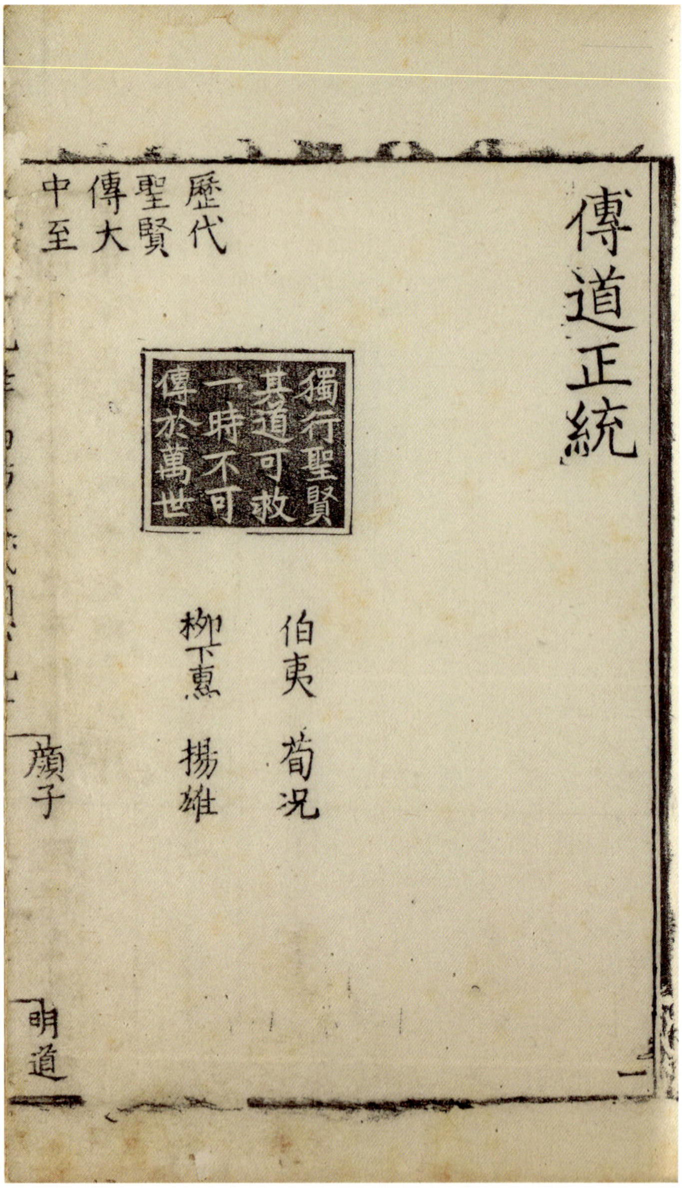
傳道正統

歷代聖賢傳大中至

獨行聖賢其道可救一時不可傳於萬世

伯夷 荀況

柳下惠 揚雄

顏子

明道

《百川學海》是中國最早刻印的一部大型綜合性叢書，對後世叢書的編集刻印有深遠影響。此書凡十集，收書百種，編成於宋度宗咸淳九年（1273）。編纂者左圭，字禹錫，號古鄮山人，明州（今浙江寧波）人，約生活於南宋末期。《百川學海》宋代即有刊本，國內現存最完整的一部收藏於國家圖書館，爲陶湘舊藏。此本乃明弘治十四年（1501）無錫藏書家兼刻書家華珵（1438—1514）據宋本翻刻。爲方便讀者，翻刻時有意調整了所收各書的次序。此本刻印較精，流傳頗廣，清代有遞修。有『某莽』『銕保之印』等藏印。

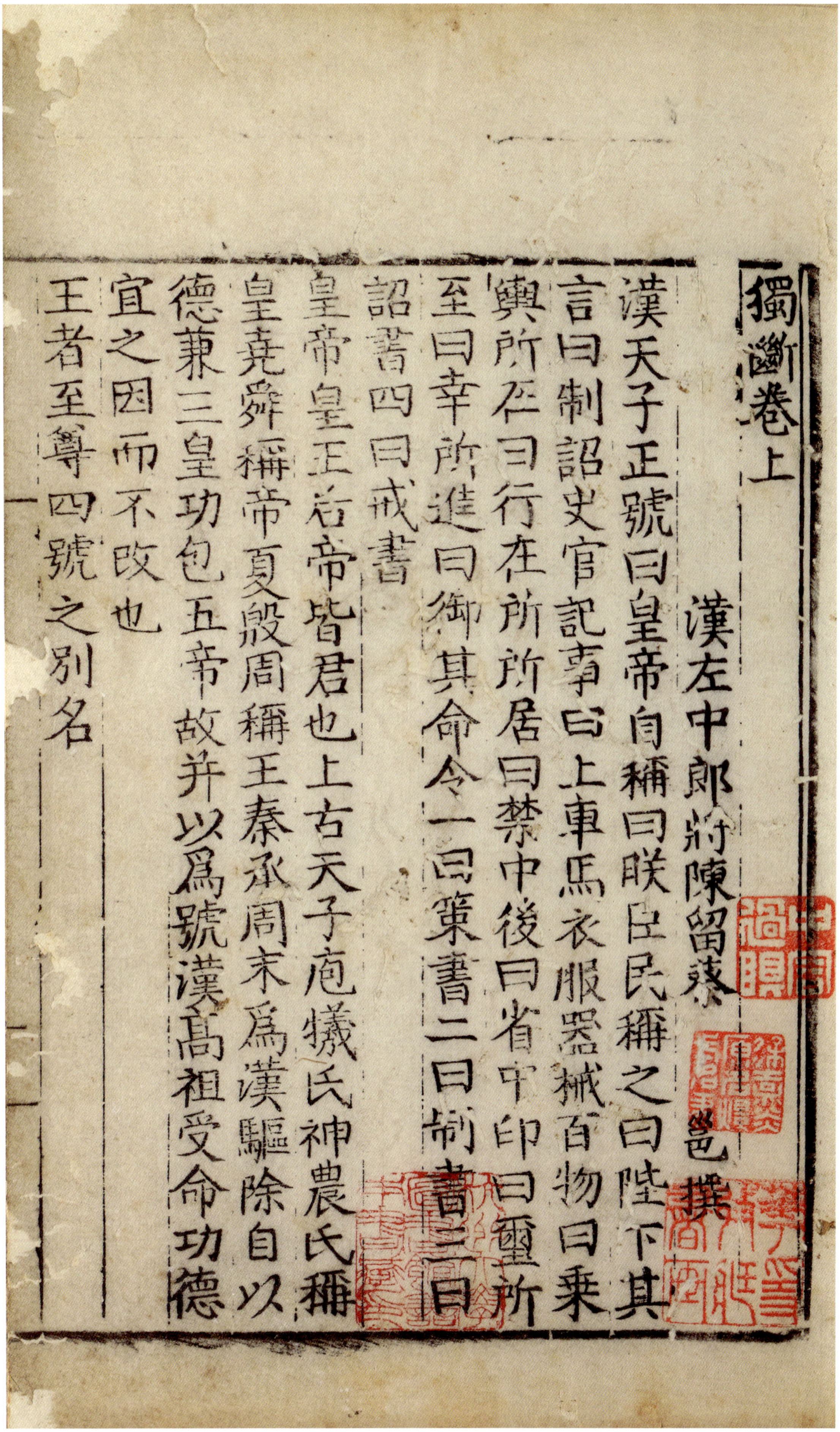
獨斷卷上
漢左中郎將陳留蔡　邕撰
漢天子正號曰皇帝自稱曰朕臣民稱之曰陛下其
言曰制詔史官記事曰上車馬衣服器械百物曰乘
輿所在曰行在所所居曰禁中後曰省中印曰璽所
至曰幸所進曰御其命令一曰策書二曰制書三曰
詔書四曰戒書
皇帝皇王后帝皆君也上古天子庖犧氏神農氏稱
皇堯舜稱帝夏殷周稱王秦承周末爲漢驅除自以
德兼三皇功包五帝故并以爲號漢高祖受命功德
宜之因而不改也
王者至尊四號之別名

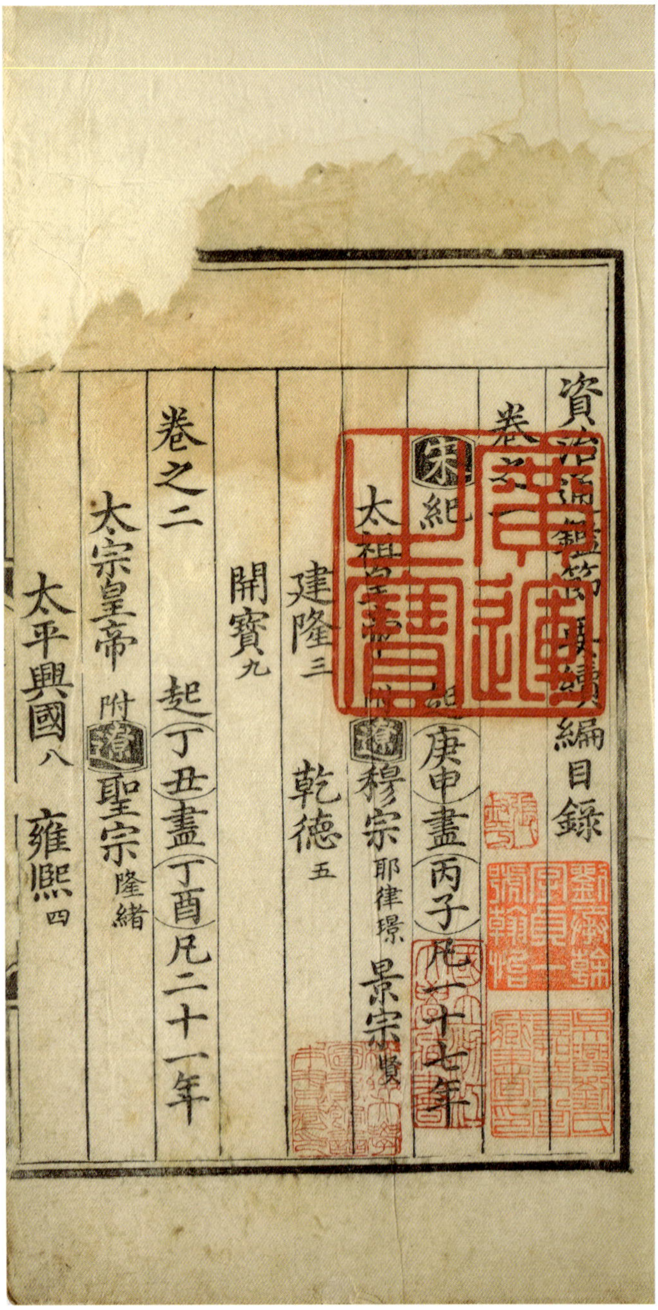


## 資治通鑑節要續編三十卷

（明）張光啟撰

明正德九年（1514）司禮監刻本

二十册

匡高22.2厘米，寬15.7厘米

半葉九行十五字，小字雙行同，黑口，雙黑魚尾，四周雙邊

國家珍貴古籍名録編號：03703

《資治通鑑節要續編》是一部以『節要』的形式續作《資治通鑑》的編年體史書，編纂者張光啟，江西南城人，明宣德間任建陽知縣。此書宣德間（1426—1435）首刊於建陽，自一問世就因簡明易讀而在民間大受歡迎，成爲書坊争相刻印的暢銷書。正德九年（1514），明武宗爲《少微通鑑節要》與《節要續編》撰御製序，並命司禮監刊刻，可見此書得到了最高官方的認可。此本開本闊大，紙墨精良，具明中期内府刻本的典型特徵。有『廣運之寶』『劉承幹字貞一號翰怡』『吴興劉氏嘉業堂藏書印』『張叔平』等印。

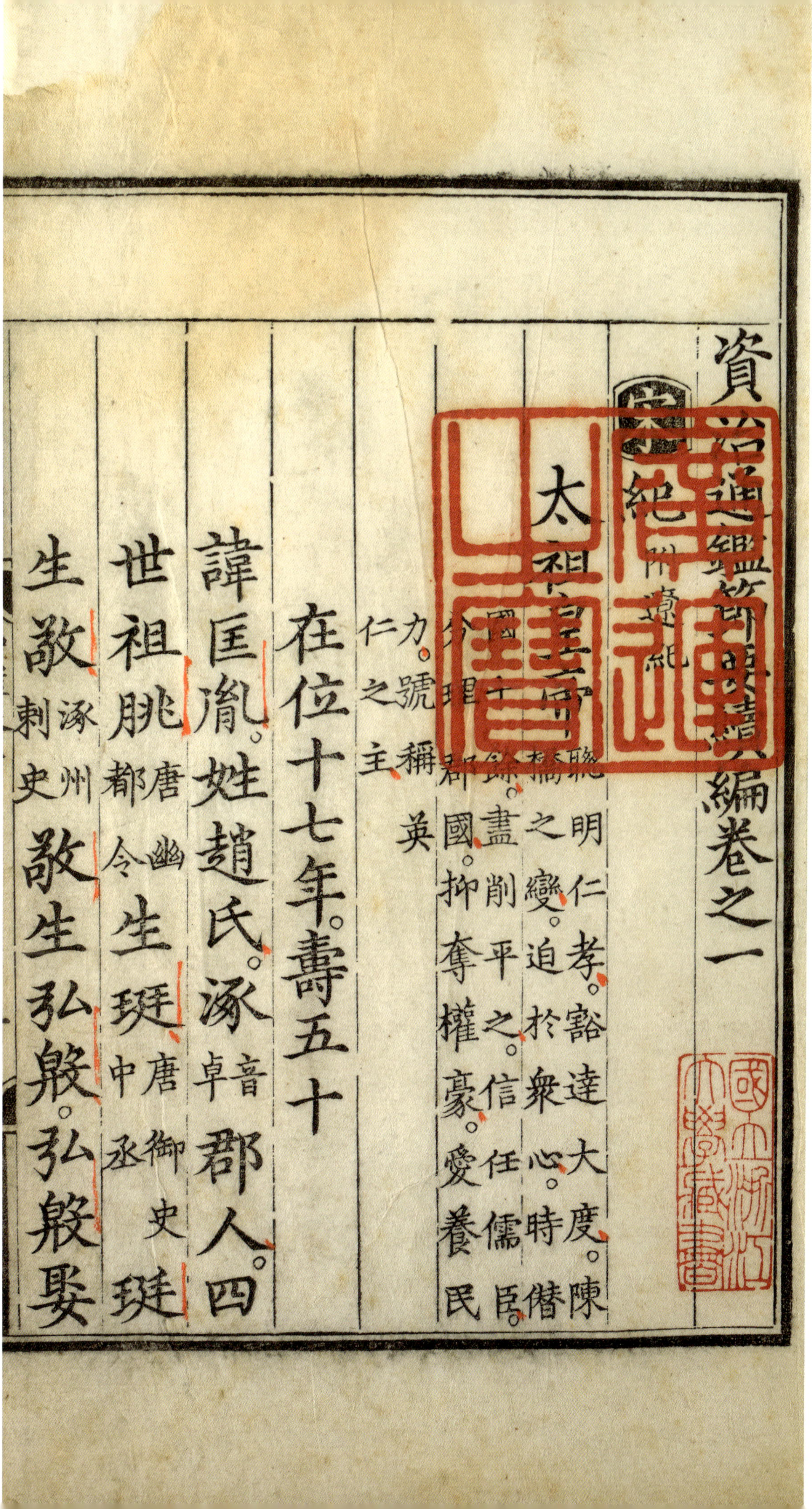

資治通鑑節要續編卷之一

宋紀　附遼紀

太祖[illegible]皇帝　聰明仁孝。豁達大度。陳[illegible]橋之變。迫於衆心。時僭[illegible]國十[illegible]錄。盡削平之。信任儒臣。分理郡國。抑奪權豪。愛養民力。號稱英仁之主。

在位十七年。壽五十

諱匡胤。姓趙氏。涿音卓郡人。四世祖朓唐幽都令生珽唐御史中丞珽生敬涿州刺史敬生弘殷。弘殷娶

## 禮記集說三十卷

（元）陳澔撰

明嘉靖十一年（1532）建寧府刻本

八册

匡高 20.2 厘米，寬 13.2 厘米

半葉九行十七字，小字雙行同，黑口，雙黑魚尾，四周雙邊

國家珍貴古籍名録編號：03306

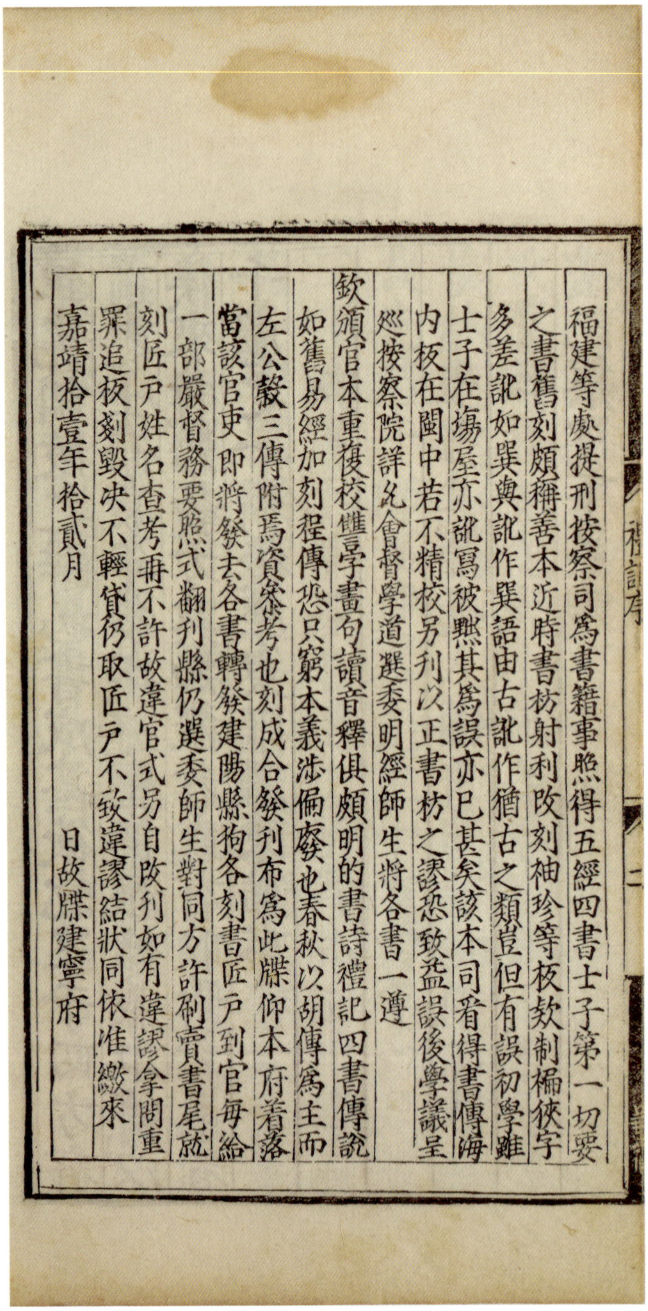
福建等處提刑按察司爲書籍事照得五經四書士子第一切要
之書舊刻頗稱善本近時書坊射利改刻袖珍等板款制褊狹字
多差訛如巽與訛作巽語由古訛作猶古之類豈但有誤初學雖
士子在場屋亦訛寫被黜其爲誤亦已甚矣該本司看得書傳海
内板在閩中若不精校另刊以正書坊之謬恐致盖誤後學議呈
巡按察院詳允會督學道選委明經師生將各書一遵
欽頒官本重復校讐字畫句讀音釋俱頗明的書詩禮記四書傳說
如舊易經加刻程傳恐只窮本義涉偏廢也春秋以胡傳爲主而
左公穀三傳附爲資參考也刻成合發刊布爲此牒仰本府着落
當該官吏即將發去各書轉發建陽縣拘各刻書匠戶到官每給
一部嚴督務要照式翻刊縣仍選委師生對同方許刷賣書尾就
刻匠戶姓名查考毋不許故違官式另自改刊如有違謬拿問重
罪追板剗毀决不輕貸仍取匠戶不致違謬結狀同依准繳來
嘉靖拾壹年拾貳月　　日故牒建寧府

陳澔（1260—1341），字可大，號雲住、北山叟，江西都昌人，理學家、教育家。陳澔終身致力於講學和著述，《禮記集說》爲其最有影響力的著作。該書彙集元以前各家對《禮記》的注釋，並附以己說，注釋較爲淺近，後成爲明清兩代科舉的必讀書。《禮記集說》版本極多，此本爲福建建寧府官刻本，刻印精良。卷前印有福建等處提刑按察司向建寧府發出的牒文，命書坊遵照舊式翻刻，嚴禁改版另刊，於此可見官府對建陽書坊的監督和干涉。書内有『朱兆廬藏書』『觀古堂』『葉德輝鑒藏善本書籍』『郎園過目』『于省吾印』等印。

遠去声

# 禮記集說卷之一

## 曲禮上第一

經曰。曲禮三千。言節目之委曲其多如是也。此即古禮經之篇名。後人以編簡多。故分爲上下。○張子曰。物我兩盡。自曲禮入

曲禮曰。毋不敬。儼若思。安定辭。安民哉。毋禁止辭

○朱子曰。首章言君子脩身。其要在此三者而其效足以安民。乃禮之本。故以冠篇。○范氏曰。經禮三百。曲禮三千。可以一言蔽之。曰毋不敬。○程子曰。心定者。其言安以舒。不定者。其辭輕以疾。○劉氏曰。篇首三句。如曾子所謂君子所貴乎道者三。而籩豆之事則有司存之意。蓋先立乎其大者也。毋不敬。則動容貌斯遠暴慢矣。儼若思。則正顔色斯近信矣。安定辭。則出辭氣斯遠鄙倍矣。三者脩身之要。爲政之本。此君子脩己以敬。而其效至

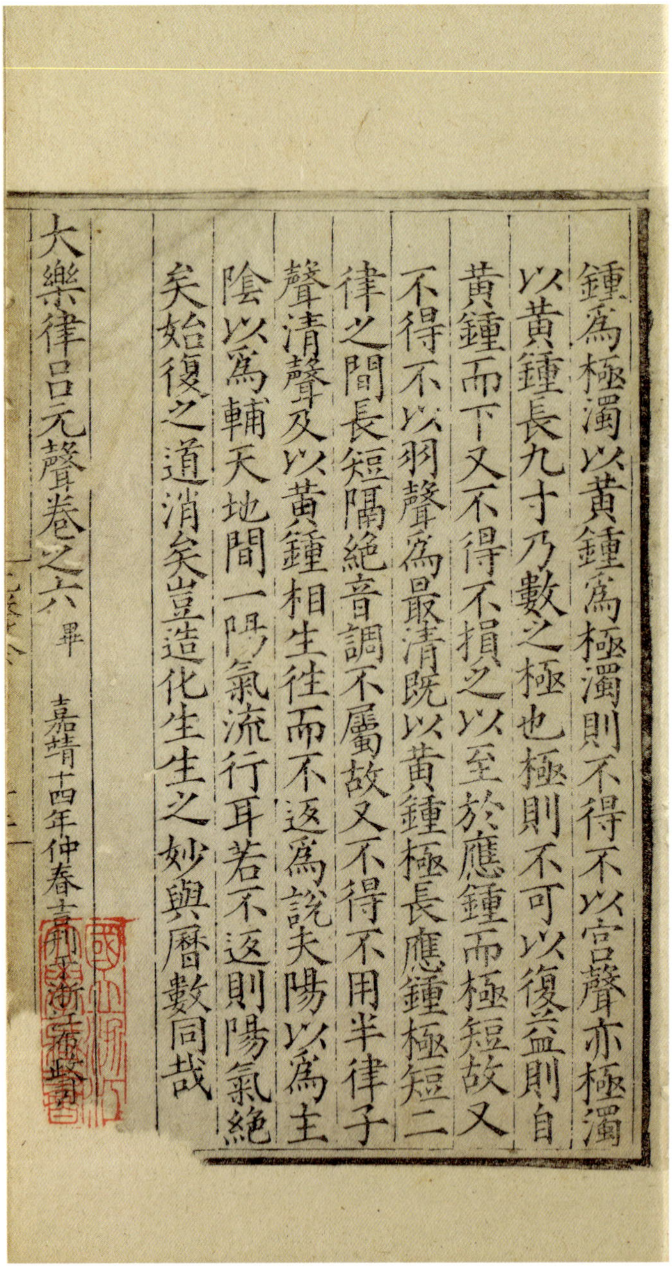
鍾爲極濁以黄鍾爲極濁則不得不以宫聲亦極濁
以黄鍾長九寸乃數之極也極則不可以復益則自
黄鍾而下又不得不損之以至於應鍾而極短故又
不得不以羽聲爲最清既以黄鍾極長應鍾極短二
律之間長短隔絶音調不屬故又不得不用半律子
聲清聲及以黄鍾相生往而不返爲説夫陽以爲主
陰以爲輔天地間一陽氣流行耳若不返則陽氣絶
矣始復之道消矣豈造化生生之妙與曆數同哉
大樂律吕元聲卷之六 畢 嘉靖十四年仲春吉

## 大樂律吕元聲六卷律吕考注四卷（存大樂律吕元聲六卷）

（明）李文利撰（明）李元校補
明嘉靖十四年（1535）浙江布政司刻本
二册
匡高 21 厘米，寬 14.5 厘米
半葉十行二十一字，小字雙行同，白口，四周雙邊
國家珍貴古籍名録編號：07353

李文利，字乾遂，號兩山，福建莆田人，弘治間任桂陽縣教諭、思南府儒學教授等職。此書作者生前並未完稿，後由其兄李元校補，其任桂陽教諭時的弟子范輅（1474—1536）校正完成。在明代有兩刻，嘉靖三年（1524）范輅刻本和嘉靖十四年（1535）浙江布政司據范輅本翻刻本，兩本行款相同，後者開本更爲闊大，版式較疏朗。館藏本爲嘉業堂舊藏，有『劉承幹字貞一號翰怡』『吴興劉氏嘉業堂藏書印』『張叔平』等印。

大樂律呂元聲卷之一

莆田李文利著

梅東李元校補

郴陽三峯范輅校正

黃鍾第一

黃鍾長三寸九分空圍九分爲聲氣之元其時子半其數極少其聲極清音屬正宮一陽方動其卦爲復日南至而始反北也

按此即黃帝命伶倫所造之黃鍾也黃鍾之尊在於氣清上行不在數多清者數少濁者數多數少者貴

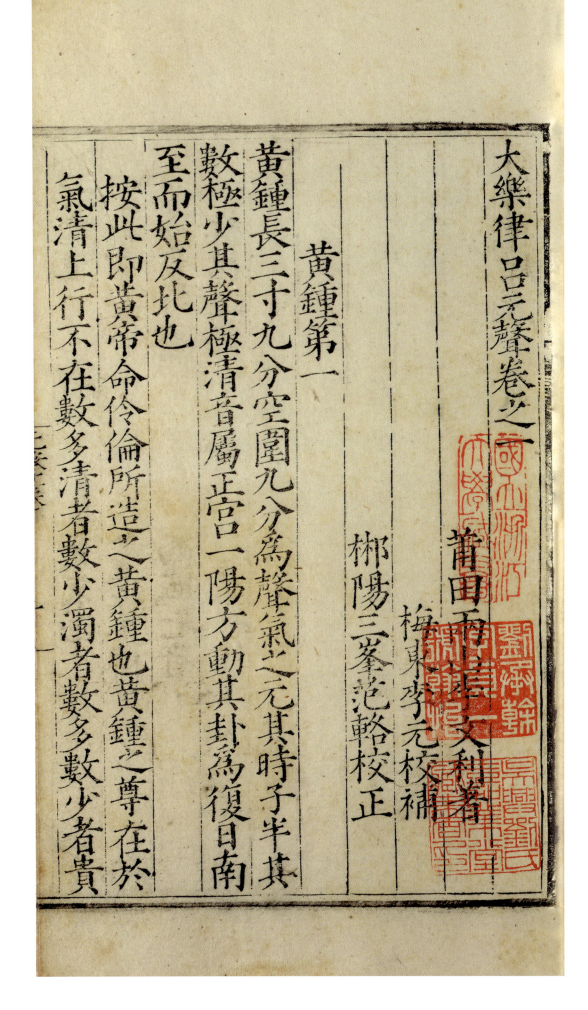

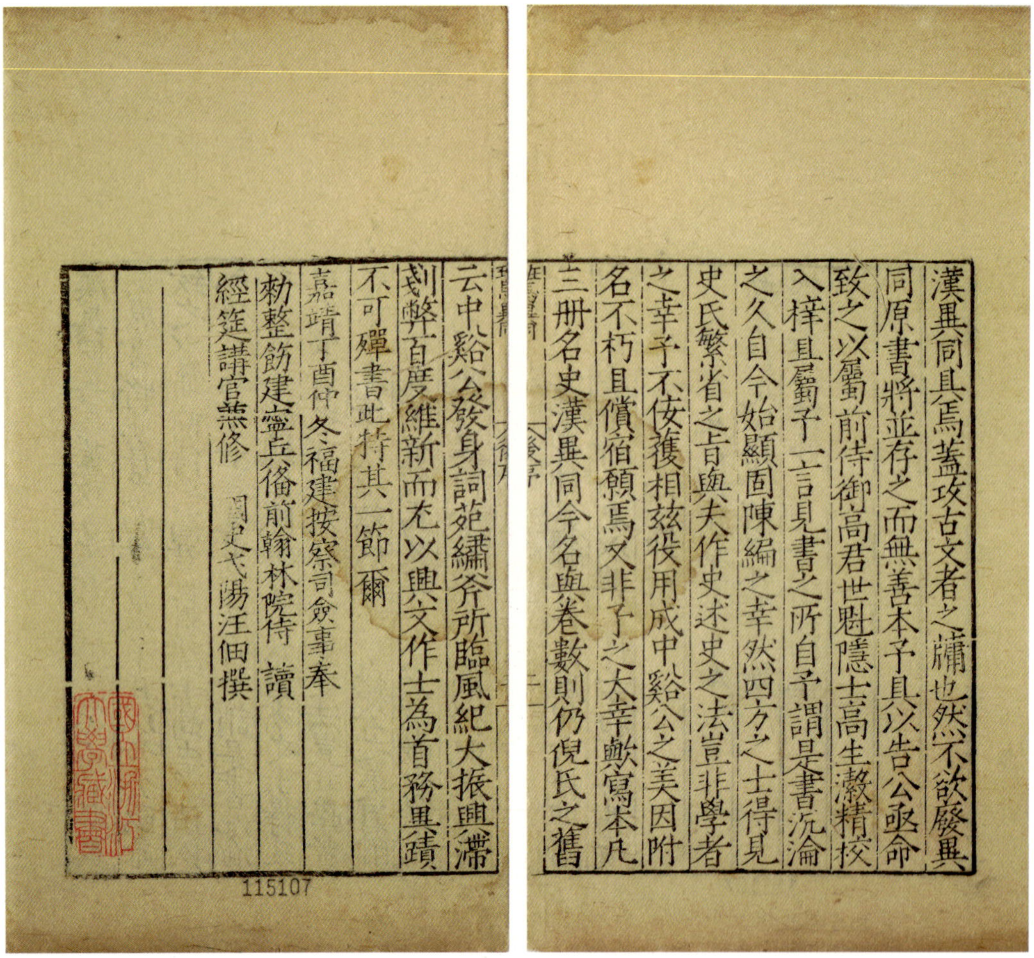

漢異同且為蓋攻古文者之牖也然不欲廢異
同原書將並存之而無善本予具以告公亟命
致之以屬前侍御高君世魁隱士高生瀫精校
入梓且屬予一言見書之所自予謂是書沉淪
之久自今始顯固陳編之幸然四方之士得見
史氏繁省之旨與夫作史述史之法豈非學者
之幸予不佞獲相茲役用成中谿公之美因附
名不朽且償宿願焉又非予之大幸歟寫本凡
三冊名史漢異同今名與卷數則仍倪氏之舊
云中谿公發身詞苑繡斧所臨風紀大振興滯
剗弊百度維新而尤以興文作士為首務異蹟
不可殫書此特其一節爾
嘉靖丁酉仲冬福建按察司僉事奉
勅整飭建寧兵備前翰林院侍　讀
經筵講官兼修　國史弋陽汪佃撰

115107

## 班馬異同三十五卷

（宋）倪思撰　（宋）劉辰翁評
明嘉靖十六年（1537）李元陽刻本
四冊
匡高 16.8 厘米，寬 12.7 厘米
半葉九行十九字，小字單行同，白口，單白魚尾，左右雙邊
國家珍貴古籍名録編號：07526

《班馬異同》是中國史學史上第一部考訂《史記》《漢書》字句異同以參得失的著作。據汪佃（1471—1540）跋，此書舊無刻本，長期以抄本的形式在吉安士大夫間流傳，汪佃本人亦從費寀（1483—1548）家抄録了一部，後送予福建巡撫李元陽，李元陽請高世魁、高瀫精校後付梓。李元陽（1497—1580），字仁甫，號中溪，雲南大理人。嘉靖五年（1526）進士，曾任江西道監察御史、荆州知府等職，中年辭官歸里，潛心著述。除本書外，李元陽在福建期間還曾校刻《十三經注疏》《史記題評》《杜氏通典》等多種書。館藏本爲嘉業堂舊藏，有『劉翰怡印』『吴興劉氏嘉業堂藏書印』『求恕居士』『張叔平』等印。

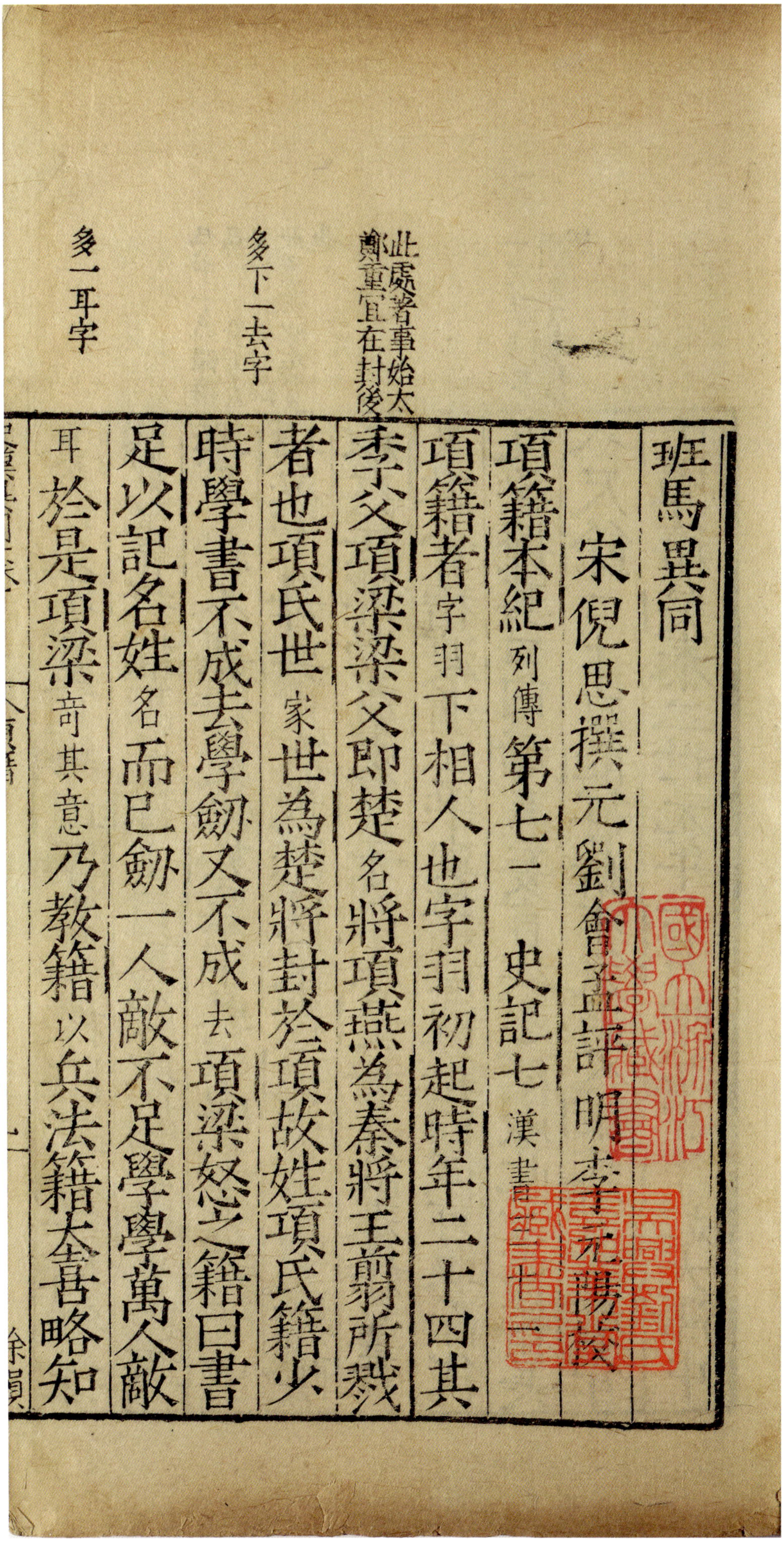

此處著事始太鄭重宜在封後

多下一去字

多一耳字

班馬異同

宋倪思撰元劉會孟評明李元陽校

項籍本紀列傳第七一史記七漢書三十一

項籍者字羽下相人也字羽初起時年二十四其季父項梁梁父即楚名將項燕為秦將王翦所戮者也項氏世家世為楚將封於項故姓項氏籍少時學書不成去學劍又不成去項梁怒之籍曰書足以記名姓名而已劍一人敵不足學學萬人敵耳於是項梁奇其意乃教籍以兵法籍大喜略知

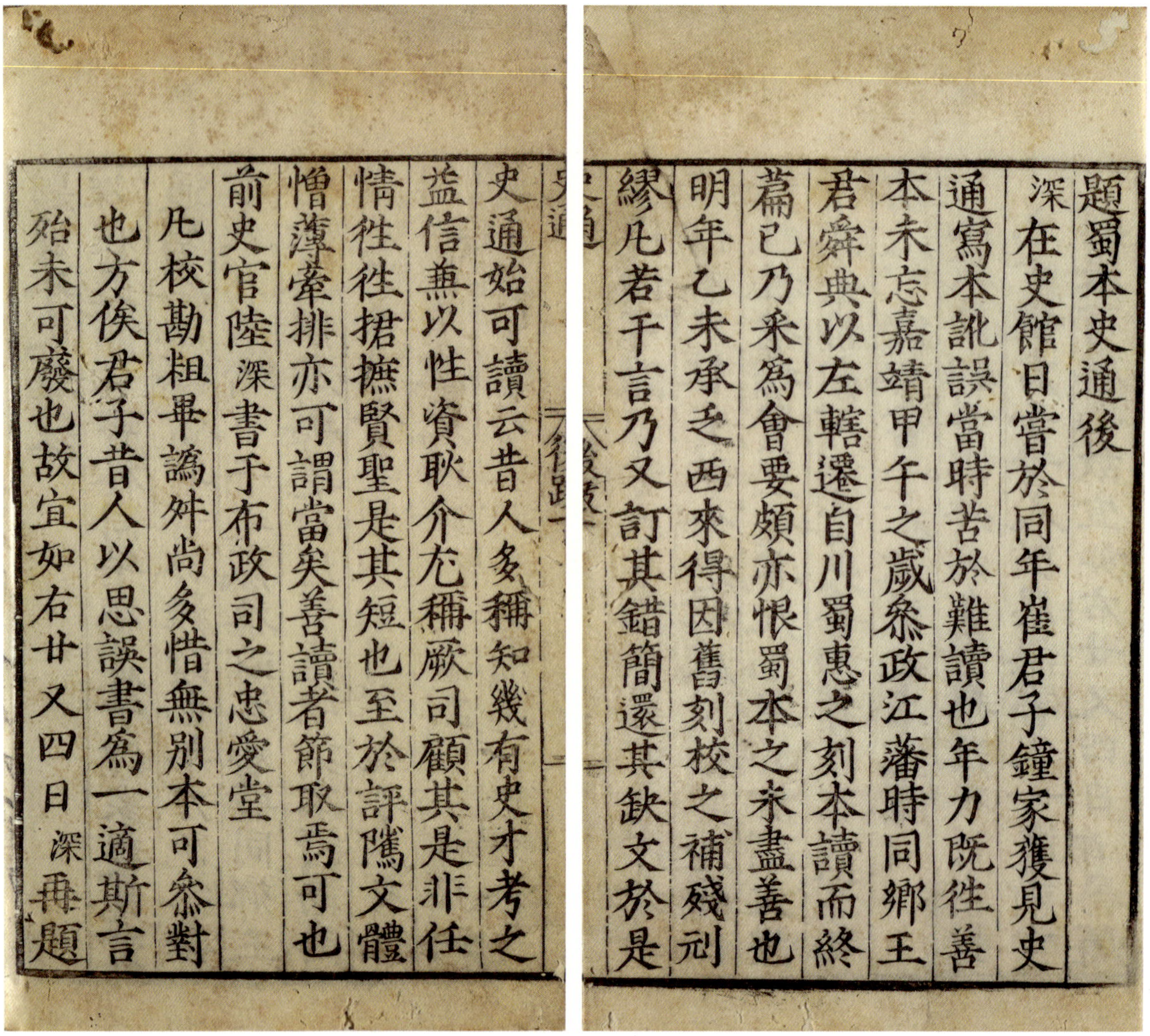
題蜀本史通後
深在史館日嘗於同年崔君子鐘家獲見史通寫本訛誤當時苦於難讀也年力旣往善本未忘嘉靖甲午之歲叅政江藩時同鄉王君舜典以左轄遷自川蜀惠之刻本讀而終篇已乃采爲會要頗亦恨蜀本之未盡善也明年乙未承乏西來得因舊刻校之補殘刓繆凡若干言乃又訂其錯簡還其缺文於是
史通　後跋一
史通始可讀云昔人多稱知幾有史才考之葢信焉以性資耿介尤稱厥司顧其是非任情往往捃摭賢聖是其短也至於評隲文體憎薄牽排亦可謂當矣善讀者節取焉可也
前史官陸深書于布政司之忠愛堂
凡校勘粗畢譌舛尚多惜無別本可叅對也方俟君子昔人以思誤書爲一適斯言殆未可廢也故宜如右廿又四日深再題

## 史通二十卷

（唐）劉知幾撰
明嘉靖十四年（1535）陸深刻本
四册
匡高20.8厘米，寬14.4厘米
半葉十行二十字，小字雙行同，白口，單白魚尾，四周單邊
國家珍貴古籍名録編號：08178

《史通》是唐代大臣、史學家劉知幾（661—721）所撰的中國第一部系統性的史學理論著作。此本乃明代文學家、藏書家陸深（1477—1544）任四川左布政使時，在舊蜀刻本的基礎上，重新校訂文字，修版補版而成。《史通》未見宋元版傳世，蜀刻原本今也已不存，陸深重修本或是現存最早的版本。此書爲玉海樓舊藏，有『山水文章』『遐咨氏』『瑞安孫仲容珍藏書畫文籍印』『遥集軒』等印。

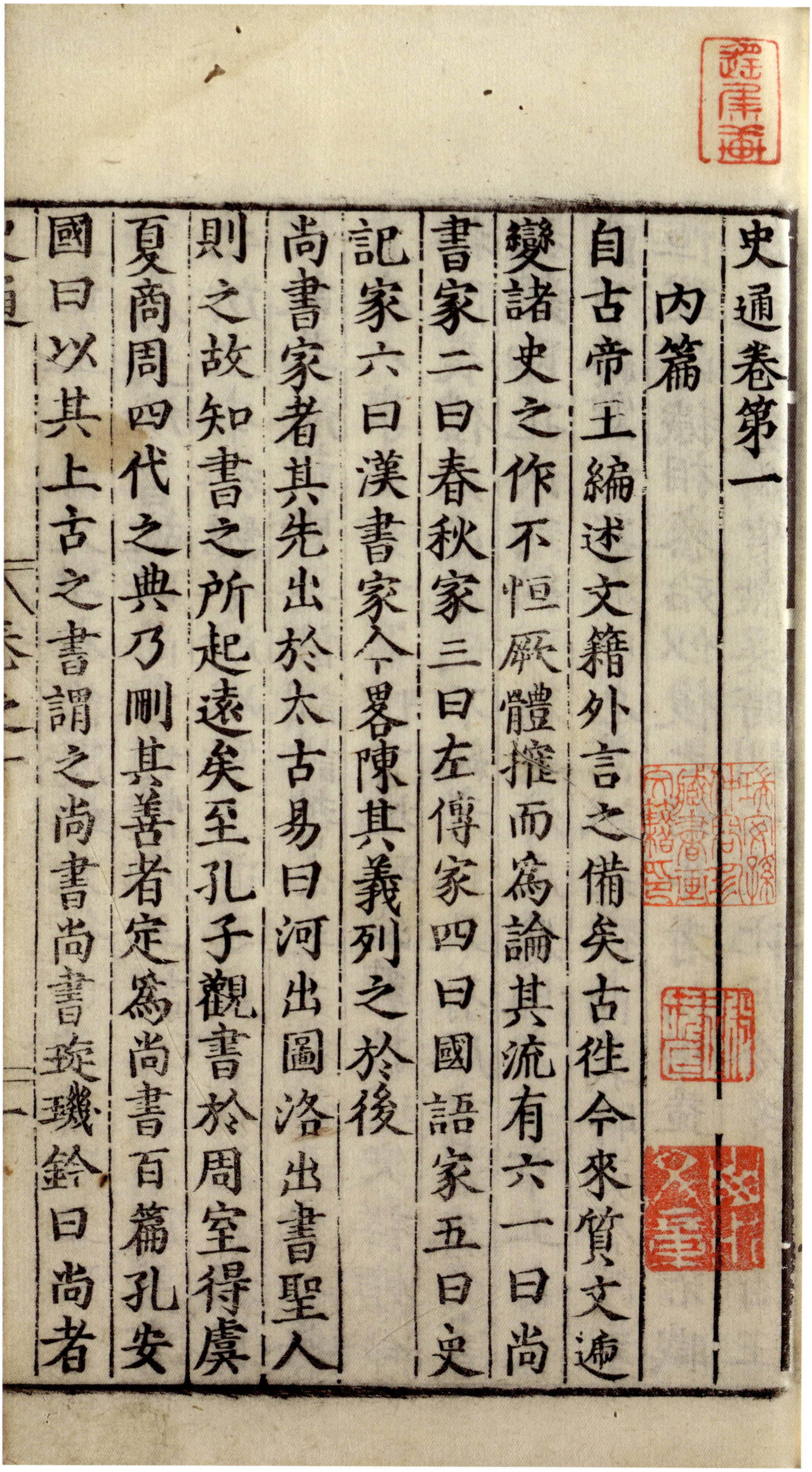
史通卷第一

內篇

自古帝王編述文籍外言之備矣古往今來質文遞
變諸史之作不恒厥體㩁而為論其流有六一曰尚
書家二曰春秋家三曰左傳家四曰國語家五曰史
記家六曰漢書家今畧陳其義列之於後
尚書家者其先出於太古易曰河出圖洛出書聖人
則之故知書之所起遠矣至孔子觀書於周室得虞
夏商周四代之典乃删其善者定為尚書百篇孔安
國曰以其上古之書謂之尚書尚書璇璣鈐曰尚者

史通　卷之一　一

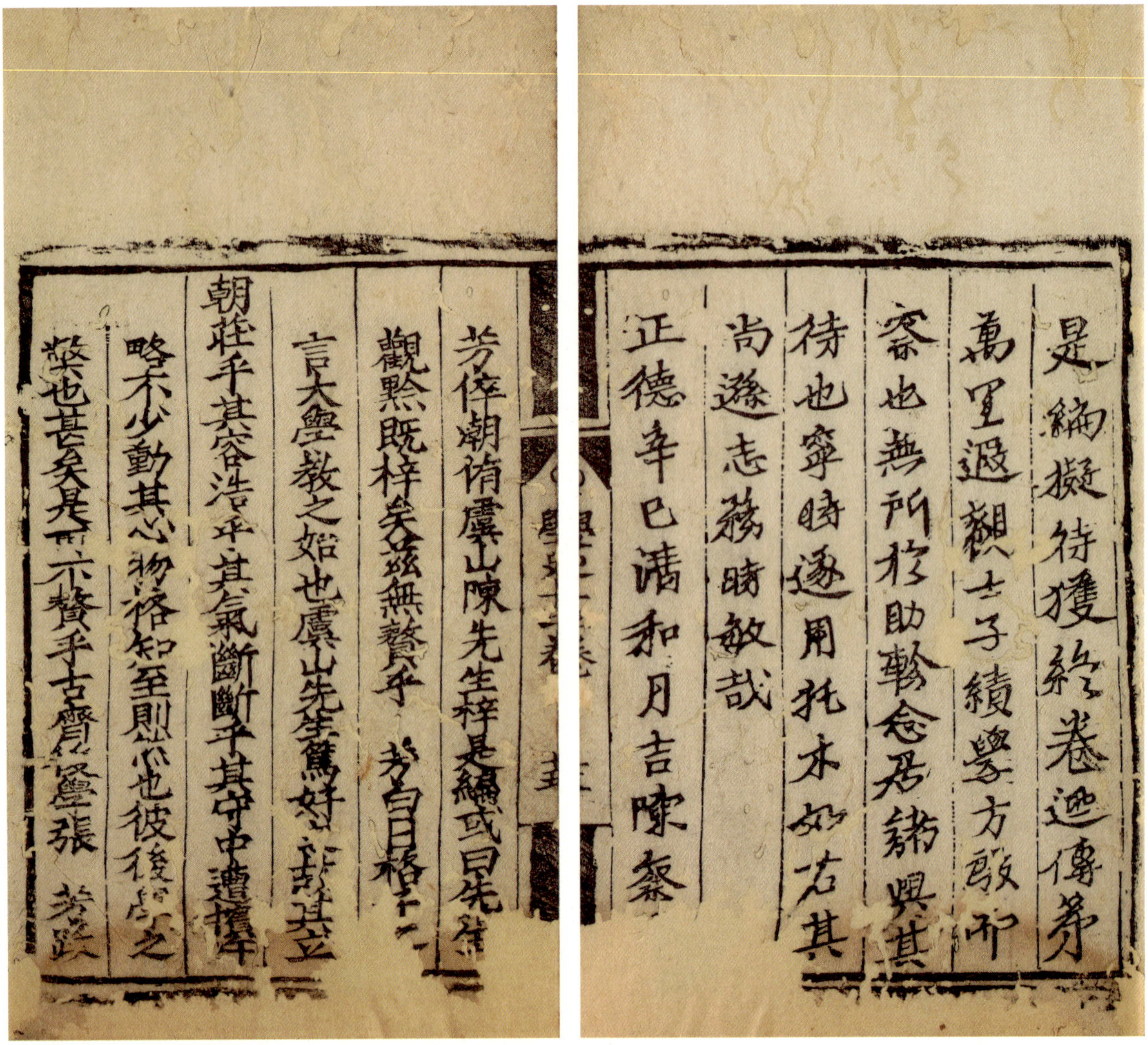
是編擬待獲終卷迺傳弟
萬里遐觀士子續學方殷而
察也無所於助輪念爲緒與其
待也寧時遂用托木如右其
尚遂志務時敏哉
正德辛巳清和月吉陳察

芳倅嶲郡虞山陳先生梓是編或曰先生
觀黔既梓矣茲無贅乎 芳曰格
言大學教之始也虞山先生篤好其立
朝莊乎其容浩乎其氣斷斷乎其中遭擾
略不少動其心物格知至則心也彼後學之
藥也甚矣是不亦贊乎古賢張 芳跋

## 學史十三卷

（明）邵寶撰

明正德十六年（1521）陳察刻本

四册

匡高17.7厘米，寬13.7厘米

半葉十行二十字，小字雙行同，粗黑口，

單黑魚尾，左右雙邊

國家珍貴古籍名録編號：04382

《學史》是明代邵寶所撰的一部日記體史評著作，書中分列評論了384條周朝至元代的歷史事跡。邵寶（1460—1527），字國賢，號泉齋，江蘇無錫人，著名學者、藏書家。此書邵寶門生、藏書家陳察（1470—1552）刻過兩次，一刻於正德十六年（1521），時陳察任雲南巡按御史；一刻於嘉靖七年（1528），時任浙江按察史。此本爲正德刻本，應刻於雲南。玉海樓舊藏，有『東壁山房』『經微室』印。

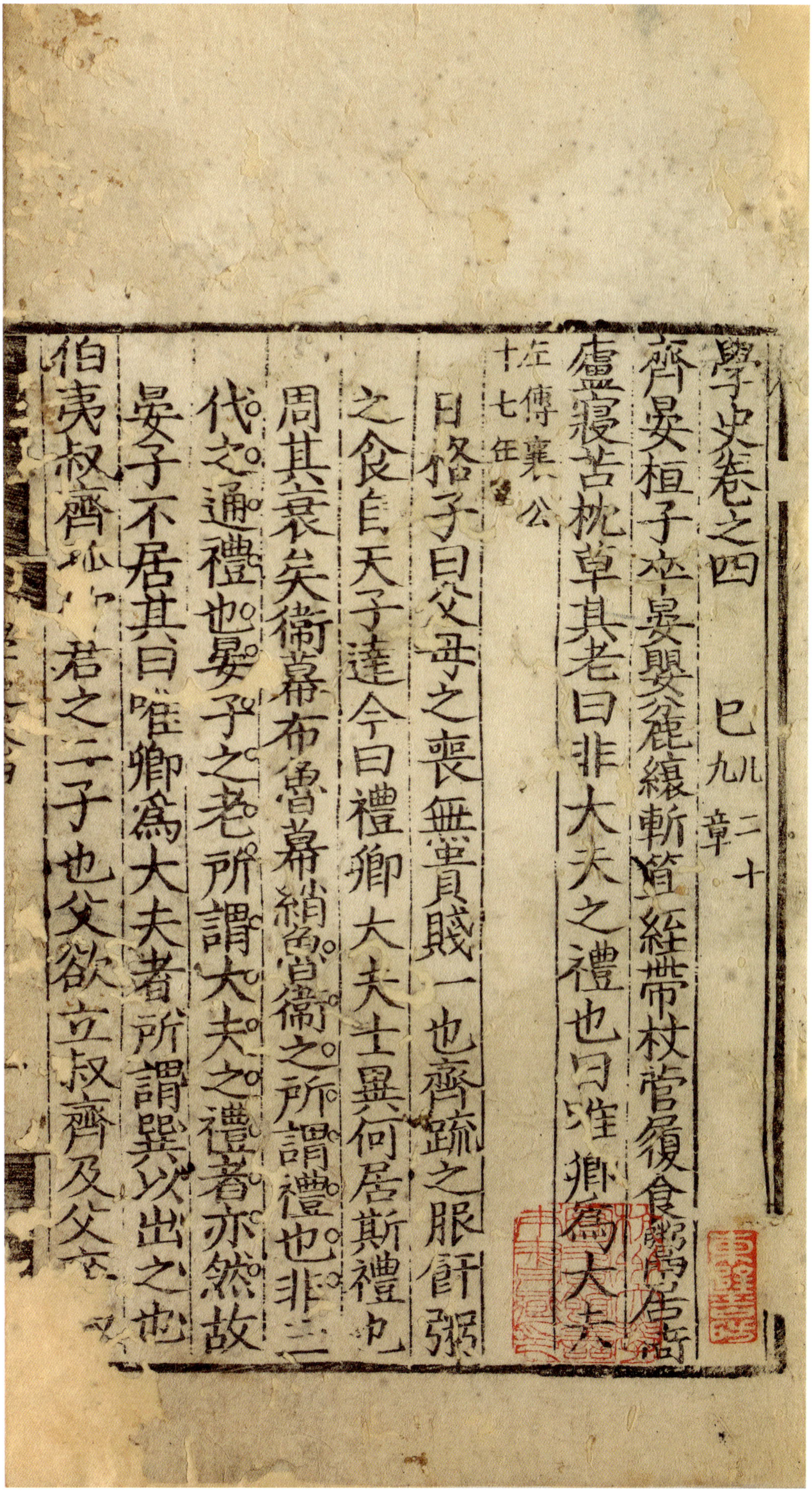

學史卷之四　巳九二十九章
齊晏桓子卒晏嬰麤縗斬苴絰帶杖菅屨食鬻居倚
廬寢苫枕草其老曰非大夫之禮也曰唯卿爲大夫
左傳襄公十七年
曰格子曰父母之喪無貴賤一也齊疏之服飦粥
之食自天子達今曰禮卿大夫士異何居斯禮也
周其衰矣衛幕布魯幕綃爲衛之所謂禮也非二
代之通禮也晏子之老所謂大夫之禮者亦然故
晏子不居其曰唯卿爲大夫者所謂巽以出之也
伯夷叔齊孤竹君之二子也父欲立叔齊及父卒

## 文公先生經世大訓十六卷

（明）余祐輯
明嘉靖元年（1522）河南按察司刻本
六册
匡高 22.7 厘米，寬 15.1 厘米
半葉十行二十四字，小字雙行同，白口，雙黑魚尾，四周雙邊
國家珍貴古籍名録編號：08265

此書選《朱子文集》《朱子語類》二書中有關經世致用的文章，分爲三十六類編纂而成。編者余祐（一作余祐，1465—1528），字子積，號訒齋，江西鄱陽人，弘治十二年（1499）進士，理學家胡居仁（1434—1484）弟子。書編成於正德甲戌（1514），此本爲其最早刻本。嘉業堂舊藏，有『劉承幹字貞一號翰怡』『吴興劉氏嘉業堂藏書印』『張叔平』等印。

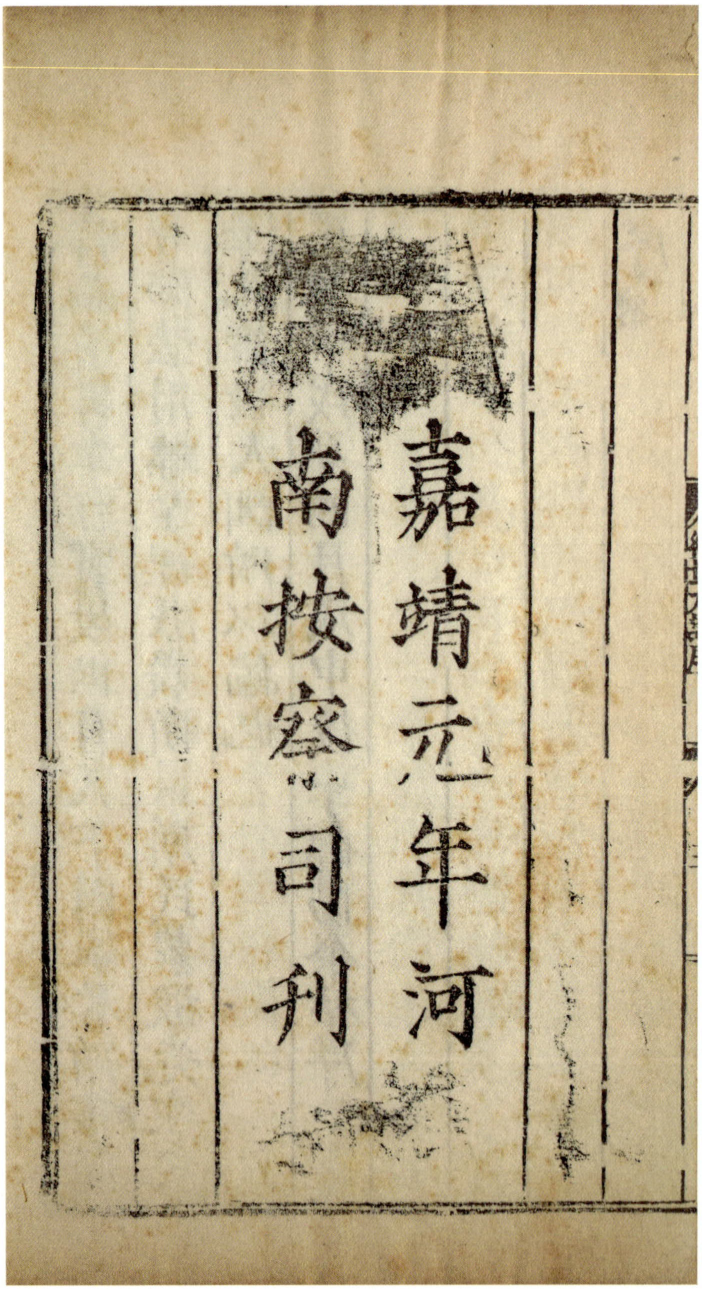

文公先生經世大訓卷一　　後學余祐編集

人主心術第一　十六條

戊申封事臣之輒以陛下之心爲天下之大本者何也天下之事千變萬化其端無窮而無一不本於人主之心者此自然之理也故人主之心正則天下之事無一不出於正人主之心不正則天下之事無一得由於正蓋不惟其賞之所勸刑之所威各隨所向勢有不能已者而其觀感之間風動神速又有甚焉是以人主以眇然之身居深宮之中其心之邪正若不可得而窺者而其符驗之著於外者常若十目所視十手所指而不可揜此大舜所以有惟精惟一之戒孔子所以

## 武溪集二十一卷

（宋）余靖撰

明嘉靖四十五年（1566）劉穩刻本

十冊

匡高19.5厘米，寬12.7厘米

半葉十行二十字，小字雙行，大黑口，雙黑魚尾，四周雙邊

國家珍貴古籍名録編號：08823

余靖（1000—1064），字安道，號武溪，韶州曲江（今廣東韶關）人，北宋政治家。《武溪集》爲余靖詩文别集，其子余仲荀編，宋代有刊刻，今已佚。明成化九年（1473），丘濬（1421—1495）從文淵閣群書中抄出，付韶州郡齋蘇韡刊刻，是爲成化本。此本乃衡陽劉穩（1519—1575）任廣東南韶兵備副使時據成化本重刻而成。嘉業堂舊藏，有『鐂承幹印』『南林劉氏求恕齋藏』『張叔平』印。

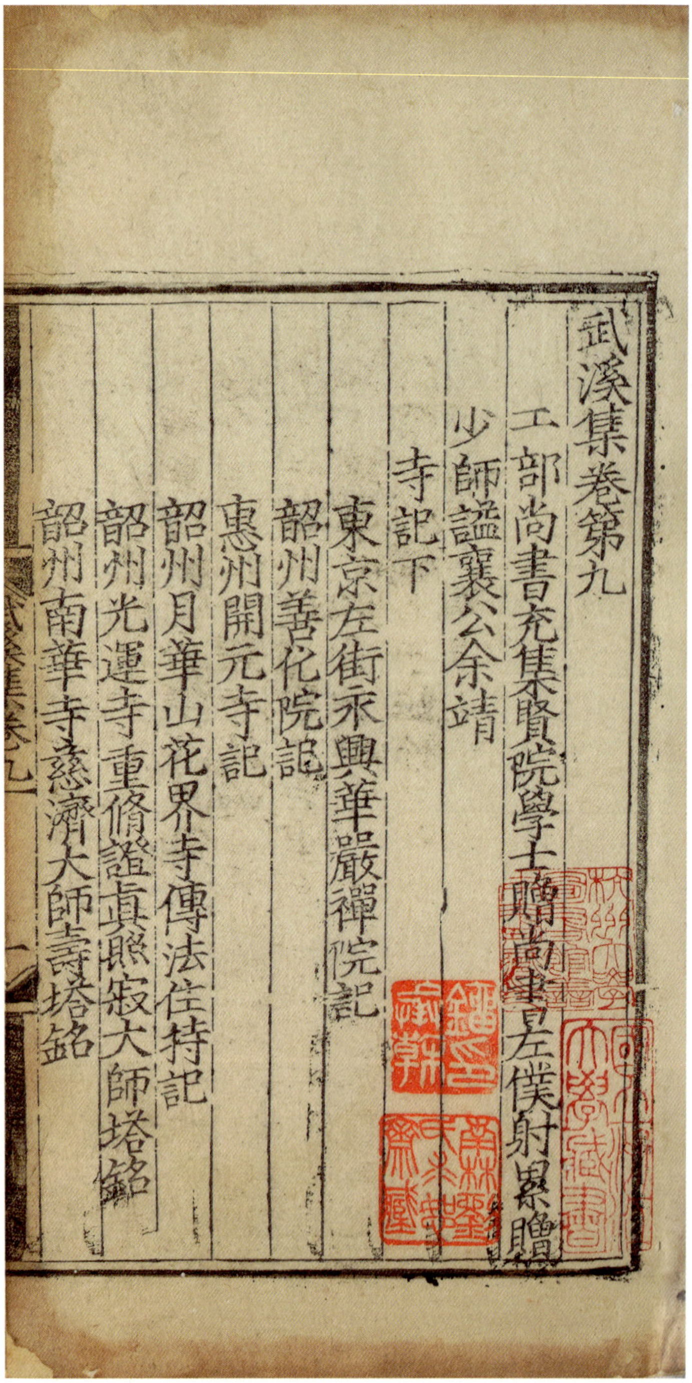
武溪集卷第九
工部尚書充集賢院學士贈尚書左僕射累贈
少師謚襄公余靖
寺記下
東京左街永興華嚴禪院記
韶州善化院記
惠州開元寺記
韶州月華山花界寺傳法住持記
韶州光運寺重脩證真照寂大師塔銘
韶州南華寺慈濟大師壽塔銘

武溪集卷第一

工部尚書充集賢院學士贈尚書左僕
射累贈少師謚襄公余靖

律詩五言

送曲江知縣趙節推

命將久征蠻騷然數載間（郴部共屯兵夫七千餘人）一言巢穴破
千里鼓旗閑刀盾無私蓄（徭人兵器盡輸官庫）耕桑有復還（避賊之民並即歸業）居民此休息遺惠重丘山

寄題廣州田諫議頋堂

退食公堂暇應無俗慮侵簾開雙燕外吏散百花陰

## 直講李先生文集三十七卷
（宋）李覯撰

## 外集三卷年譜一卷門人録一卷
明正德十三年（1518）孫甫刻本

六册

匡高 16.7 厘米，寬 12.3 厘米

半葉十一行二十字，白口，單白魚尾，左右雙邊

國家珍貴古籍名録編號：05479

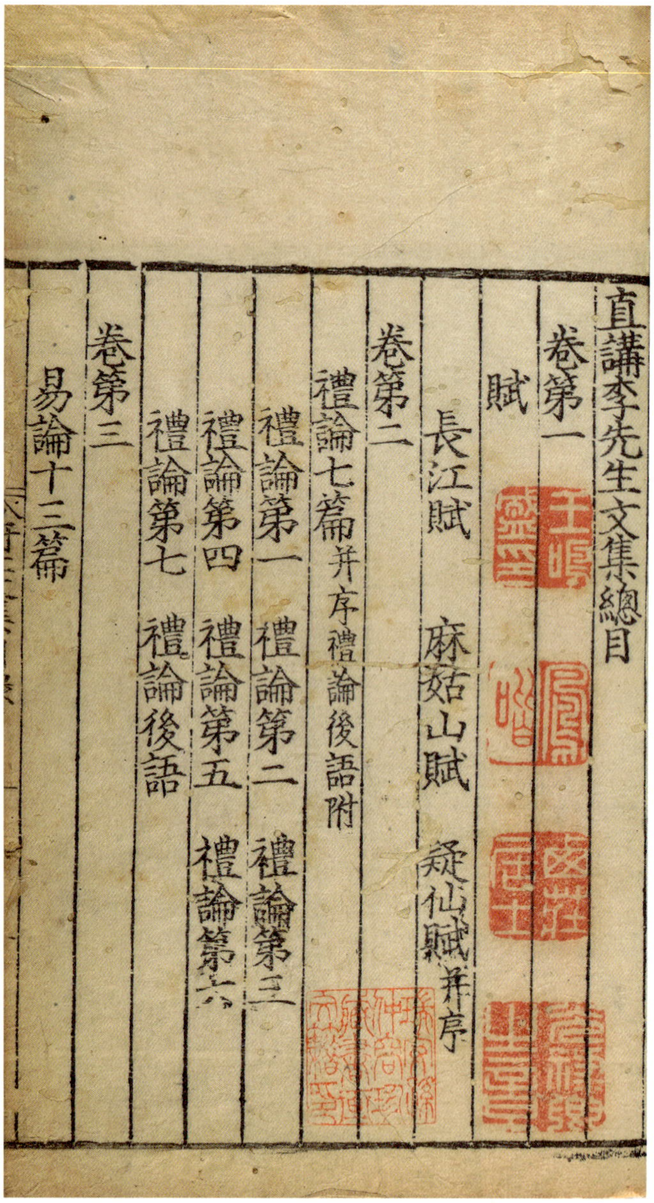

李覯（1009—1059），字泰伯，號盱江，江西南城人，北宋哲學家、教育家。李覯著作在宋代即有彙編全集本刊刻，今已佚，現存最早版本爲成化間左贊編刻本。據正德十三年（1518）南城知縣孫甫序，此本係其從吏部員外郎夏良勝（1480—1538）處得到閩中舊刻本，會同邑中文人參訂而成。卷端題『左贊編輯』『何喬新校正』，卷前有成化諸序，與成化本除行數不同外，其餘編排大體相同。玉海樓舊藏，有『王鳴盛印』『鳳喈』『西莊居士』『瑞安孫仲容珍藏書畫文籍印』『劉』『燕庭藏書』等印。

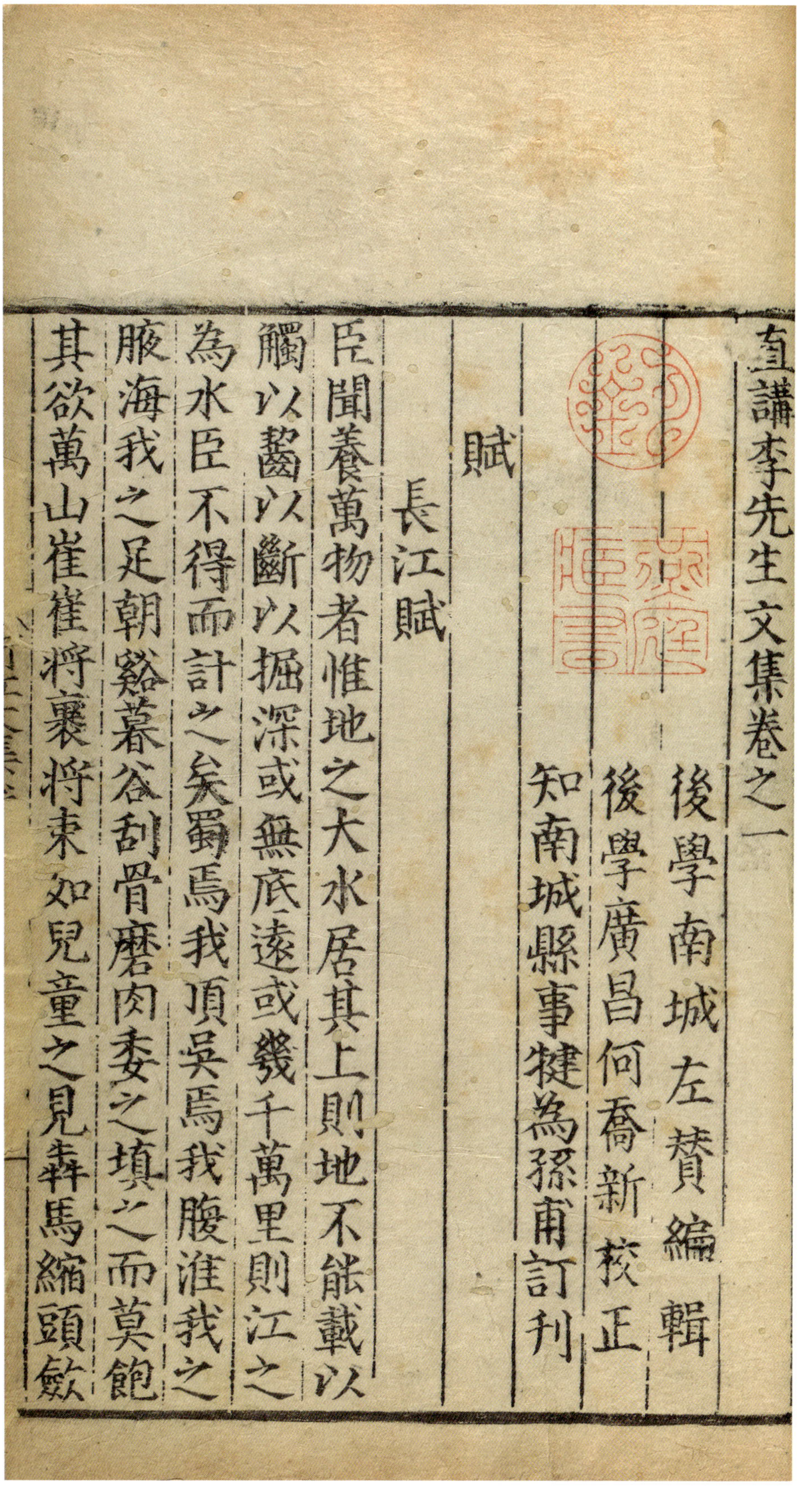
直講李先生文集卷之一
後學南城左贊編輯
後學廣昌何喬新校正
知南城縣事犍為孫甫訂刊
賦
長江賦
臣聞養萬物者惟地之大水居其上則地不能載以
觸以齧以斷以掘深或無底遠或幾千萬里則江之
為水臣不得而計之矣蜀焉我頂吳焉我腹淮我之
脉海我之足朝谿暮谷刮骨磨肉委之填之而莫飽
其欲萬山崔嵳將褁將束如兒童之見犇馬縮頭歛

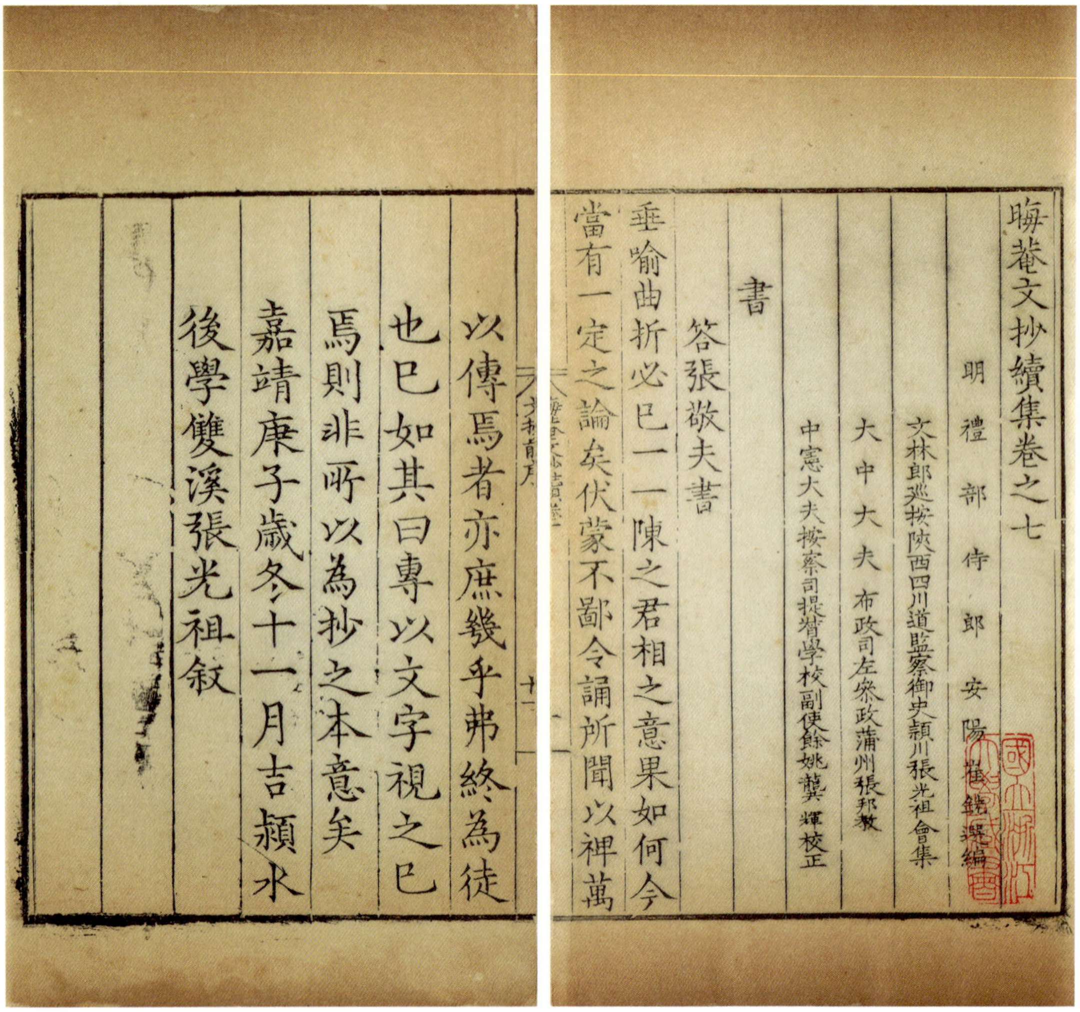


## 晦菴文抄十卷

（宋）朱熹撰 （明）吴訥、崔銑輯

明嘉靖十九年（1540）張光祖刻本

八册

匡高 19.3 厘米，寬 13.9 厘米

半葉九行十八字，小字雙行同，白口，單白魚尾，左右雙邊

國家珍貴古籍名録編號：08918

明宣德五年（1430），吴訥（1372—1457）編選朱熹詩文之『可效法者』爲七卷，名《晦菴文抄》，此書有成化十八年（1482）周鳳等刻本。嘉靖十七年（1538），崔銑（1478—1541）將吴氏所編併爲六卷，與自己續輯之『有裨於道者』合爲十卷，以備翻檢閲讀。十八年（1539）秋，監察御史張光祖（1501—1580）巡按陝西時順道安陽拜謁崔銑，從崔氏處得到此稿，於次年（1540）冬在陝西刊成，參與其事者有陝西左右布政使喻茂堅、尹嗣忠等人。

# 晦菴文抄卷之一

明國子監祭酒海虞吳訥選編
文林郎巡按陝西四川道監察御史潁川張光祖會集
通奉大夫布政使司左布政使滎昌喻茂堅
通奉大夫布政使司右布政使真定尹嗣忠校正

## 賦

### 感春賦

觸世塗之幽險兮攬予轡其安之慨埋輪而繫
馬兮指故山以為期仰皇鑒之昭明兮眷予衷

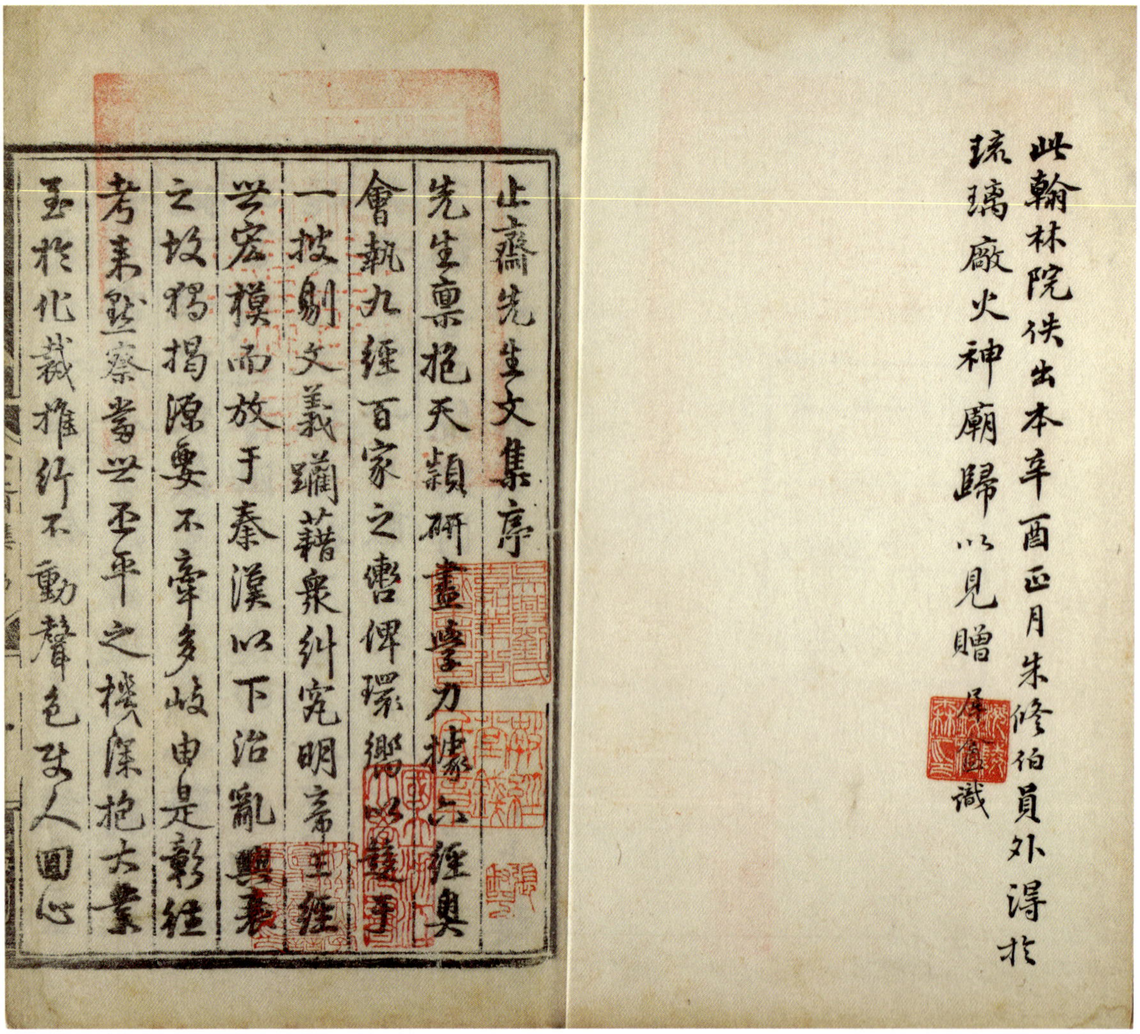
止齋先生文集序
此翰林院佚出本辛酉正月朱修伯員外得於琉璃廠火神廟歸以見贈 犀盦識

## 止齋先生文集五十二卷 附録一卷

（宋）陳傅良撰

明正德元年（1506）林長繁刻本

八册

匡高 21.3 厘米，寬 14.3 厘米

半葉十三行二十三字，小字雙行同，大黑口，雙黑魚尾，四周雙邊

國家珍貴古籍名録編號：05675

陳傅良（1137—1203），字君舉，號止齋，浙江瑞安人，乾道八年（1172）進士，永嘉學派著名學者。《止齋先生文集》乃陳傅良門人曹叔遠（1159—1234）所編，宋嘉定五年（1212）初刻於永嘉郡齋。明弘治十八年（1505），經筵國史官王瓚（1462—1524）將其從秘閣藏書中抄出的《止齋先生文集》送予浙江巡撫張璡（1466—1531），張璡又將它託付給温州同知林長繁（1455—?），由林長繁與其同僚共同捐資刊刻。浙大館藏本卷前有錢桂森（1827—1899）題識，云：『此翰林院佚出本，辛酉正月朱修伯員外得於琉璃廠火神廟，歸以見贈。』朱修伯即朱學勤（1823—1875），家有『结一廬』，藏書甚富。此本後歸劉氏嘉業堂，曾被上海涵芬樓借印入《四部叢刊初編》。有『海陵錢桂森印』『教經堂錢氏章』『犀盦藏本』『學有用齋』『海陵錢犀盦校藏書籍』『師竹齋圖書』『吳興劉氏嘉業堂藏書印』『劉承幹字貞一號翰怡』『張叔平』等印。

# 止齋先生文集卷之一

## 歌辭

暮之春六章章五句（先生有堂曰暮春御翰扁牓）

暮之春兮物維其嘉乾際兮坤涯毋將離兮彼實者華魚在藻兮燕于還于故家今者不樂兮云何

暮之春兮風日與柔桑女兮南疇相爾夏畦兮悲秋斷冰兮長夜無裘今者不樂兮何求

暮之春兮雍雍熙熙堯裳兮舜衣五絃之琴兮一夔曾不知結繩與秉鉞兮何時瞻言千載兮忽焉其遠而

山有龜蒙兮水有沂天未喪斯文兮在兹二三子兮皇皇欲何之鼓瑟兮為誰捨此兮吾將安歸

止齋兮年年室環堵兮兩山有川鷗鷺巢簷兮圓荷田田豈無芳草兮杜鵑世微孔子兮獨抱乎韋編

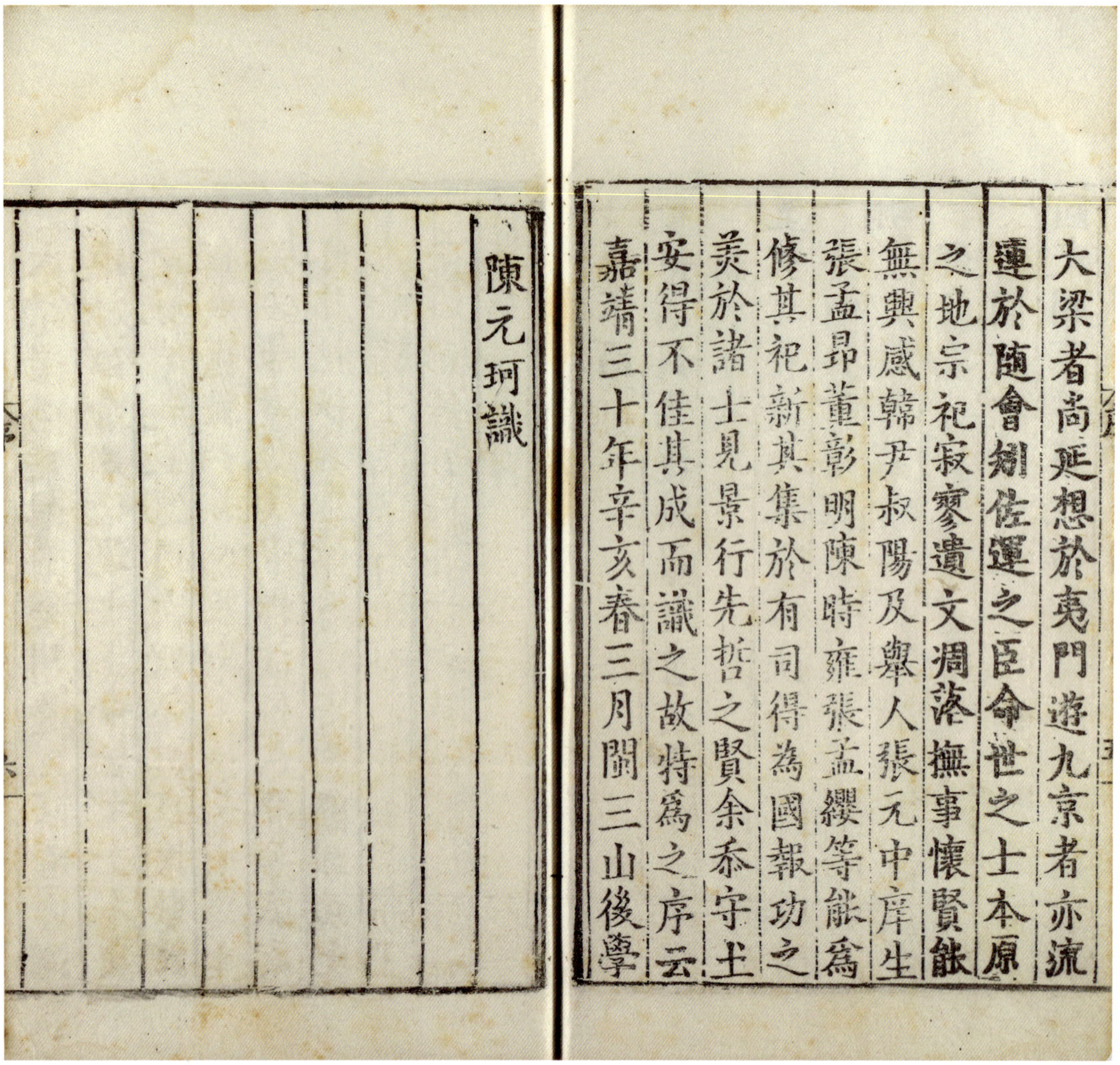
大梁者尚延想於夷門遊九京者亦流
連於隨會矧佐運之臣命世之士本原
之地宗祀寂寥遺文凋落撫事懷賢能
無興感韓尹叔陽及舉人張元中庠生
張孟昂董彰明陳時雍張孟纓等能爲
修其祀新其集於有司得為國報功之
美於諸士見景行先哲之賢余忝守土
安得不佳其成而識之故特爲之序云
嘉靖三十年辛亥春三月閩三山後學
陳元珂識

## 新刊宋學士全集三十三卷

（明）宋濂撰

明嘉靖三十年（1551）韓叔陽刻本

十八册

匡高 20.1 厘米，寬 14.2 厘米

半葉十一行二十四字，白口，單白魚尾，左右雙邊

國家珍貴古籍名録編號：09015

宋濂（1310—1381），字景濂，號潛溪，浙江浦江人，著名政治家、文學家。此集將宋濂《潛溪集》《朝京稿》《翰苑集》《鑾坡集》《芝園集》等萃爲一編，共收文 1300 餘篇，是宋濂全集最重要的版本之一。編集刊刻者韓叔陽（1512—1565），字進甫，江蘇高淳人，嘉靖二十六年（1547）進士，時任浦江知縣。書内有『鄭氏注韓居珍藏記』『鄭杰之印』『人杰』『注韓居士』『游思竹素園』『名人杰字昌英』『程子鏊印』等印。

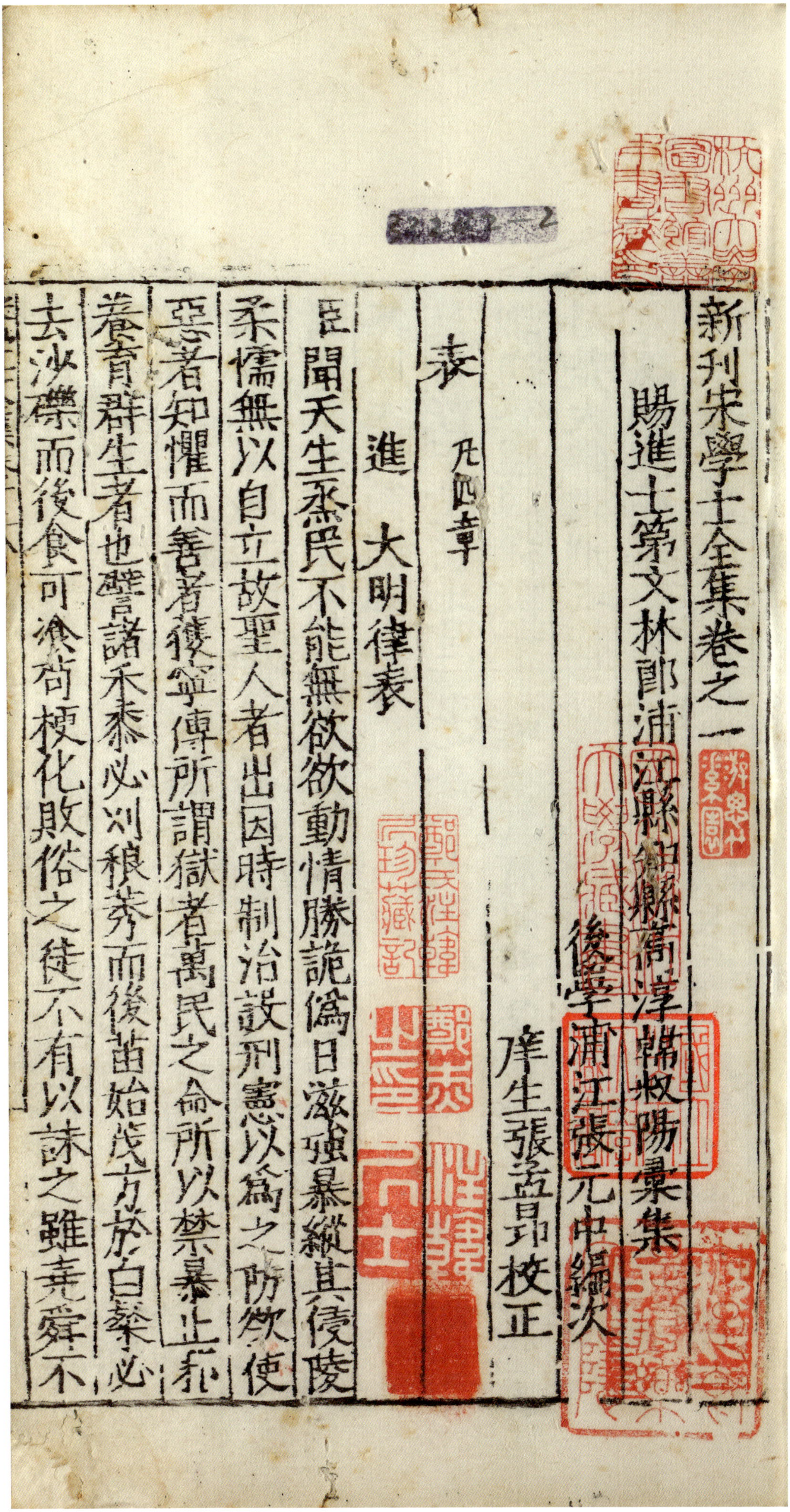

新刊宋學士全集卷之一

賜進士第文林郎浦江縣知縣嘉禾韓叔陽彙集

後學浦江張元中編次

庠生張孟昂校正

表　凡四章

進大明律表

臣聞天生烝民不能無欲欲動情勝詭偽日滋強暴縱其侵陵柔懦無以自立故聖人者出因時制治設刑憲以爲之防欲使惡者知懼而善者獲寧傳所謂獄者萬民之命所以禁暴止邪養育群生者也譬諸禾黍必刈稂莠而後苗始茂方於白粲必去沙礫而後食可飡苟梗化敗俗之徒不有以誅之雖堯舜不

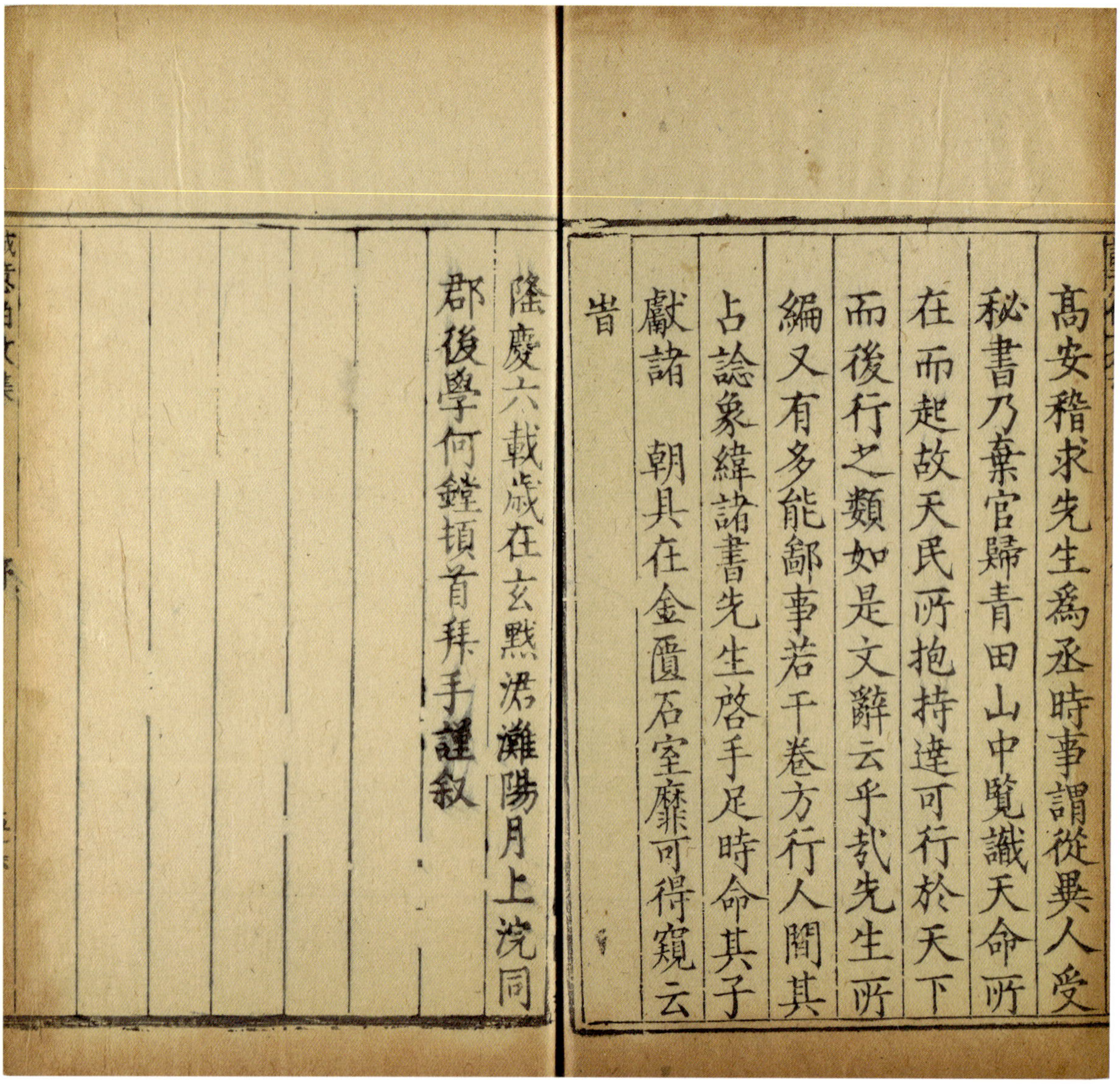
高安稽求先生爲丞時事謂從異人受
秘書乃棄官歸青田山中覽識天命所
在而起故天民所抱持達可行於天下
而後行之類如是文辭云乎哉先生所
編又有多能鄙事若干卷方行人間其
占諗象緯諸書先生啓手足時命其子
獻諸　朝具在金匱石室靡可得窺云
旹
隆慶六載歳在玄黓涒灘陽月上浣同
郡後學何鏜頓首拜手謹叙

## 太師誠意伯劉文成公集二十卷

（明）劉基撰

明隆慶六年（1572）謝廷傑、陳烈刻本

二十册

匡高20.5厘米，寬14.5厘米

半葉十行二十三字，白口，四周雙邊

國家珍貴古籍名録編號：05812

劉基（1311—1375），字伯温，浙江青田人，元末明初政治家、文學家。此書乃謝廷傑（1482—1556）任監察御史巡按浙江時，囑託處州知府陳烈刊刻而成。據學者考證，此集前十八卷以嘉靖三十五年（1556）樊獻科、于德昌刻本爲底本，末二卷以正德十四年（1519）林富刻嘉靖七年（1528）方遠宜增修本爲底本，經何鏜（1507—1585）細校，是後世諸多劉基文集類編本之祖本。嘉業堂舊藏，有『劉承幹字貞一號翰怡』『吴興劉氏嘉業堂藏書印』『張叔平』等印。

# 太師誠意伯劉文成公集卷之二

後學麗水何鏜編校

## 郁離子

### 千里馬

郁離子之馬孳得駃騠焉人曰是千里馬也必致諸內廐郁離子悅從之至京師天子使太僕閱方貢曰馬則良矣然非冀產也寘之於外牧南宮子朝謂郁離子曰熹華之山寔維帝之明都爰有綷羽之鵻葩而弗朋惟天下之鳥惟鳳爲能屣其形於是道鳳之道志鳳之志思以鳳之鳴鳴天下奕鳩見而謂之曰子亦知夫木主之與土偶乎上古聖人以木主

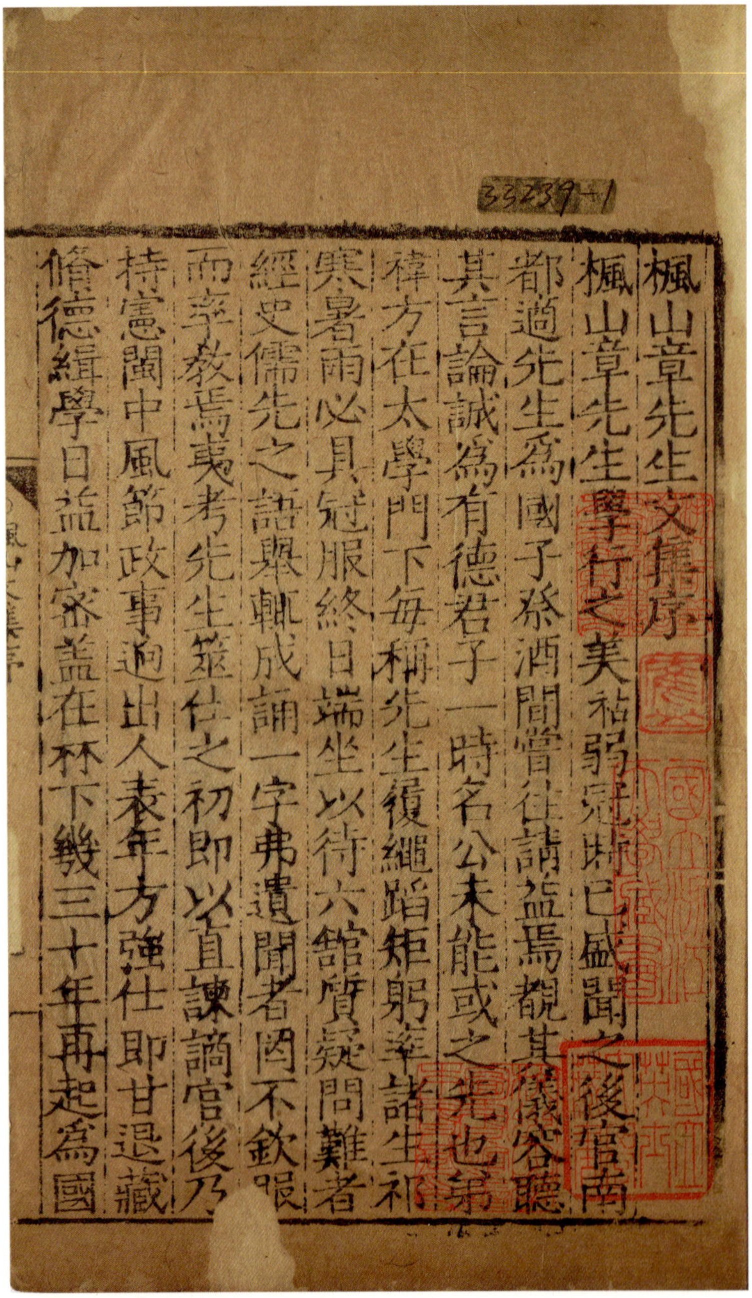

## 楓山章先生文集九卷

（明）章懋撰
明嘉靖九年（1530）張大綸刻本
八册
匡高 18.4 厘米，寬 13.8 厘米
半葉十行二十字，白口，單黑魚尾，左右雙邊
國家珍貴古籍名録編號：09079

章懋（1437—1522），字德懋，號闇然翁、瀫濱遺老，浙江蘭溪人，明代大臣、理學家。章懋文集生前未刊行，此本爲其從弟章沛編輯，武進毛憲（1469—1535）校正，其弟子東陽人張大綸在常州知府任上所刻，是章懋文集最早的刊本。嘉業堂舊藏，有『吳興劉氏嘉業堂藏』『張叔平』等印。

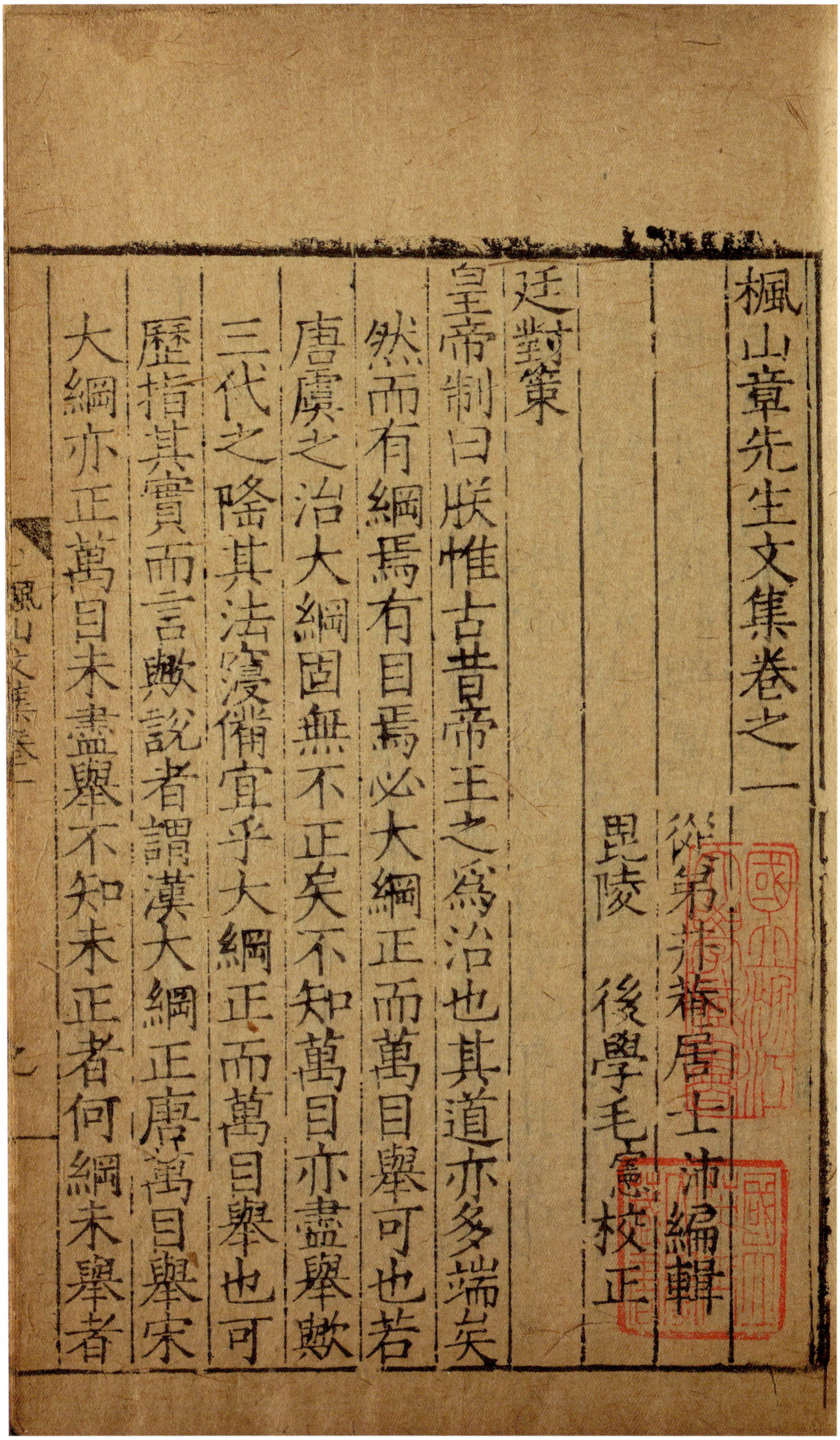

楓山章先生文集卷之一
從弟芳菴居士沛編輯
毘陵　後學毛憲校正
廷對策
皇帝制曰朕惟古昔帝王之爲治也其道亦多端矣
然而有綱焉有目焉必大綱正而萬目舉可也若
唐虞之治大綱固無不正矣不知萬目亦盡舉歟
三代之隆其法寖備宜乎大綱正而萬目舉也可
歷指其實而言歟說者謂漢大綱正唐萬目舉宋
大綱亦正萬目未盡舉不知未正者何綱未舉者
楓山文集卷之一　之

## 洪武正韻十六卷

（明）樂韶鳳、宋濂等撰
明嘉靖二十七年（1548）衡藩刻藍印本（卷一至三墨印）
五册
匡高 22 厘米，寬 14.5 厘米
半葉八行約十二字，小字雙行二十四字，藍口，雙藍魚尾，四周雙邊
國家珍貴古籍名録編號：03465

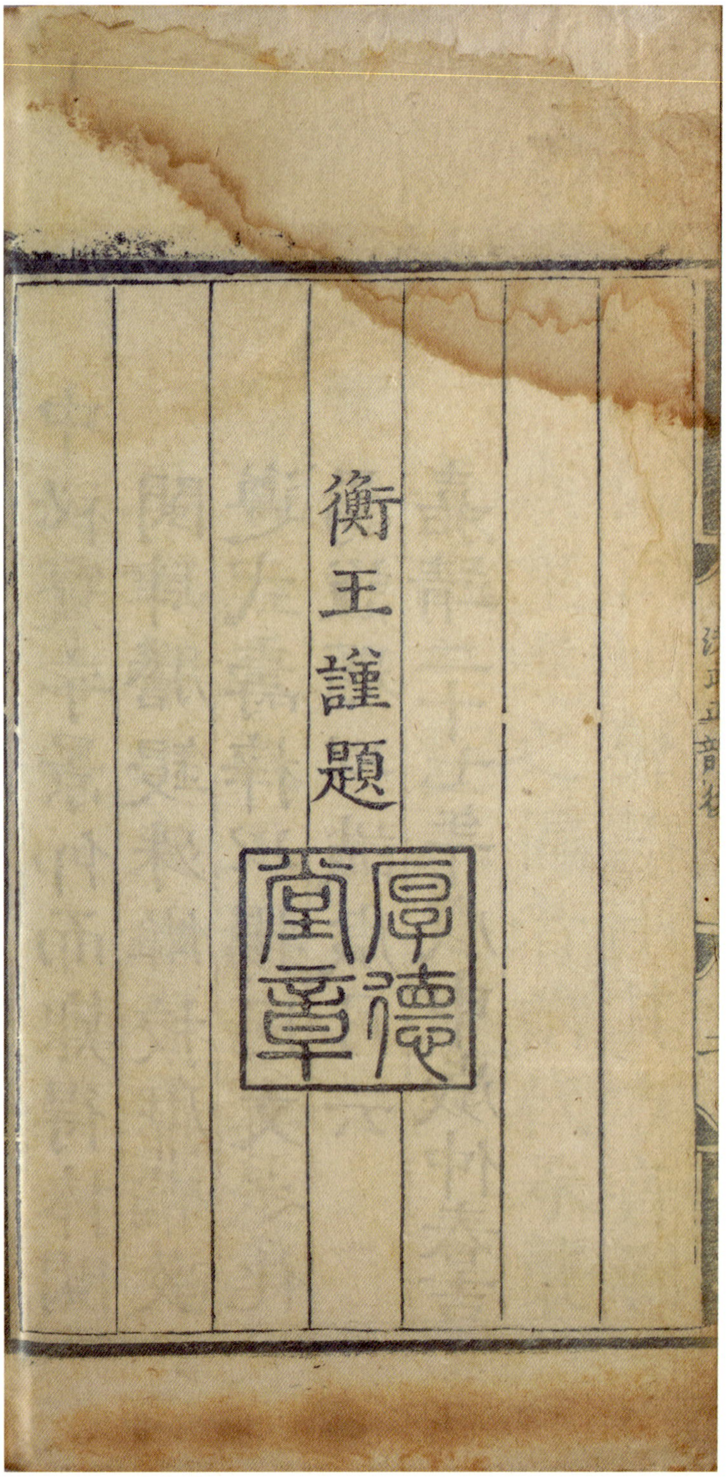


《洪武正韻》是明洪武八年（1375）樂韶鳳（?—1380）、宋濂（1310—1381）等奉詔編修的一部官方韻書。此書在明代版本繁多，僅衡藩就有嘉靖、隆慶、萬曆三刻。衡藩在山東青州府，第一代衡王朱祐楎是成化帝朱見深第七子，成化二十三年（1487）封王，弘治十三年（1500）就藩。此本爲第二代衡王朱厚㸅（?—1572）在位時所刻，卷前有序言刻書事。館藏本有『歸安朱氏六樂堂藏』印。

# 洪武正韻卷第四

## 平聲

### 十一先

先 蘇前切前也又姓又銑霰二韻毛晃曰凡在前者謂之先則平聲先王先公孝經必有先也漢書爲天下先老子象帝之先之類是也先而導前與當後而先之則去聲易先天而天弗違詩曰予曰有先後記先立春先雷孟子先長者老子先天地生弦高以乘韋先十二牛光武沈幾先物徂生先吾著鞭之類是也他倣此

褼 編褼衣貌

蹮 蹁蹮旋行貌古作躚亦作蹮躚

珗 石次玉

西 秋方漢郊祀歌白集西師古曰合韻音先賓餞贊代此開西注合韻音先又齊韻

僊 神僊亦作仙又僊僊舞貌

仙 釋名老而不死曰仙仙遷也遷入山也故从人从山又輕健貌杜甫

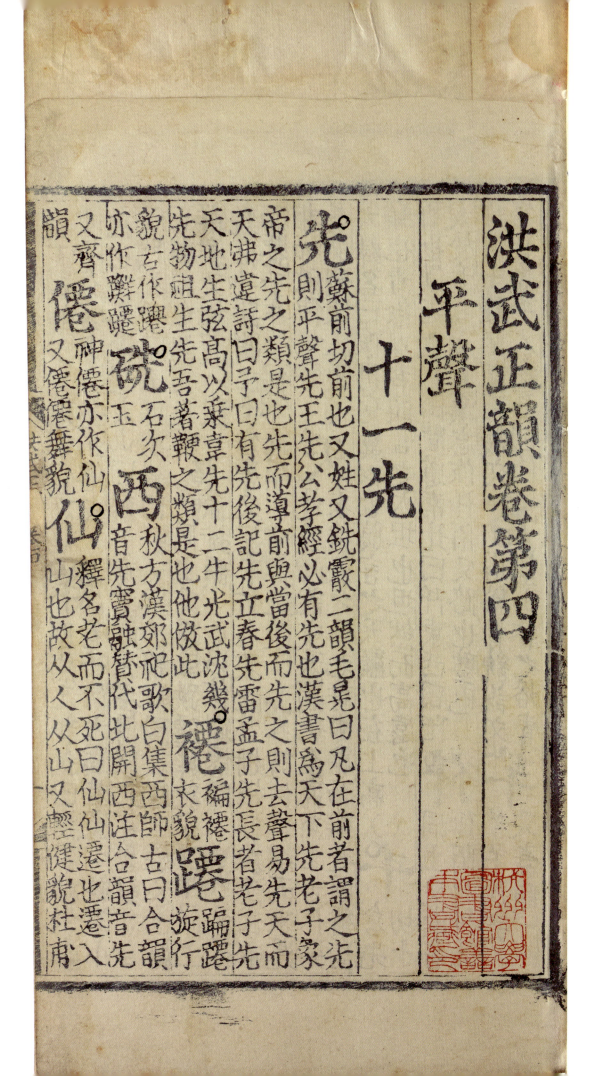

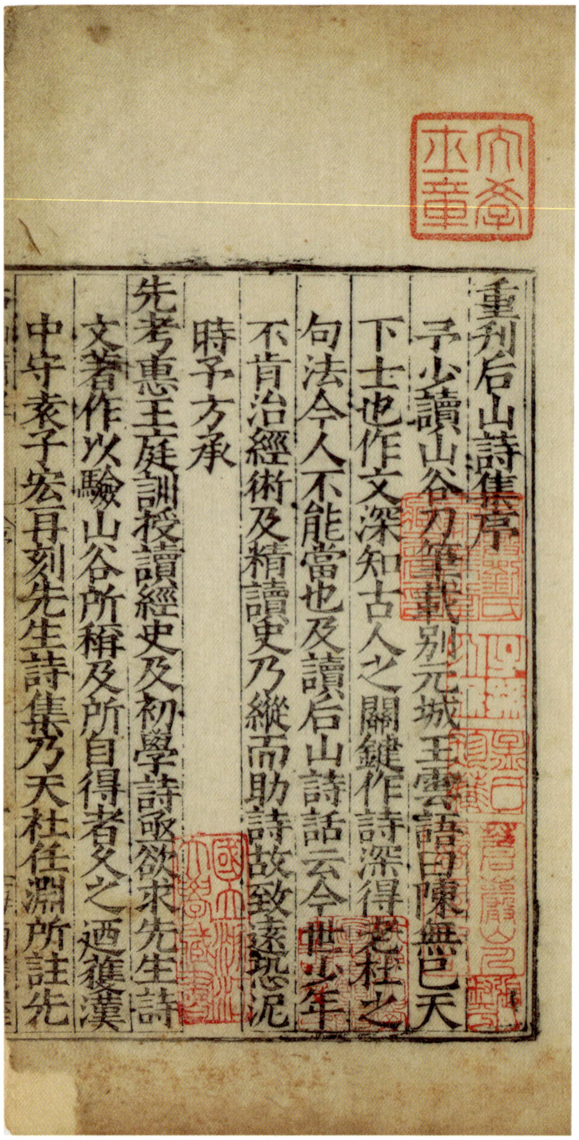
重刋后山詩集序
予少讀山谷刀筆載別元城王雲語曰陳無己天
下士也作文深知古人之關鍵作詩深得老杜之
句法今人不能當也及讀后山詩話云今世少年
不肯治經術及精讀史乃縱而助詩故致遠恐泥
時予方承
先考惠王庭訓授讀經史及初學詩亟欲求先生詩
文著作以驗山谷所稱及所自得者久之迺獲漢
中守袁子宏且刻先生詩集乃天社任淵所注先

## 后山詩注十二卷

（宋）陳師道撰　（宋）任淵注

明嘉靖十年（1531）遼藩朱寵瀼梅南書屋刻本

六册

匡高 18.9 厘米，寬 13.5 厘米

半葉九行二十字，小字雙行同，白口，單白魚尾，四周雙邊

國家珍貴古籍名録編號：08886

陳師道（1053—1102），字履常，一字無己，號後山居士，江蘇徐州人，北宋大臣、文學家，江西詩派『三宗』之一。任淵（約 1090—1164），四川新津人，曾從黄庭堅學詩。《後山詩注》既是研究陳師道的重要文獻，也是現存最早的宋代詩歌注本。此書最早的刻本是南宋蜀刻本，國家圖書館收藏一部（存四卷）。最早的明刻本是弘治十年（1497）袁宏刻本，後世多據此翻刻，遼藩朱寵瀼刻本即其一。遼藩在湖北荆州，朱寵瀼是第六代遼王朱寵綬胞弟，成化二十三年（1487）封爲光澤榮端王，其藏書刻書處曰『梅南書屋』。朱寵瀼喜刻書，成就頗高，《國家珍貴古籍名録》收録其所刻書共四種。館藏本爲嘉業堂舊藏，有『大學士章』『子孫永保』『蒼巖山人書屋記』『蕉林藏書』『蕉林梁氏書畫之印』『敬勝堂孟氏珍藏』『孟氏藏書』『吴興劉氏嘉業堂藏書印』『劉承幹字貞一號翰怡』『張叔平』等印。

# 后山詩註卷第一

天社任淵註

妾薄命二首 后山自注曰為曾南豐作

按漢書許后傳曰奈何妾薄命端遇竟寧前故曹植樂府有妾薄命篇

主家十二樓 鮑昭煌煌京洛行曰鳳樓十二重按漢書雖有五城十二樓事與此意不同故不援引後倣此

一身當三千 白樂天詩曰漢宮佳麗三千人三千寵愛在一身后山以五字導之語簡而意盡集中如此甚衆

古來妾薄命事主不盡年起舞為主壽相送南陽阡 言樂未畢而哀繼之也劉禹錫詩向來行哭里門道昨夜畫堂歌舞人后山蓋用此意莊子曰可以盡年漢書帝紀曰項伯亦起舞劉禹錫紀郡歌曰願郎千萬壽長作主人

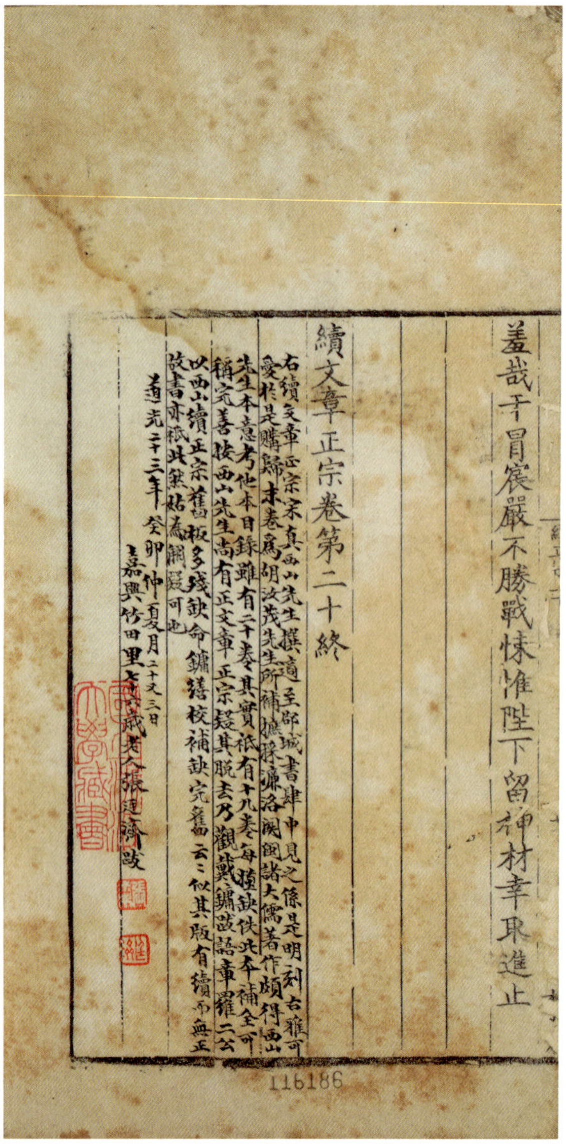
蓋哉于冒寒嚴不勝戰怵惟陛下留神材幸取進止

續文章正宗卷第二十終

右續文章正宗宋真西山先生撰適至郡城書肆中見之係是明刻古雅可愛於是購歸末卷爲胡汝茂先生所補摭濂洛關閩諸大儒著作頗得西山先生本意考他本目録雖有二十卷其實祇有十九卷每搜缺佚此本補全可稱完善按西山先生尚有正文章正宗疑其脱去乃觀戴鏞跋語章羅二公以西山續正宗舊板多殘缺命鏞讎校補缺究舊云云似其版有續而無正故書亦祇此然姑爲闕疑可也

道光二十三年癸卯仲夏月二十又三日

嘉興竹田里七十六歲老人張廷濟跋

# 真文忠公續文章正宗二十卷

（宋）真德秀輯

明嘉靖二十一年（1542）晉藩刻本　張廷濟跋

二十册

匡高 19.4 厘米，寬 13.2 厘米

半葉十行二十一字，小字雙行同，行間鐫評，白口，四周單邊

國家珍貴古籍名録編號：09427

真德秀（1178—1235），字實夫，更字景元、希元，號西山，福建浦城人，南宋名臣、理學家。真德秀先編有《文章正宗》二十四卷，收録先秦至唐末辭命、議論、敘事、詩賦四類詩文。晚年又編《續文章正宗》，專收北宋名家散文，但作者離世時書尚未脱稿。後倪澄（1213—?）得到草稿，將它編爲二十卷，置其中有目無文者於最末一卷。《續文章正宗》初刻於南宋末，現宋刻與宋刻元修本皆有傳世。此本爲明代太原晉藩所刻，其中原有目無文者由胡松（1503—1566）取周敦頤、張載、二程、游酢、朱熹等文補續之。明代藩府刻書以校勘精審、刻印精良而著稱，晉藩更是其中的佼佼者。書尾有道光二十三年（1843）張廷濟（1768—1848）跋，有『張叔未』『廷濟』『秀水王景曾所藏金石書籍印』『穎川陳氏家藏圖書』『雲樵童印』『太丘後裔』『劉承幹字貞一號翰怡』『吴興劉氏嘉業堂藏書印』『張叔平』等印。

# 眞文忠公續文章正宗卷第一

## 論理

### 本論上

歐陽文忠公

佛法爲中國患千餘歲世之卓然不惑而有力者莫不欲去之已甞去矣而復大集攻之（此文主意）暫破而愈堅撲之未滅而愈熾遂至於無可奈何是果不可去邪蓋亦未知（且比喻）其方也夫醫者之於疾也必推其病之所自來而治其受病之處病之中人乘乎氣虛而入焉則善醫者不攻其疾而務養其氣氣實則病去此自然之効也（應前受病之說）故救天下之患者亦必推其患之所自來而治其受患之處佛

## 初學記三十卷

（唐）徐堅等輯

明嘉靖十年（1531）錫山安國桂坡館刻本

十册

匡高 20.8 厘米，寬 16.2 厘米

半葉九行十八字，小字雙行二十四字，白口，單黑魚尾，左右雙邊

國家珍貴古籍名録編號：04850

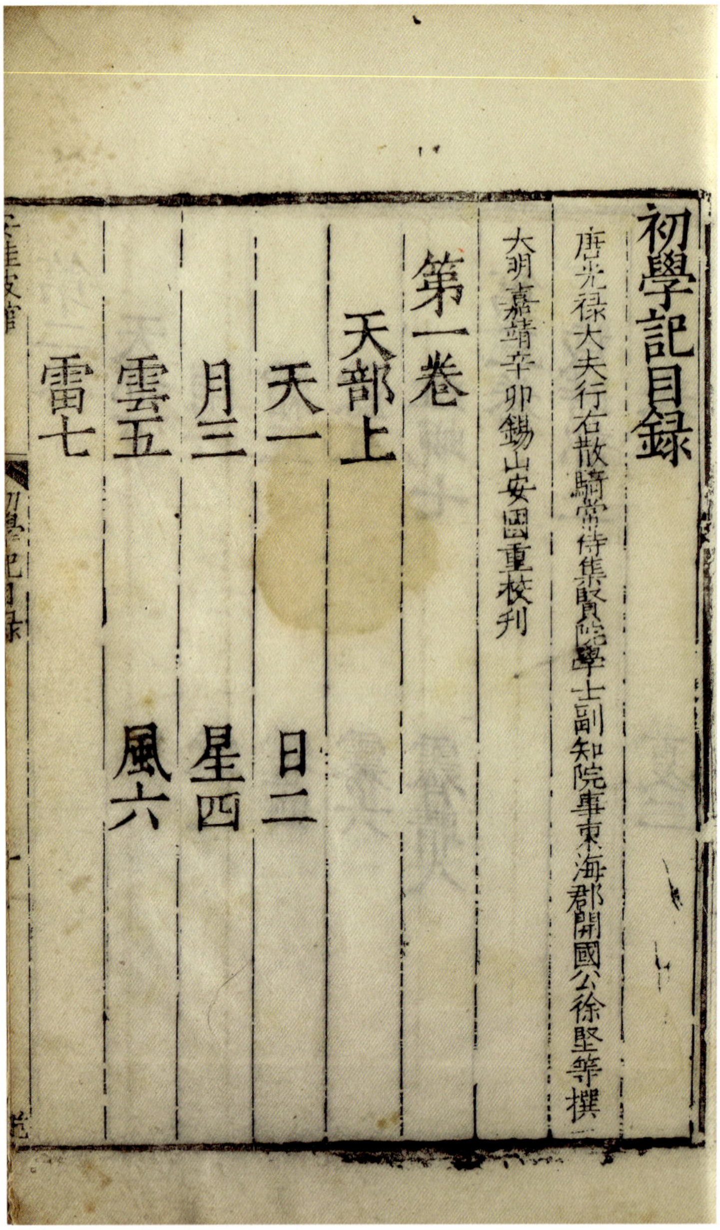
初學記目録
唐光禄大夫行右散騎常侍集賢院學士副知院事東海郡開國公徐堅等撰
大明嘉靖辛卯錫山安國重校刊
第一卷
天部上
天一　日二
月三　星四
雲五　風六
雷七

《初學記》是唐代徐堅（660—729）等爲唐玄宗諸皇子作文時引用典故、檢索事類而奉敕纂修的一部類書。此書於唐開元十三年（725）纂成，最早由五代後蜀宰相、著名藏書家兼刻書家毋昭裔刊刻，此後宋元皆有刻本，但大多已亡佚，現日本宫内廳書陵部藏有一部南宋刻本、黑水城出土南宋本殘葉數片。此本乃明代無錫著名藏書家、刻書家安國（1481—1534）據家藏宋本翻刻，流傳較廣，是後世諸多刻本之底本。玉海樓舊藏，有『伯元』『瑞安孫仲容珍藏書畫文籍印』。

# 初學記卷第一

光祿大夫行右散騎常侍集賢院學士副知院事東海郡開國公徐堅等奉

勑撰　　錫山安國校刊

## 天部

天第一　日第二　月第三

星第四　雲第五　風第六

雷第七

### 天第一

敘事　河圖括地象云易有太極是生兩儀兩儀未分其氣混沌清濁既分伏者爲天偃

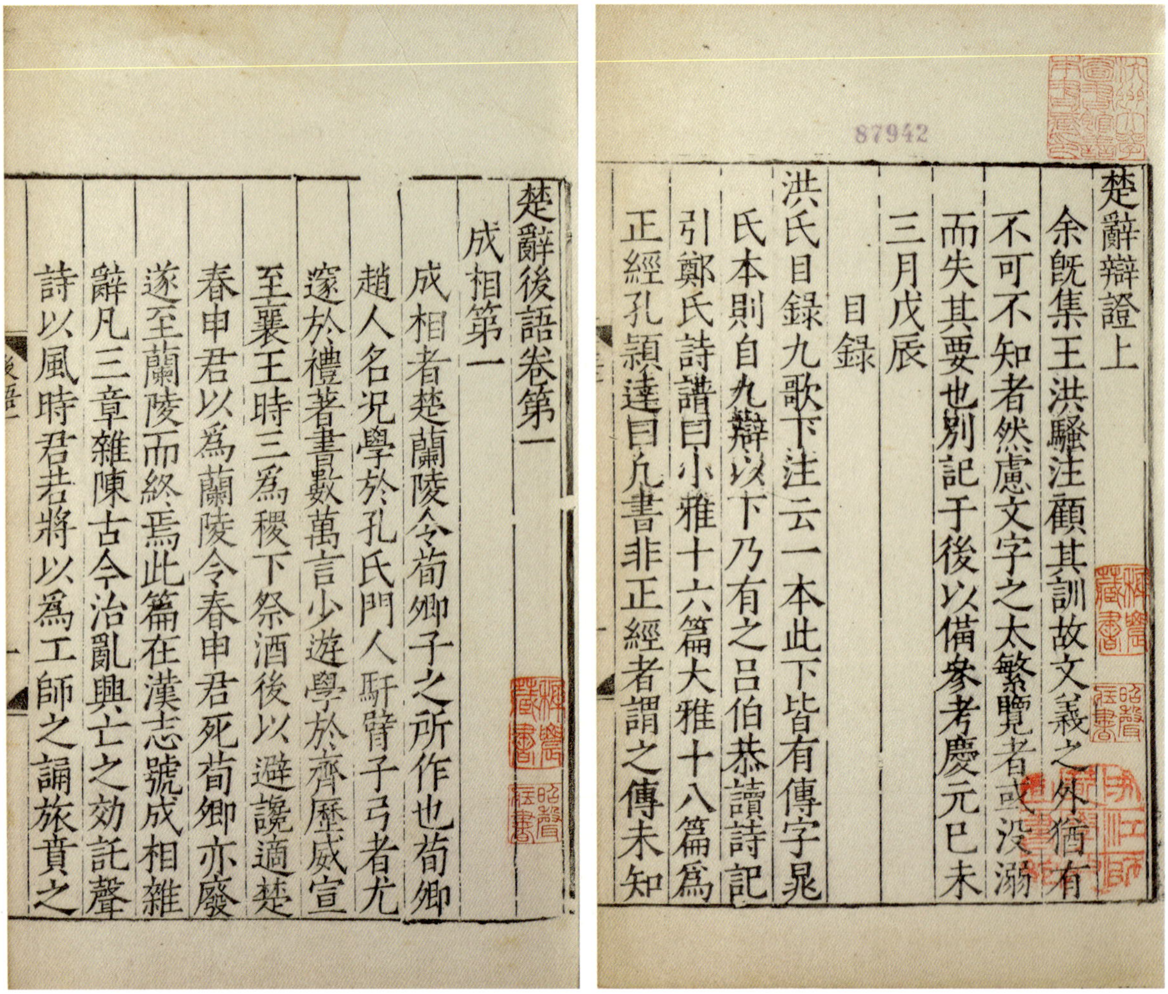
楚辭辯證上
余既集王洪騷注顧其訓故文義之外猶有
不可不知者然慮文字之太繁覽者或沒溺
而失其要也別記于後以俻參考慶元己未
三月戊辰
目録
洪氏目録九歌下注云一本此下皆有傳字晁
氏本則自九辯以下乃有之吕伯恭讀詩記
引鄭氏詩譜曰小雅十六篇大雅十八篇爲
正經孔穎達曰凡書非正經者謂之傳未知

楚辭後語卷第一
成相第一
成相者楚蘭陵令荀卿子之所作也荀卿
趙人名况學於孔氏門人馯臂子弓者尤
邃於禮著書數萬言少遊學於齊歷威宣
至襄王時三爲稷下祭酒後以避讒適楚
春申君以爲蘭陵令春申君死荀卿亦廢
遂至蘭陵而終焉此篇在漢志號成相雜
辭凡三章雜陳古今治亂興亡之効託聲
詩以風時君若將以爲工師之誦旅賁之

## 楚辭集注八卷辯證二卷後語六卷

（宋）朱熹撰

## 反離騷一卷

（漢）揚雄撰

明嘉靖十四年（1535）袁褧刻本

八册

匡高20厘米，寬15.5厘米

半葉十行十八字，小字雙行同，白口，雙黑魚尾，左右雙邊

國家珍貴古籍名録編號：08662

在衆多《楚辭》注本中，朱熹（1130—1200）的《楚辭集注》無疑是最重要、最有影響力、版本最多的一種。《楚辭集注》現存宋刻本就至少有四種，元明刻本則有二十餘種。此本刻書者袁褧（1495—1573），字尚之，號謝湖，吳郡（今蘇州）人，明代著名藏書家、刻書家，所刻書籍以精善著稱。據學者考證，此本據宋嘉定十年（1217）朱在（1169—1229）南康軍刻本翻刻，較完整地繼承了底本的優點，其校勘價值不遜於宋本。書内有『偓農』『偓農藏書』『昭聲藏書』『如皋祝壽慈藏書印』『漢鹿齋藏書印』等印。

楚辭卷第一　　集註

離騷經第一　　離騷一

離騷經者屈原之所作也屈原名平與楚同姓仕於懷王爲三閭大夫三閭之職掌王族三姓曰昭屈景戰國策楚有昭奚恤元和姓纂云楚武王子瑕食采於屈因氏焉屈重屈蕩屈建屈平並其後又云景氏有景差至漢皆徙關中屈原序其譜屬率其賢良以厲國士入則與王圖議政事決定嫌疑出則監察羣下應對諸侯謀行職修王甚珍之同列上官大夫及用事臣靳尚妬害其能共譖毀

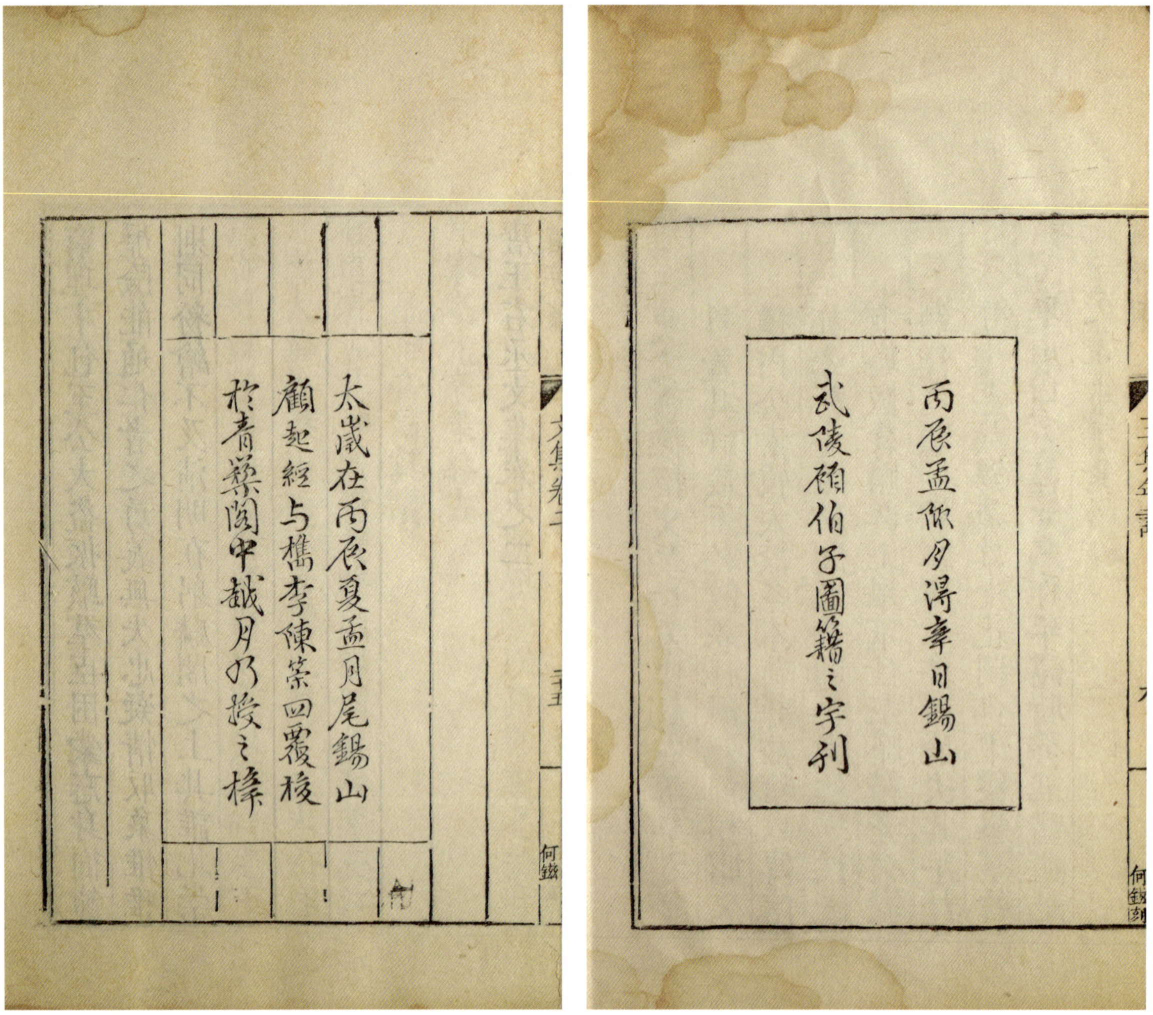

## 類箋唐王右丞詩集十卷

（唐）王維撰　（明）顧起經注

## 文集四卷集外編一卷

（唐）王維撰　（明）顧起經輯

## 年譜一卷

（明）顧起經撰

## 唐諸家同詠集一卷贈題集一卷歷朝諸家評王右丞詩畫鈔一卷

（明）顧起經輯

明嘉靖三十五年（1556）顧氏奇字齋刻本

十册

匡高 20.4 厘米，寬 15.2 厘米

半葉九行十八字，小字雙行同，細黑口，左右雙邊

國家珍貴古籍名録編號：08691

《類箋唐王右丞詩集》是現存最早的王維（701—761）詩歌注釋本。輯注兼刊刻者顧起經（1515—1569），字玄緯，號東楚迂客、冠龍山外史等，江蘇無錫人。顧氏輯刻此書非常用心，特邀了陳鶴（?—1560）、張之象（1496—1577）、黄姬水（1509—1574）等十九位名家與他一起校閱，聘請的寫刻工也都是當時的名匠，書内還保留了非常豐富的出版信息。除本書外，顧氏還刻有《小十三經》《國雅》等。

# 唐王右丞文集卷之一

唐　太原　王維　譔

明　武陵　顧起經　編

## 賦表狀露布

白鸚鵡賦 文苑英華注以容日上飾孤飛色媚爲韻同韻作者郝名遠輩

若夫名依西域，族本南海，同朱喙之清音，變綠衣於而一作素彩。惟茲鳥禽一作之可貴，諒其美之斯在。夫其入翫於人，見珍奇質，狎蘭房之妖女，去桂林之雲日，易喬枝以於一作羅袖，代危巢以

奇字齋　文集卷一　一　吳應龍書

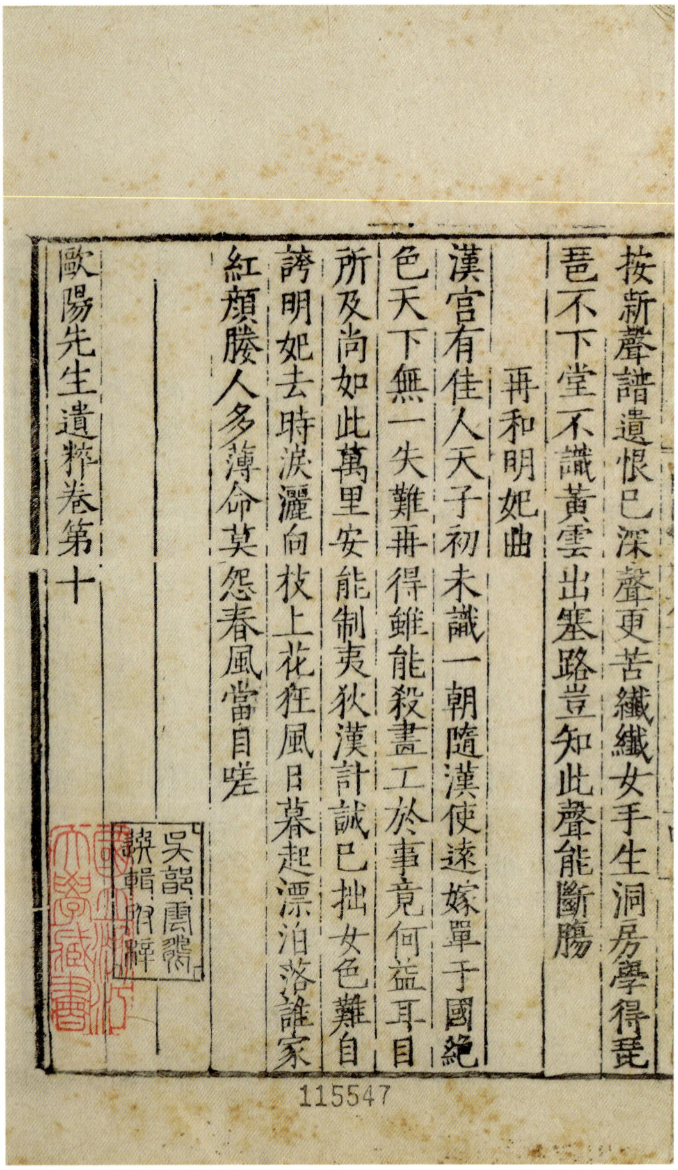
按新聲譜遺恨已深聲更苦纖纖女手生洞房學得琵
琶不下堂不識黃雲出塞路豈知此聲能斷腸
再和明妃曲
漢宮有佳人天子初未識一朝隨漢使遠嫁單于國絕
色天下無一失難再得雖能殺畫工於事竟何益耳目
所及尚如此萬里安能制夷狄漢計誠已拙女色難自
誇明妃去時淚灑向枝上花狂風日暮起漂泊落誰家
紅顏勝人多薄命莫怨春風當自嗟
歐陽先生遺粹卷第十


## 歐陽先生文粹二十卷

（宋）歐陽修撰　（宋）陳亮輯

## 遺粹十卷

（宋）歐陽修撰　（明）郭雲鵬輯

明嘉靖二十六年（1547）郭雲鵬寶善堂刻本

六册

匡高 18.7 厘米，寬 14.7 厘米

半葉十一行二十一字，白口，單白魚尾，左右雙邊，版心鐫刻工名

國家珍貴古籍名録編號：08851

《歐陽先生文粹》是宋代陳亮（1143—1194）編的歐陽修（1007—1072）文章選本，書編成於南宋乾道九年（1173），現有宋刻巾箱本傳世。明嘉靖間，郭雲鵬認爲陳亮所輯一百三十篇『未盡其美』，又增輯歐陽修文章中『辭根義理，事切要務者』八十三篇而爲《遺粹》十卷。郭雲鵬，字萬程，吳郡（今蘇州）人，著名刻書家，室名濟美堂、寶善堂等。除本書外，郭氏还刻過《曹子建集》《河東先生集》《分類補注李太白集》等。館藏本爲嘉業堂舊藏，有『曾寄淩北巘處』『天水圖書金石之藏』『吳興劉氏嘉業堂藏書記』『張叔平』『秋根書堂藏書』等印。

# 歐陽先生文粹卷第一

## 論

### 本論上

佛法爲中國患千餘歲世之卓然不惑而有力者莫不欲去之已甞去矣而復大集攻之暫破而愈堅撲之未滅而愈熾遂至於無可柰何是果不可去耶蓋亦未知其方也夫醫者之於疾也必推其病之所自來而治其受病之處病之中人乘乎氣虛而入焉則善醫者不攻其疾而務養其氣氣實則病去此自然之效也故救天下之患者亦必推其患之所自來而治其受患之處佛爲夷狄去中國最遠而有佛固已久矣堯舜三代之際

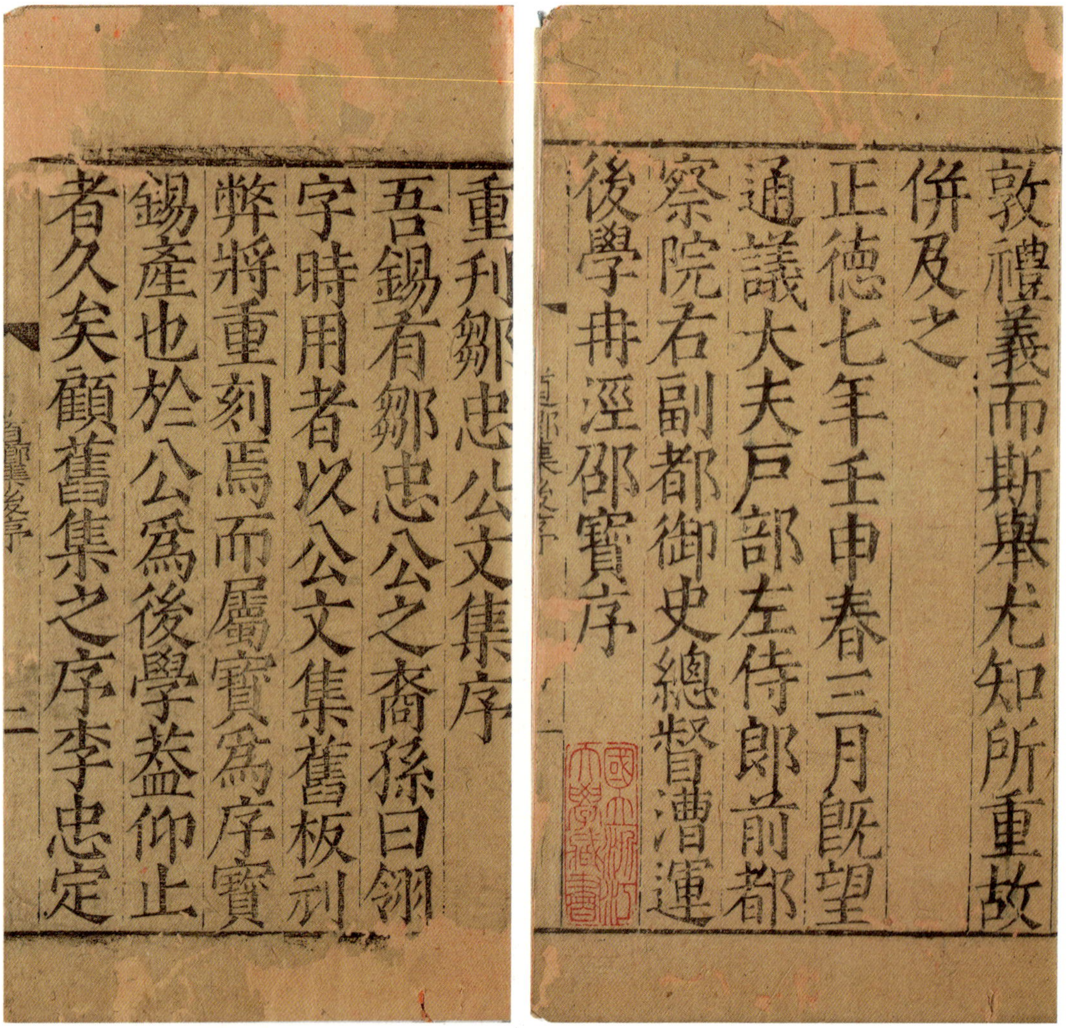
敦禮義而斯舉尤知所重故
併及之
正德七年壬申春三月旣望
通議大夫戶部左侍郎前都
察院右副都御史總督漕運
後學毋涇邵寶序

重刊鄒忠公文集序
吾錫有鄒忠公之裔孫曰翎
字時用者以公文集舊板刓
弊將重刻焉而屬寶爲序寶
錫産也於公爲後學盍仰止
者久矣顧舊集之序李忠定

## 道鄉先生鄒忠公文集四十卷續集一卷

（宋）鄒浩撰

明正德七年（1512）鄒翎刻本

六册

匡高19.2厘米，寬13.4厘米

半葉十行二十字，白口，單黑魚尾，左右雙邊

國家珍貴古籍名録編號：05638

鄒浩（1060—1111），字志完，號道鄉居士，江蘇常州人。北宋元豐五年（1082）進士，曾任右正言，以忠直敢言名世，卒謚『忠』。《道鄉集》爲鄒浩詩文集，南宋紹興間即有刻本，今已佚。明成化、正德、萬曆間，其裔孫曾數度翻刻。此本由裔孫鄒翎刻於無錫，邵寶（1460—1527）序言刻書事。有『江西汪石琴家藏本』『榮氏讀未見書齋珍藏』『幼平珍祕』等印。

道鄉先生鄒忠公文集卷之一

古賦

憤古賦幷序

余讀離騷見屈平以忠不容而卒葬於魚龍之腹也憤然傷之故爲此賦

嗚呼屈平之忠曷不足以悟懷襄兮荐困乎讒口之嗷嗷流落江湖不堪其憔悴兮曾舊履不貶損乎一毫憤懣中溢不可遏以復爲無物兮操觚進牘遂大肆乎離騷博萬殊之動植而擇以比興兮匪故角勝負而爲此切切或超然曠蕩乎四方上下之表若無

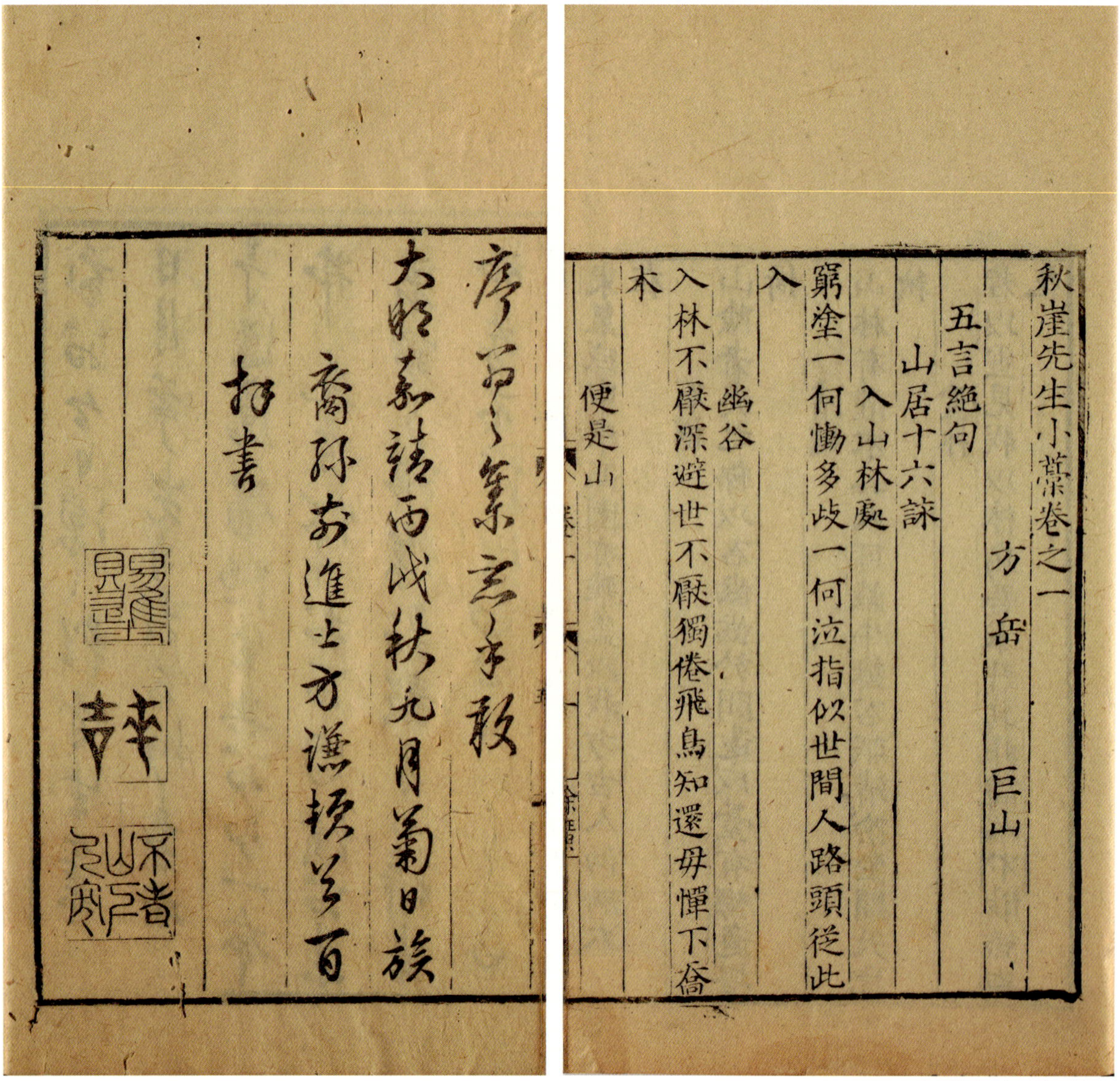
秋崖先生小稾卷之一　方岳　巨山
五言絶句
山居十六詠
入山林處
窮塗一何慟多歧一何泣指似世間人路頭從此入
幽谷
入林不厭深避世不厭獨倦飛鳥知還毋憚下喬木
便是山

大明嘉靖丙戌秋九月菊日族
裔孫安進士方謙頓首百
拜書

## 秋崖先生小稿四十五卷又三十八卷

（宋）方岳撰

明嘉靖五年（1526）方謙刻本

十册

匡高 18.2 厘米，寬 12.3 厘米

半葉十二行十九字，細黑口，雙順黑魚尾，四周單邊

國家珍貴古籍名録編號：08952

方岳（1199—1262），字巨山，號秋崖，安徽祁門人，南宋著名詩人。方岳集原有宋元刻本多種，多已亡佚，現存最早版本爲元大德刻本，今日本御茶之水圖書館藏有殘本。嘉靖四年（1525），其裔孫方廷孚在諸父輩所輯基礎上，合前後所得，參互考訂，編爲八十三卷，於次年由裔孫方謙（1473—?）刻於家塾。館藏本爲玉海樓舊藏，有『經微室』印。

秋崖先生小藁卷之一

方岳巨山

表

皇太后冊寶賀表 以下代處州

正一元而居極丕昭帝歷之傳煉五色以補天肇輯
毋闈之慶思皇勳德於赫典謨中賀臣竊仰慈宸翊
扶熈運雖聖人退藏於密揆黄屋以非心惟天子必
有所尊啓緑圖而薦瑞適追來孝追琢其章恭惟
皇帝時御六陽獨觀萬化系堯統接漢緒茂隆擁右
之功握乾符闡坤珍用篤勤勞之報聲名有偉揚厲
無前臣叨綰麾符遥瞻冊殿襲六為七欣覩太史之
屢書咸五登三何幸此身之親見

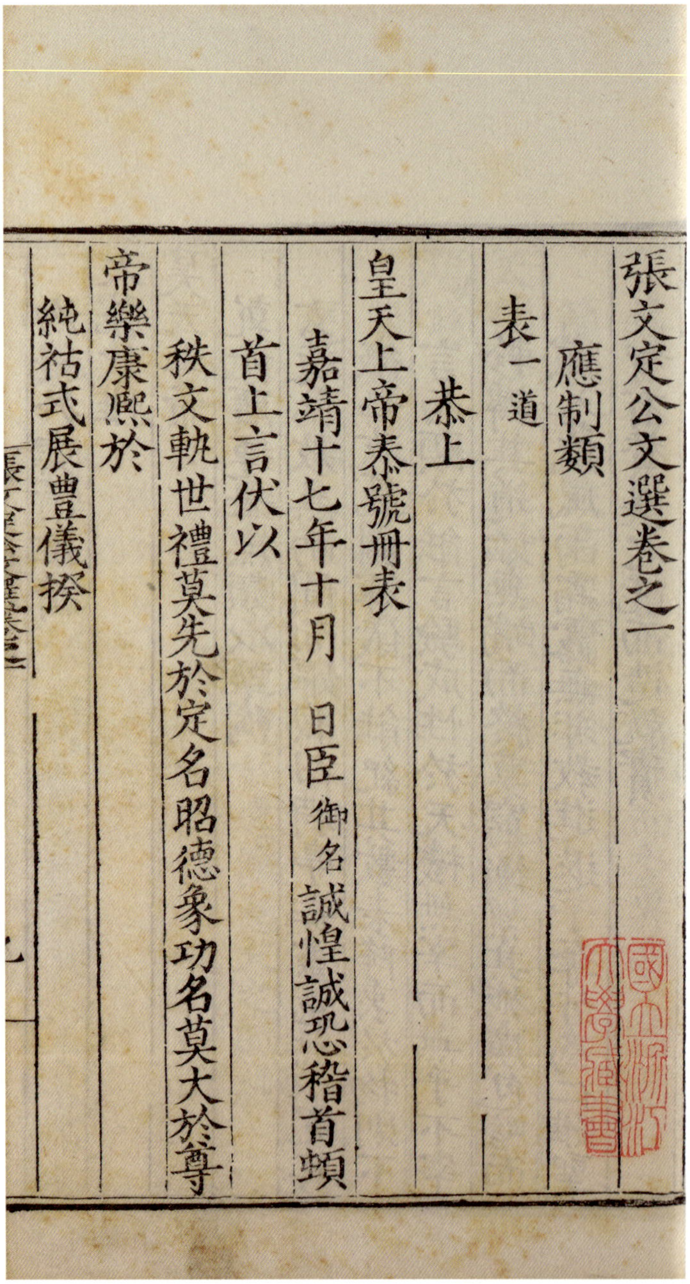
張文定公文選卷之一
應制類
表一道
恭上
皇天上帝泰號冊表
嘉靖十七年十月　日臣御名誠惶誠恐稽首頓
首上言伏以
秩文執世禮莫先於定名昭德象功名莫大於尊
帝樂康熙於
純祜式展豊儀揆

## 張文定公文選三十九卷

（明）張邦奇撰

明嘉靖二十九年（1550）張時徹刻本

七册

匡高 20.1 厘米，寬 14.8 厘米

半葉十行二十一字，小字雙行同，白口，無魚尾，四周雙邊

國家珍貴古籍名録編號：09161

張邦奇（1484—1544），字常甫，號甬川，別號兀涯，鄞縣（今浙江寧波）人，弘治十八年（1505）進士，官至南京兵部尚書，卒謚『文定』。張時徹（1500—1577），字維静，又字九一，號東沙、芝園，鄞縣人，嘉靖二年（1523）進士，官至南京兵部尚書。張時徹是張邦奇族叔，少時師事張邦奇，兩人有『叔侄尚書』之謂。張邦奇去世後，張時徹收集其遺詩文一千六百餘篇，編爲三十九卷，刻於江西。嘉業堂舊藏，有『張叔平』『吴興劉氏嘉業堂藏書記』『四明盧氏抱經樓藏書印』。

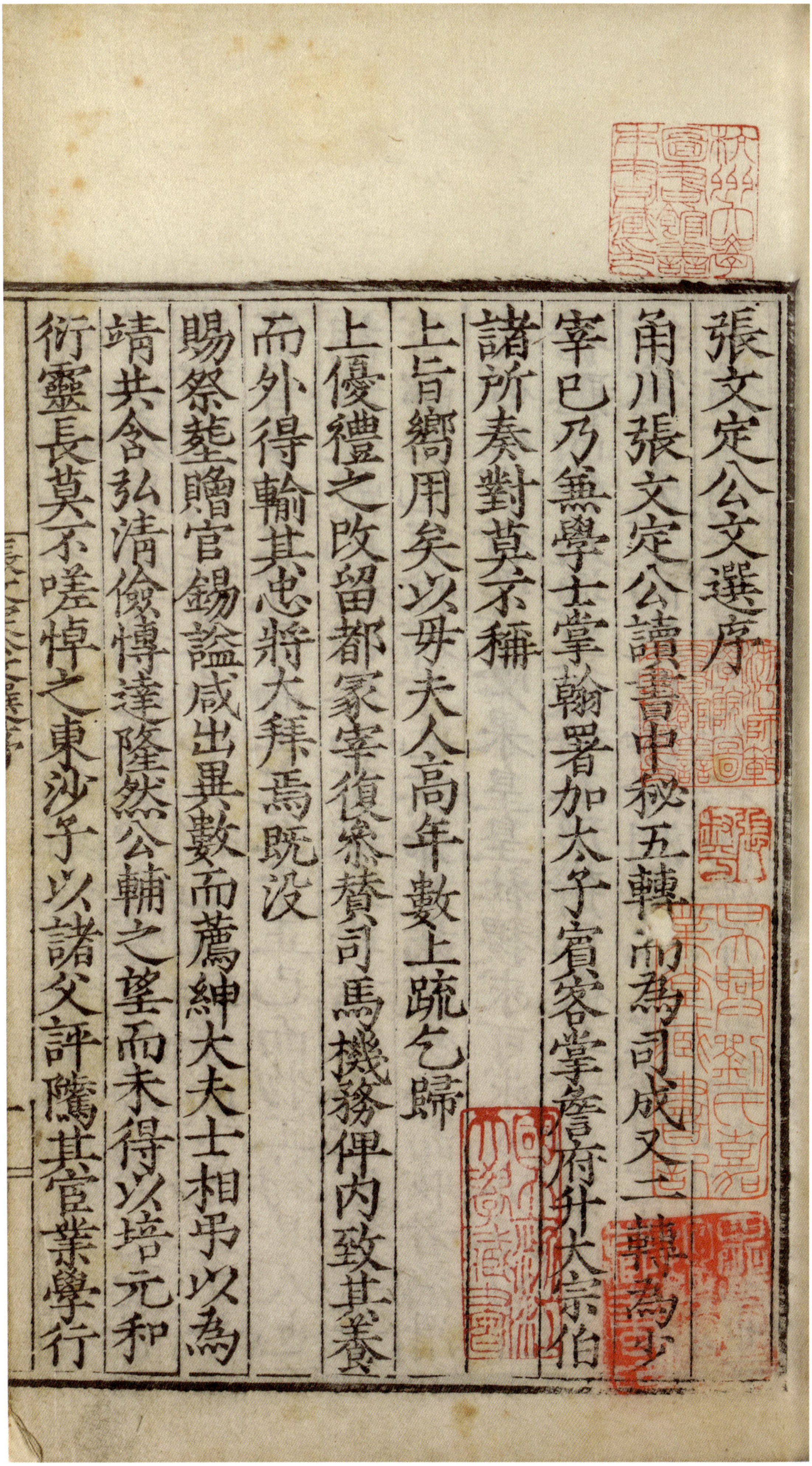

張文定公文選序

甬川張文定公讀書中秘五轉而為司成又三轉為亞宰已乃兼學士掌翰署加太子賓客掌詹府升大宗伯諸所奏對莫不稱

上旨嚮用矣以毋夫人高年數上疏乞歸

上優禮之改留都冢宰復叅贊司馬機務俾內致其養而外得輸其忠將大拜焉既沒

賜祭葬贈官錫謚咸出異數而薦紳大夫士相弔以為靖共含弘清儉博達隆然公輔之望而未得以培元和衍靈長莫不嗟悼之東沙子以諸父評隲其宦業學行

張文定公集序　一

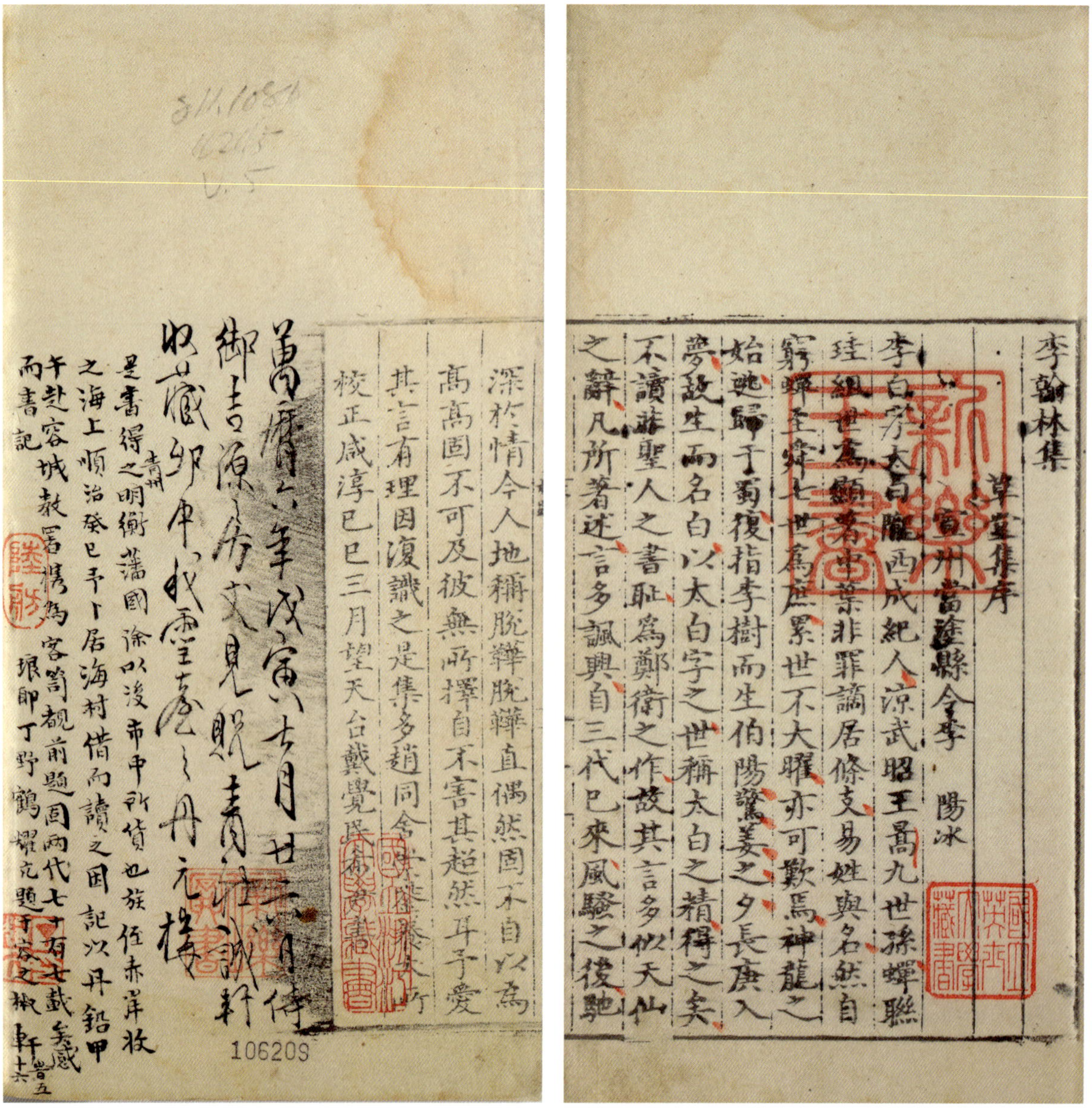

## 李杜全集八十三卷

（明）鮑松編
明正德八年（1513）自刻本　丁耀亢跋
二十册
匡高18.1厘米，寬13.8厘米
半葉十行二十字，小字雙行同，白口，四周單邊
國家珍貴古籍名録編號：09361

此集是現存最早的李杜詩文總集。編刻者鮑松（1467—1517），字懋丞，號鈍庵，安徽歙縣人，著名藏書家。書中《李翰林集》據南宋咸淳本影刻；《杜工部集》則以南宋刻本《杜工部草堂詩箋》爲底本，删去蔡夢弼箋注重刻而成。此本曾經衡藩新樂王收藏，有萬曆六年（1578）新樂王朱載璽、順治十年（1653）丁耀亢（1599—1669）題跋，有『新樂王書』『丁耀亢印』『陸舫』等藏印。

杜工部集卷第一

開元間留東都所作

遊龍門奉先寺

已從招提遊更宿招提境陰壑生虛籟月林散清影
天闕象緯逼雲臥衣裳冷欲覺聞晨鐘令人發深省

贈李白

二年客東都所歷厭機巧野人對羶腥蔬食常不飽
豈無青精飯使我顏色好苦乏大藥資山林跡如掃
李侯金閨彥脫身事幽討亦有梁宋遊方期拾瑤草

齊趙梁宋之間所作

## 新刊四明先生高明大字續資治通鑑節要二十卷

（明）劉剡撰　（明）蔡亨嘉校正
明嘉靖葉氏翠軒刻本
二十册
匡高 18 厘米，寬 12.7 厘米
半葉十二行，行二十六至二十七字，小字雙行，白口，無魚尾，四周雙邊
國家珍貴古籍名録編號：07670

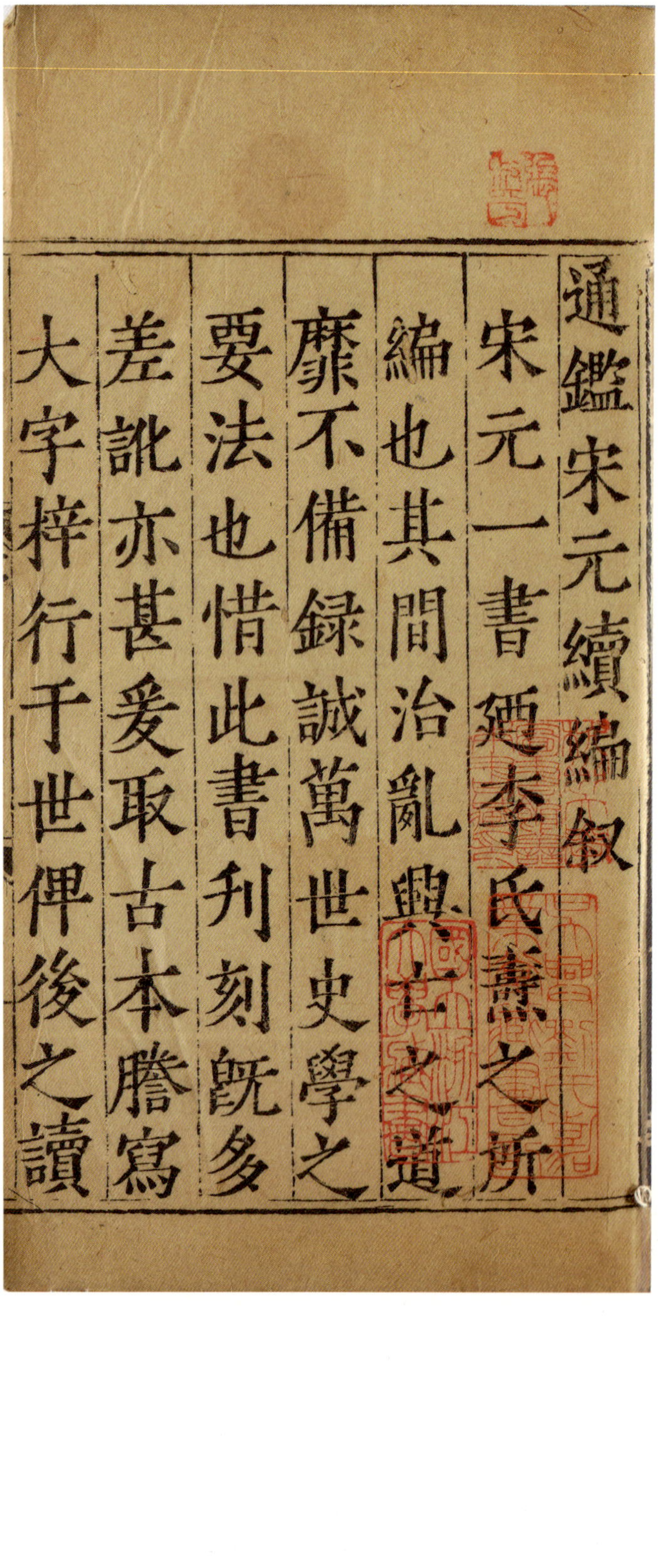
通鑑宋元續編叙
宋元一書迺李氏肅之所
編也其間治亂興亡之道
靡不備録誠萬世史學之
要法也惜此書刋刻既多
差訛亦甚爰取古本謄寫
大字梓行于世俾後之讀

四明先生即元末明初學者陳桱。陳桱（?—1370），字子經，浙江奉化人，史學家，撰有《通鑑續編》等書。《續資治通鑑節要》是通過節選陳桱《通鑑續編》中記載的國家大事，同時參考其他諸史書而編纂的，編者劉剡，字用章，號仁齋，建陽書坊編輯、刻書家。此本爲典型的建陽書坊刻本，字扁行密。葉氏翠軒爲明嘉靖間建陽葉姓室名，除本書外，另刻有《新刊京本校正增廣聯新事備詩學大全》三十卷等。嘉業堂舊藏，有『吴興劉氏嘉業堂藏書記』『張叔平』等印。

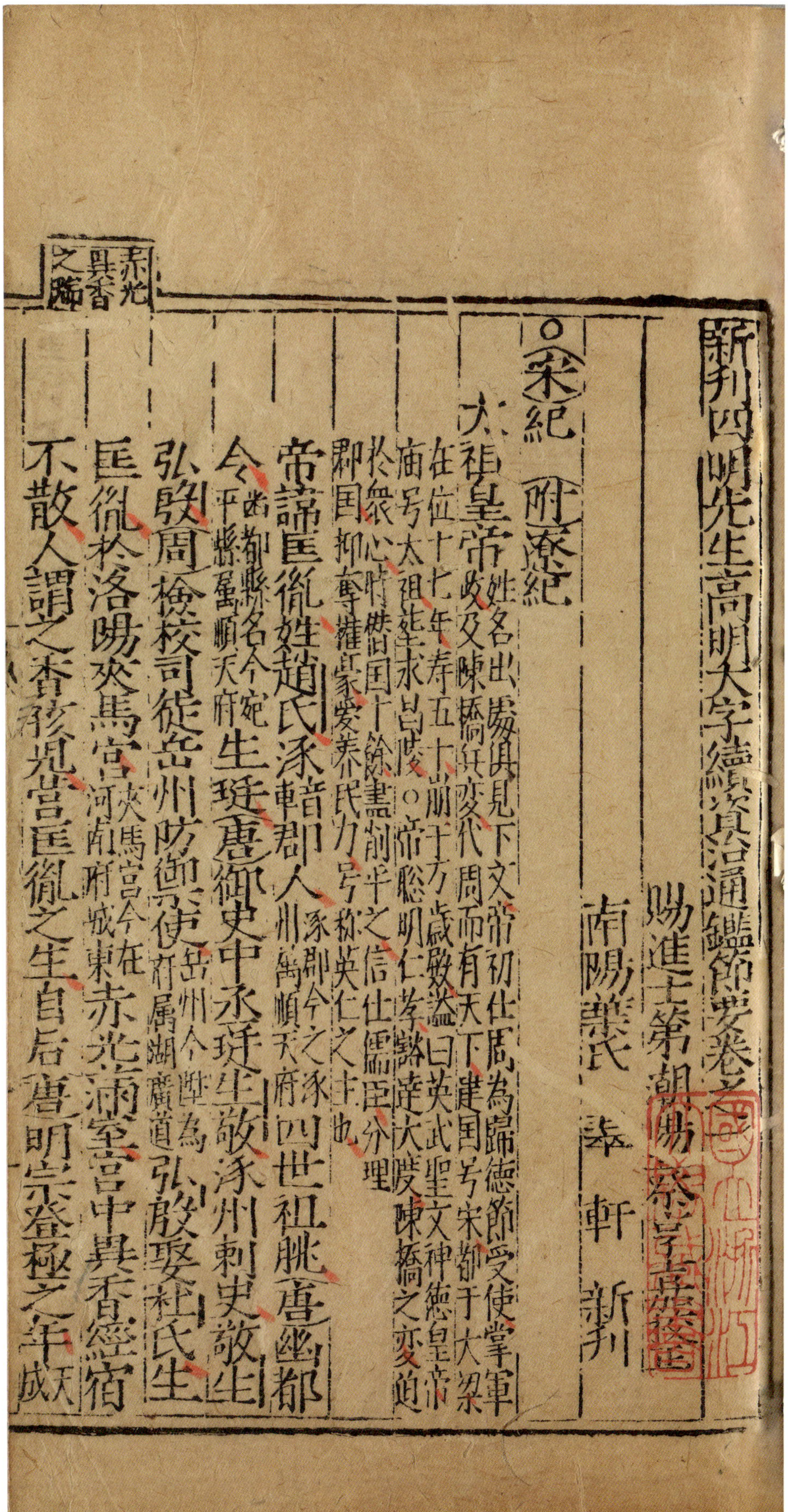
新刊四明先生高明大字續資治通鑑節要卷之一

賜進士第胡[illegible]

南陽龔氏　[illegible]軒　新刊

○宋紀　附遼紀

太祖皇帝（姓名出處俱見下文。帝初仕周，為歸德節度使，掌軍政。及陳橋兵變，代周而有天下，建国号宋，都于大梁。在位十七年，寿五十，崩于万歲殿，謚曰英武聖文神德皇帝，廟号太祖，葬永昌陵。○帝聰明仁孝，豁達大度，陳橋之變，迫於衆心，特借国于餘晝，削平之，信任儒臣，分理郡国，抑奪權臣，豪爱养民力，号称英仁之主也。）

帝諱匡胤，姓趙氏，涿（音卓）郡人（涿郡今之涿州，屬順天府）。四世祖朓，唐幽都令（幽都縣名，今宛平縣，屬順天府）。生珽，唐御史中丞。珽生敬，涿州刺史。敬生弘殷，周檢校司徒、岳州防禦使（岳州今陞為府，屬湖廣道）。弘殷娶杜氏，生匡胤於洛陽夾馬營（夾馬營今在河南府城東）。赤光滿室，營中異香經宿不散，人謂之香孩兒營。匡胤之生，自后唐明宗登極之年（天成

赤光異香之瑞

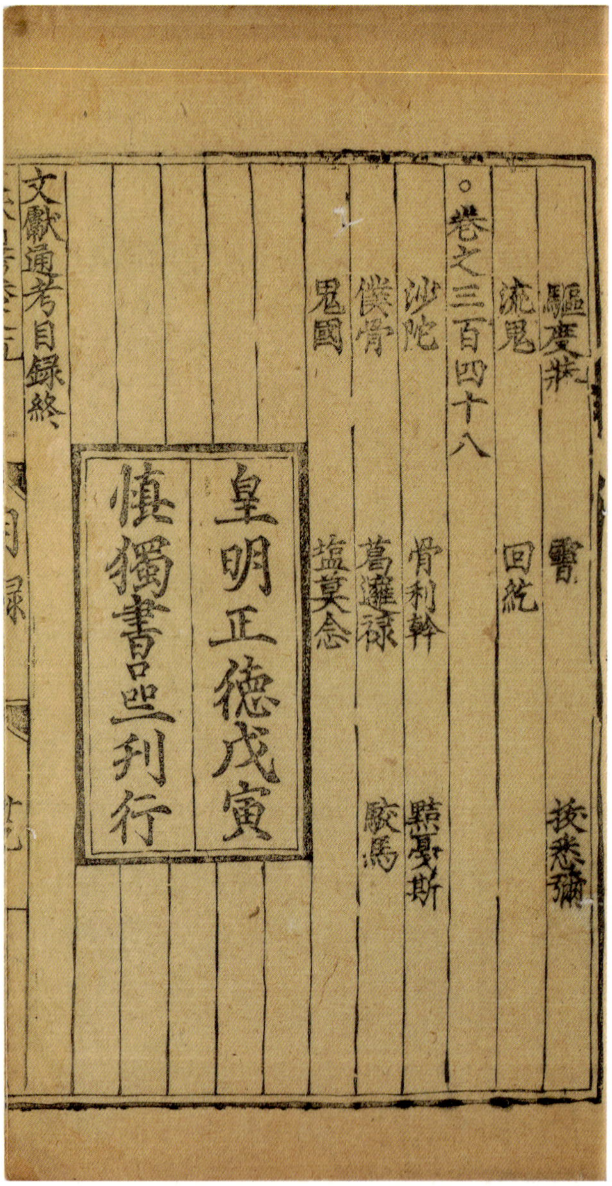


# 文獻通考三百四十八卷

（元）馬端臨撰

明正德十一至十四年（1516—1519）劉洪慎獨齋刻本

二百册

匡高19.4厘米，寬12.9厘米

半葉十二行二十五字，小字雙行同，雙黑魚尾，細黑口，四周雙邊

國家珍貴古籍名録編號：08101

《文獻通考》是宋元之際著名史學家馬端臨（1254—1340）編撰的一部典章制度的集大成之作。此書最早刻本爲元泰定元年（1324）西湖書院刻本，自後至元五年（1339）余謙第一次修補開始，元明間有過多次遞修。正德十一年（1516），建陽知縣邵豳（1481—1539）以西湖書院刻余謙修補本爲底本，重加校正後，委託劉洪慎獨齋重刊，重刊本版式字體仍具元刻遺意。劉洪（1478—1545）慎獨齋是明代福建建陽著名書坊，刻書主要集中在明弘治、正德、嘉靖三朝，現可考者多達三十餘種。館藏本爲嘉業堂舊藏，有『邵亭眲叟』『莫友芝印』『君耆』『劉承幹字貞一號翰怡』『吴興劉氏嘉業堂藏』『吴興劉氏嘉業堂藏書印』『張叔平』等藏印。

# 文獻通考卷之一

鄱陽　馬　端臨　貴與　著述
東陽　邵　豳　宗周　校刊

## 田賦考

堯遭洪水天下分絶使禹平水土别九州冀州厥土白壤〔無塊曰壤〕厥田惟中中〔田第五〕厥賦上上錯〔賦第一錯謂雜出第二之賦〕兖州厥土黑墳〔色黑而墳〕厥田惟中下〔第六〕厥賦貞〔貞正也州第九賦正與九相當〕作十有三載乃同〔治水十三年乃有賦法與他州同〕青州厥土白墳厥田惟上下〔第三〕厥賦中上〔第四〕徐州厥土赤埴墳〔土黏曰埴〕厥田惟上中〔第二〕厥賦中中〔第五〕揚州厥土惟塗泥〔地泉濕〕厥田惟下下〔第九〕厥賦下上上錯〔第七雜出第六〕荆州厥土惟塗泥厥田惟下中〔第八〕厥賦上下〔第三〕豫州厥土惟壤下土墳壚〔高者壤下者壚壚疎也〕厥田惟中上〔第四〕厥賦錯上中〔第二雜出第一〕梁州厥土青黎〔色青黑沃壤也〕厥田惟

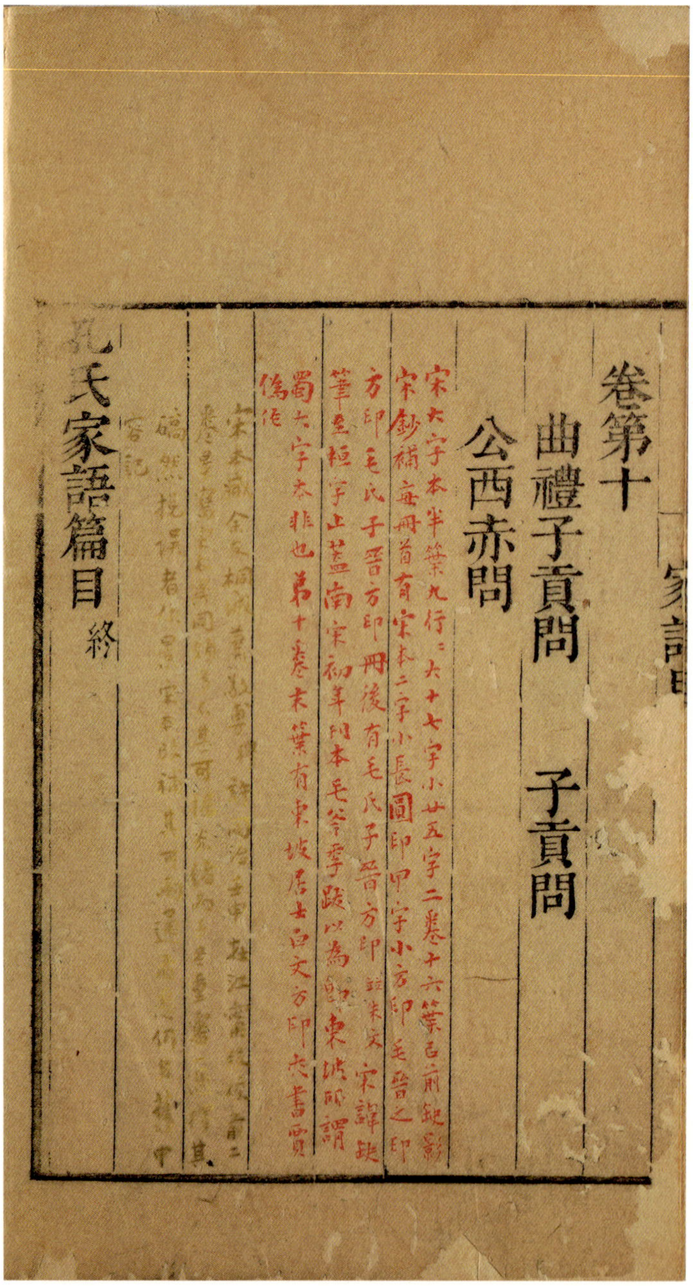


## 孔子家語十卷

題（魏）王肅注

明崇禎間（1628—1644）毛氏汲古閣刻本　孫詒讓校並跋

二册

匡高 17.7 厘米，寬 13.6 厘米

半葉九行十七字，小字雙行，白口，左右雙邊

國家珍貴古籍名録編號：08207

此書爲毛氏汲古閣刻本，每卷首葉版心有『汲古閣』字樣。毛晉是明末著名的藏書、刻書家，他所建立的汲古閣集藏書與刊刻爲一體，尤以刊刻宋元珍本著稱。天啟七年（1627），毛晉嘗從吴興商人手中購得宋蜀大字本，惜其不全。崇禎九年（1636），毛晉參加鄉試途中經過錫山購得宋槧大字本，兩書合成完璧。其後，毛晉子毛扆得小字宋本參校，才有此書。有『瑞安孫仲容珍藏書畫文籍印』。玉海樓舊藏。

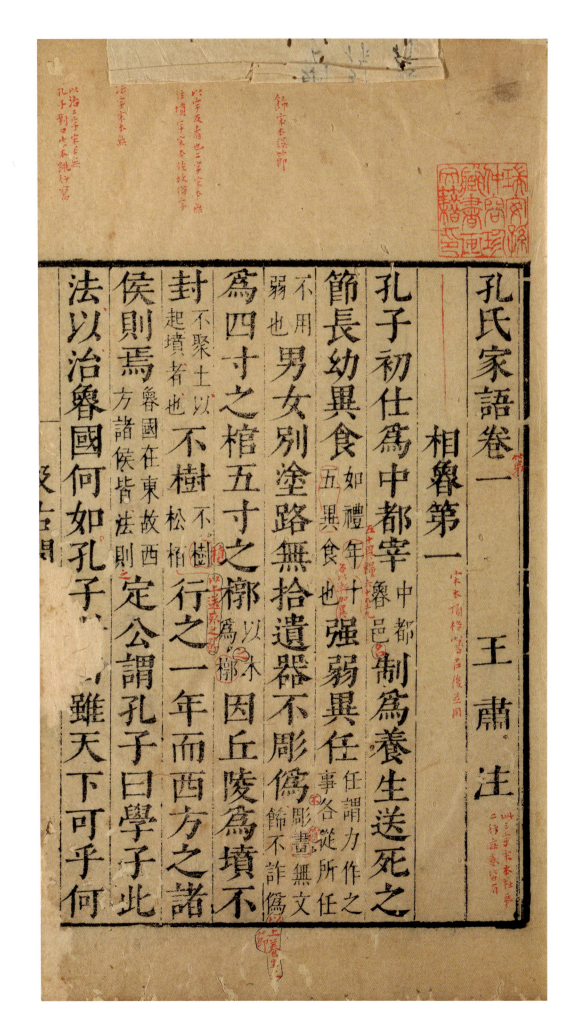

孔氏家語卷一

相魯第一　王肅注

孔子初仕爲中都宰中都魯邑制爲養生送死之節長幼異食如禮年十五異食也強弱異任任謂力作之事各從所任不用弱也男女別塗路無拾遺器不彫僞彫畫無文飾不詐僞爲四寸之棺五寸之槨以木爲槨因丘陵爲墳不封不聚土以起墳者也不樹不樹松柏行之一年而西方之諸侯則焉魯國在東故西方諸侯皆法則定公謂孔子曰學子此法以治魯國何如孔子[illegible]雖天下可乎何

汲古閣

## 唐人集□□種□□卷（存三十八種一百十七卷）

（明）□□輯

明銅活字印本

十八册

匡高18.9厘米，寬12.8厘米

半葉九行十七字，小字雙行同，細黑口，左右雙邊

國家珍貴古籍名録編號：09359

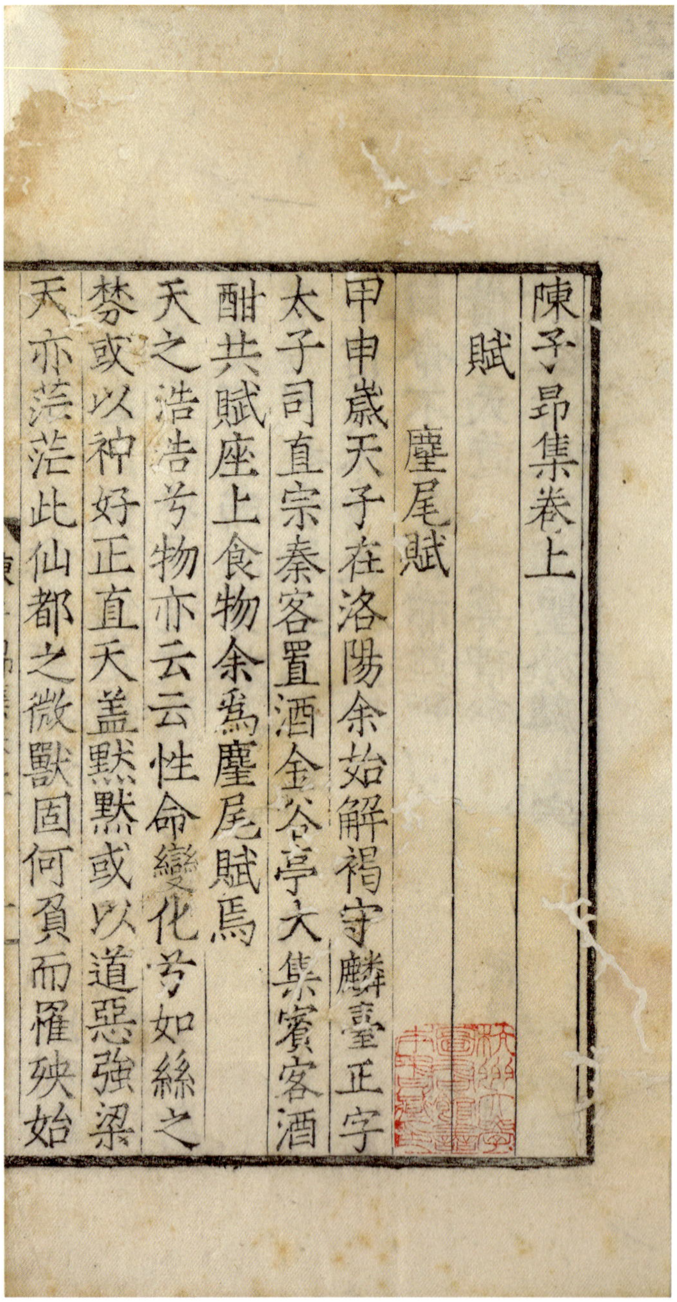

陳子昂集卷上

賦

麈尾賦

甲申歲天子在洛陽余始解褐守麟臺正字太子司直宗秦客置酒金谷亭大集賓客酒酣共賦座上食物余爲麈尾賦焉

天之浩浩兮物亦云云性命變化兮如絲之棼或以神好正直天蓋默默或以道惡強梁天亦茫茫此仙都之微獸固何負而罹殃始

活字印刷術廣泛運用於圖書生産始於明代。明代活字印刷多選用木活字與銅活字，而銅活字由於製作成本高，印本數量遠少於木活字，藏書家得之，莫不珍若拱璧。明代曾用銅活字印刷過一些唐人詩賦集子，字體秀勁，版式疏朗，頗具宋本神韻，今總稱之《唐人集》，其中有幾種集子保留有宋代的避諱字，可知是據宋元舊槧排印。當時一共印了多少種，已不得而知。現存於世者凡五十種，多以零種流傳，成套流傳者非常稀見，如此部《唐人集》存三十八種，所存種數僅次於國家圖書館藏本，極爲可寶。有『瑞安孫仲容珍藏書畫文籍印』。

# 唐太宗皇帝集卷上

## 賦

### 感應賦并序

余將問罪東夷言過洛邑聊因暇景散慮郊畿流眄城闕之間覩弱齡遊觀之所風雲如故卉木惟新少壯不留忽焉白首追思曩日緬成異世感時懷舊撫轡忘歸握管敘情賦之云爾

惟端扆之餘隙屬凝陰於暮年時觀兵於九

## 易傳八卷

（宋）蘇軾撰

## 王輔嗣論易一卷

（三國魏）王弼撰

明末（1580—1644）閔齊伋刻朱墨套印本

十二册

匡高 20.2 厘米，寬 14.5 厘米

半葉八行十八字，小字雙行同，白口，四周單邊

此書始作於蘇軾被貶黃州時期，囊括了蘇軾的易學思想。初稿原爲九卷，宋時已有刊本，後世刻本或爲八卷、十卷者，皆爲九卷内容拆解或合併而來。閔齊伋（1580—?），字寓五，今浙江湖州人。閔氏與凌氏齊名，皆是明末刻書大家，善刻套色印本。是書寫刻朱評，套色明晰。四庫館臣嘗云『烏程閔齊伋以朱墨板重刻，頗爲工緻而無所校正』，評價公允。

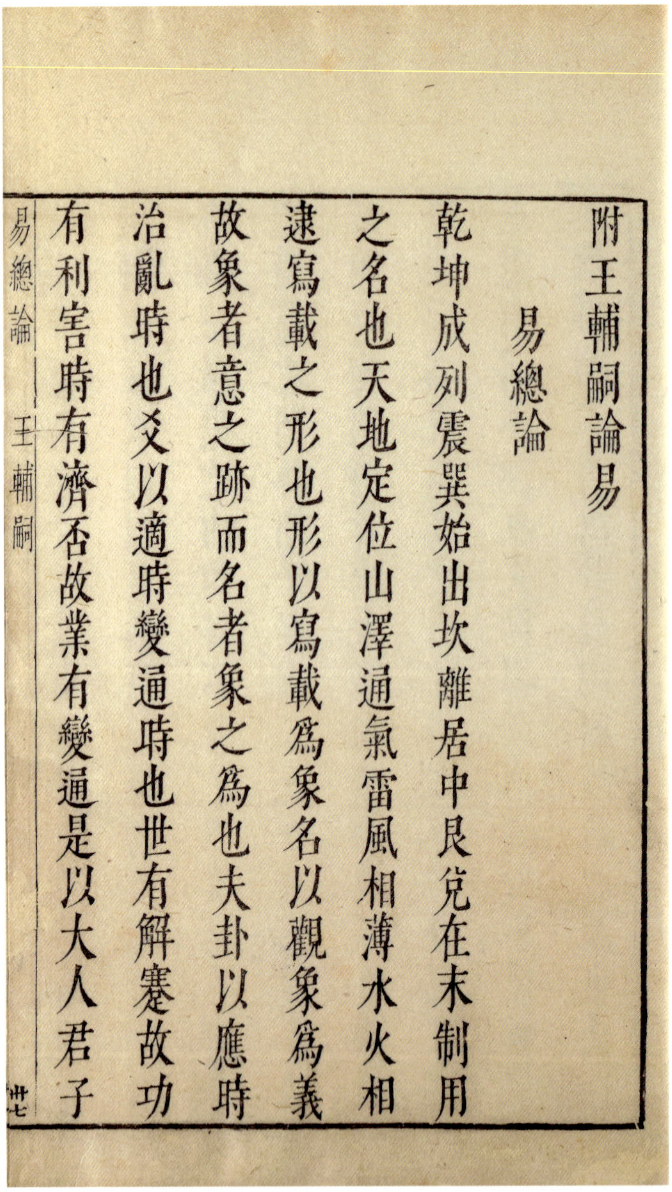
附王輔嗣論易
易總論
乾坤成列震巽始出坎離居中艮兌在末制用之名也天地定位山澤通氣雷風相薄水火相逮寫載之形也形以寫載爲象名以觀象爲義故象者意之跡而名者象之爲也夫卦以應時治亂時也爻以適時變通時也世有解蹇故功有利害時有濟否故業有變通是以大人君子
易總論　王輔嗣　廿七

> 鄭漁仲曰乾之初九一事物也其在天地人蟲之內天地人蟲之外其象如潛龍勿用不可以千萬計也皆乾

# 周易卷第一

上經　　宋　眉山蘇軾傳

䷀ 乾下乾上

乾元亨利貞初九潛龍勿用

> 楊用修曰出則元亨處則利貞乾乾者出處之則也

乾之所以取於龍者以其能飛能潛也飛者其正也不得其正而能潛非天下之至健其孰能之

九二見龍在田利見大人

飛者龍之正也天者龍之正處也見而在田明其可安而非正也

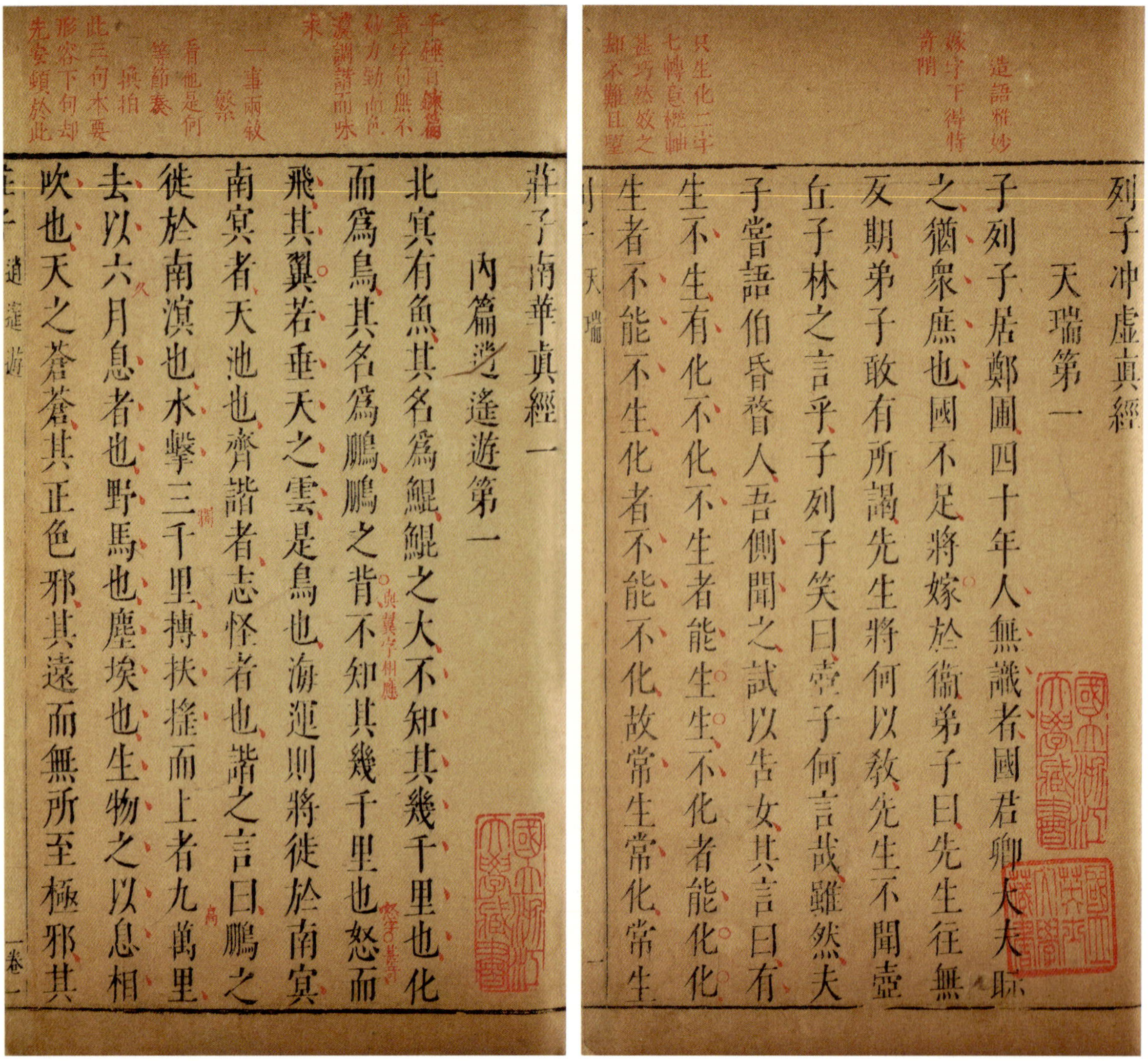
列子冲虛真經
天瑞第一
子列子居鄭圃四十年人無識者國君卿大夫眎
之猶衆庶也國不足將嫁於衛弟子曰先生往無
反期弟子敢有所謁先生將何以教先生不聞壺
丘子林之言乎子列子笑曰壺子何言哉雖然夫
子嘗語伯昏瞀人吾側聞之試以告女其言曰有
生不生有化不化不生者能生生不化者能化化
生者不能不生化者不能不化故常生常化常生

莊子南華真經一
內篇逍遙遊第一
北冥有魚其名爲鯤鯤之大不知其幾千里也化
而爲鳥其名爲鵬鵬之背不知其幾千里也怒而
飛其翼若垂天之雲是鳥也海運則將徙於南冥
南冥者天池也齊諧者志怪者也諧之言曰鵬之
徙於南溟也水擊三千里摶扶搖而上者九萬里
去以六月息者也野馬也塵埃也生物之以息相
吹也天之蒼蒼其正色邪其遠而無所至極邪其

## 孫月峰三子評十三卷

（明）孫鑛撰

明閔齊伋刻朱墨套印本

八册

匡高21.5厘米，寬15厘米

半葉九行十九字，小字雙行同，白口，四周單邊

孫鑛（1543—1613），字文融，號月峰，浙江餘姚人，明代官員、學者、評點名家，評文頗豐。『三子』即老子、莊子和列子，此書主要對《道德真經》《南華真經》和《沖虛真經》三書進行評點。原文用墨色，孫評用朱色套印於天頭。有佚名題跋。

# 老子道德眞經

上篇

道可道非常道名可名非常名無名天地之始有名萬物之母故常無欲以觀其妙常有欲以觀其徼此兩者同出而異名同謂之玄玄之又玄衆妙之門

天下皆知美之爲美斯惡已皆知善之爲善斯不善已故有無相生難易相成長短相形高下相傾音聲相和前後相隨是以聖人處無爲之事行不

## 曹子建集十卷

（三國魏）曹植撰　（明）李夢陽、王世貞等評
明天啟元年（1621）凌性德刻朱墨套印本
六冊
匡高20.7厘米，寬14.8厘米
半葉八行十八字，小字雙行同，白口，四周單邊
國家珍貴古籍名録編號：05091

此書選曹植詩文二百餘首。曹植（192—232），字子建，今安徽亳州人，曹操第三子，尤擅詩文，鍾嶸評其五言詩『骨氣奇高，詞采華茂』。凌性德（1592—1623），字成之，號朗菴主人，今浙江湖州人，凌濛初族弟，刻書家。是書刊李、王等二十餘人評點於天頭，用朱色；原文用墨色。有『退一步想書屋』『大城劉氏地山堂世傳必讀書』『地山堂』印。

釋名曰賦敷也敷布其義謂之賦也

王世貞曰子建天才流麗雖譽冠千古而実遜父兄何以故材太高詞太華
陳明卿曰晉魏

# 曹子建集卷之一

## 賦 十首

### ○東征賦 并序

建安十九年王師東征吳寇余典禁兵衛宮省然神武一舉東夷必克想見振旅之盛故作賦二篇

登城隅之飛觀兮望六師之所營幡旗轉而心異兮舟楫動而傷情顧身微而任顯兮愧任重

## 孟浩然詩集二卷

（唐）孟浩然撰 （宋）劉辰翁、（明）李夢陽評

明淩濛初刻朱墨套印本

二册

匡高 20.7 厘米，寬 14.6 厘米

半葉八行十九字，白口，左右雙邊

國家珍貴古籍名録編號：05165

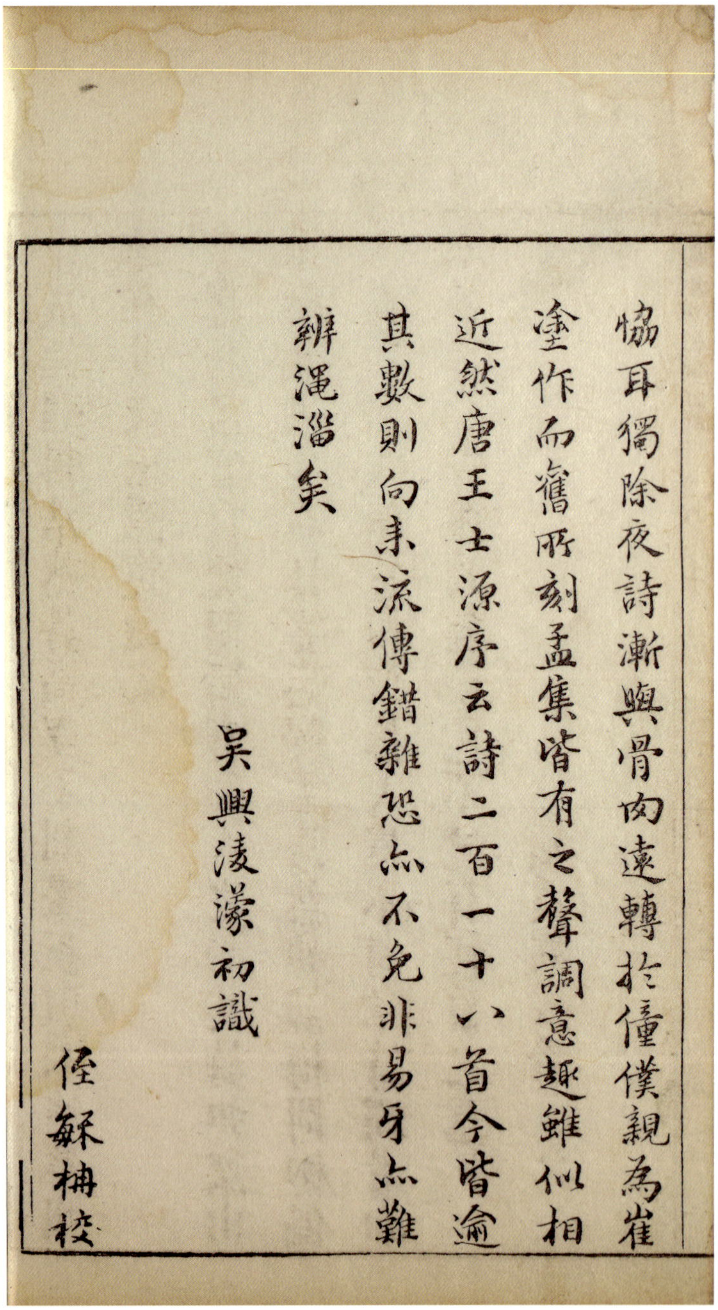
協耳獨除夜詩漸與骨肉遠轉於僮僕親為崔
塗作而舊所刻孟集皆有之聲調意趣雖似相
近然唐王士源序云詩二百一十八首今皆逾
其數則向來流傳錯雜恐亦不免非易牙亦難
辨淄澠矣
吳興淩濛初識
侄毓柟校

此書收録孟浩然詩歌二百餘首。孟浩然詩集在宋时已有刊本，劉氏評點本在明代極爲風行。館藏此本即在原劉評本基礎上加入李夢陽評語而成。正文内容用墨色，劉、李等人的評註用朱色。凌氏是明末刻書名家，以擅長套版印刷著稱。套版印刷，即先將書中不同顏色的部分分别刻在不同的書板上並著色，再逐次將不同顏色的書板印在同一葉紙上，形成雙色甚至多色套印本。

景物滿眼而清淡之趣更自浮動非寂寞者

# 孟浩然詩集卷之上

唐　襄陽孟　浩　撰
宋　廬陵劉辰翁　評
明　北地李夢陽　参



## 五言古詩

宿業師山房待丁公不至

夕陽度西嶺羣壑倏已暝松月生夜涼風泉滿清聽樵人歸欲盡煙鳥棲初定之子期宿來孤琴候

## 韋蘇州集十卷拾遺一卷

（唐）韋應物撰
明淩濛初刻朱墨套印本
四冊
匡高21.3厘米，寬14.7厘米
半葉八行十八字，小字雙行，白口，四周單邊
國家珍貴古籍名録編號：05217

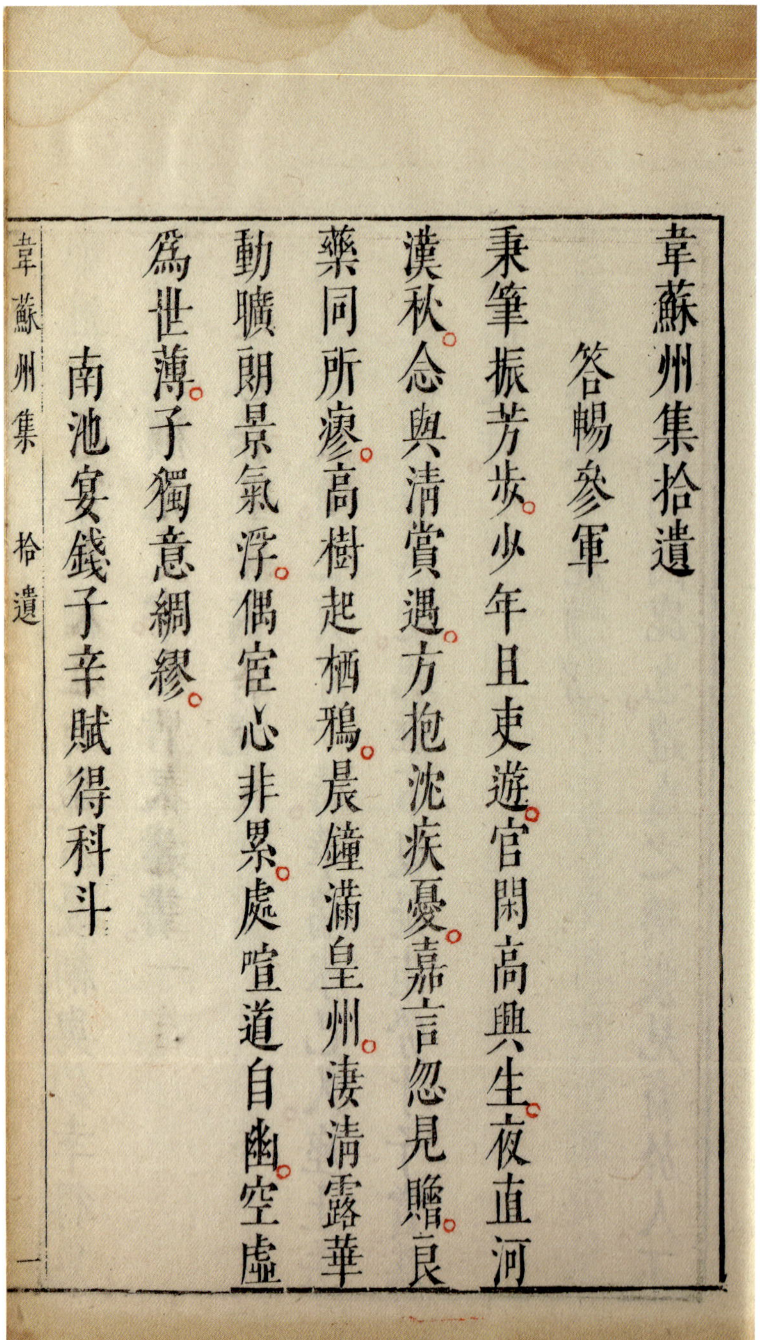
韋蘇州集拾遺
答暢參軍
秉筆振芳步少年且吏遊宦閑高興生夜直河
漢秋念與清賞遇方抱沈疾憂嘉言忽見贈良
藥同所瘳高樹起栖鴉晨鐘滿皇州凄清露華
動曠朗景氣浮偶宦心非累處喧道自幽空虛
爲世薄子獨意綢繆
南池宴餞子辛賦得科斗
韋蘇州集　拾遺　一

此書收中唐詩人韋應物詩歌五百餘首。韋應物是著名山水田園派詩人，詩風恬淡清麗，擅長描寫山水和隱逸生活。淩濛初遴选顧璘、劉辰翁等人評語，用朱色套印於天頭，全書規格工整，舒朗清秀。有『吴興劉氏嘉業堂藏書記』『勤有樓圖書』『張叔平』等藏印。嘉業堂舊藏。

顧東橋曰韋公古詩當獨步唐室以其浮漢魏之質也其下者亦在晉宋之間又曰五言古詩先學韋應物然後諸家可入

劉須溪曰古别離多矣此作更古者以其有清槩自然意如秋風曠野自難為懷

劉須溪曰柔腸敵無而有不可

# 韋蘇州集卷之一

## 雜擬

### 擬古詩十二首

其一

辭君遠行邁飲此長恨端已謂道里遠如何中險艱流水赴大壑孤雲還暮山無情尚有歸行子何獨難驅車背鄉園（劉云此春此背言之可傷）朔風卷（一作吹）行迹嚴冬霜斷肌日入不遑息憂（一作慎）歡容髮變寒暑人事易中心

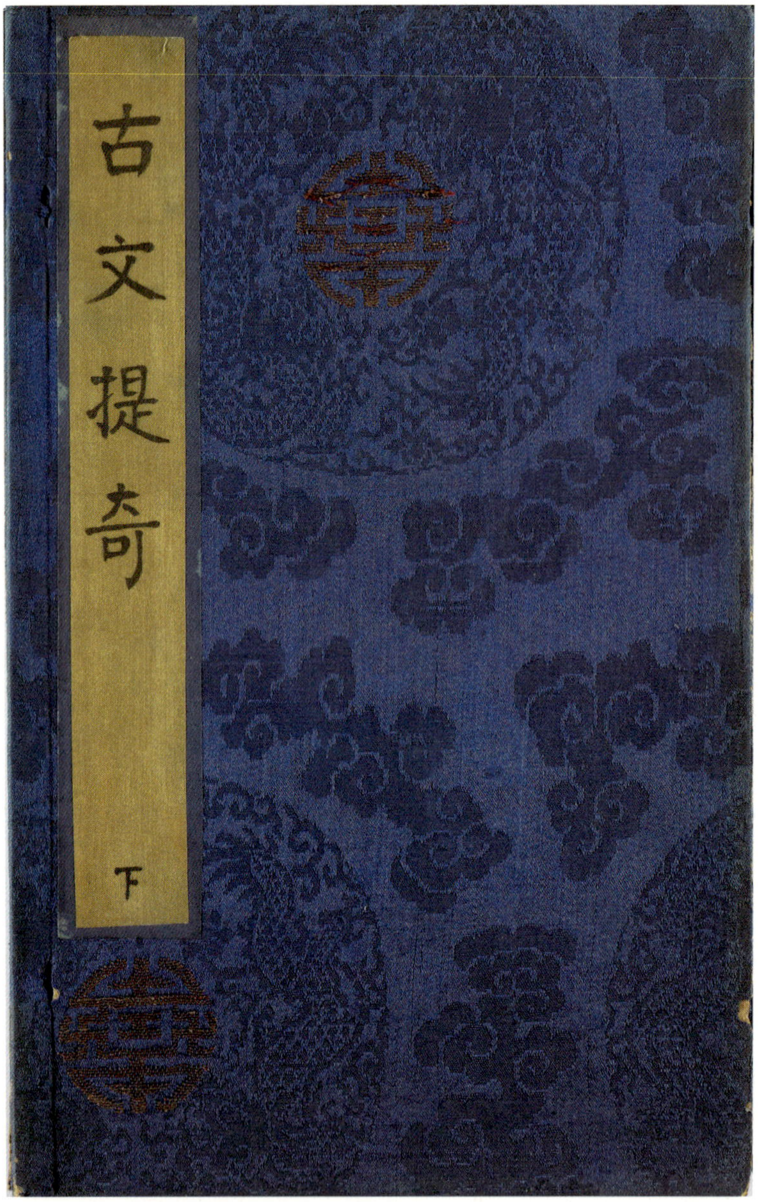


## 古文提奇五卷總論序一卷

（明）顏茂猷輯

明崇禎間（1628—1644）朱墨套印本

十冊

匡高 19.8 厘米，寬 14.2 厘米

半葉九行二十字，白口，四周單邊

國家珍貴古籍名録編號：06404

顏茂猷（1578—1637），字壯其，又字光衷，號完璧居士，今福建漳州人，崇禎七年（1534）特賜進士，善治五經。此書講授作文之法，通過選文來介紹文章的『意脈』『氣勢』『格法』『詞調』等特點，采用朱墨套印，條目明晰，便於閲讀。有『坐茂樹以終日臨清流而賦詩』印。

天文雲漢烟海之文運脉之竒

古文提竒卷一

姑蘇座師顧太史錫疇九疇甫裁訂

閩漳光裘顏茂猷評選

意脉竒文　有運脉之竒有藏脉之竒

易經

文言曰元者善之長也亨者嘉之會也利者義之和也貞者事之幹也君子體仁足以長人嘉會足以合禮利物足以和義貞固足以幹事君子行此四德者

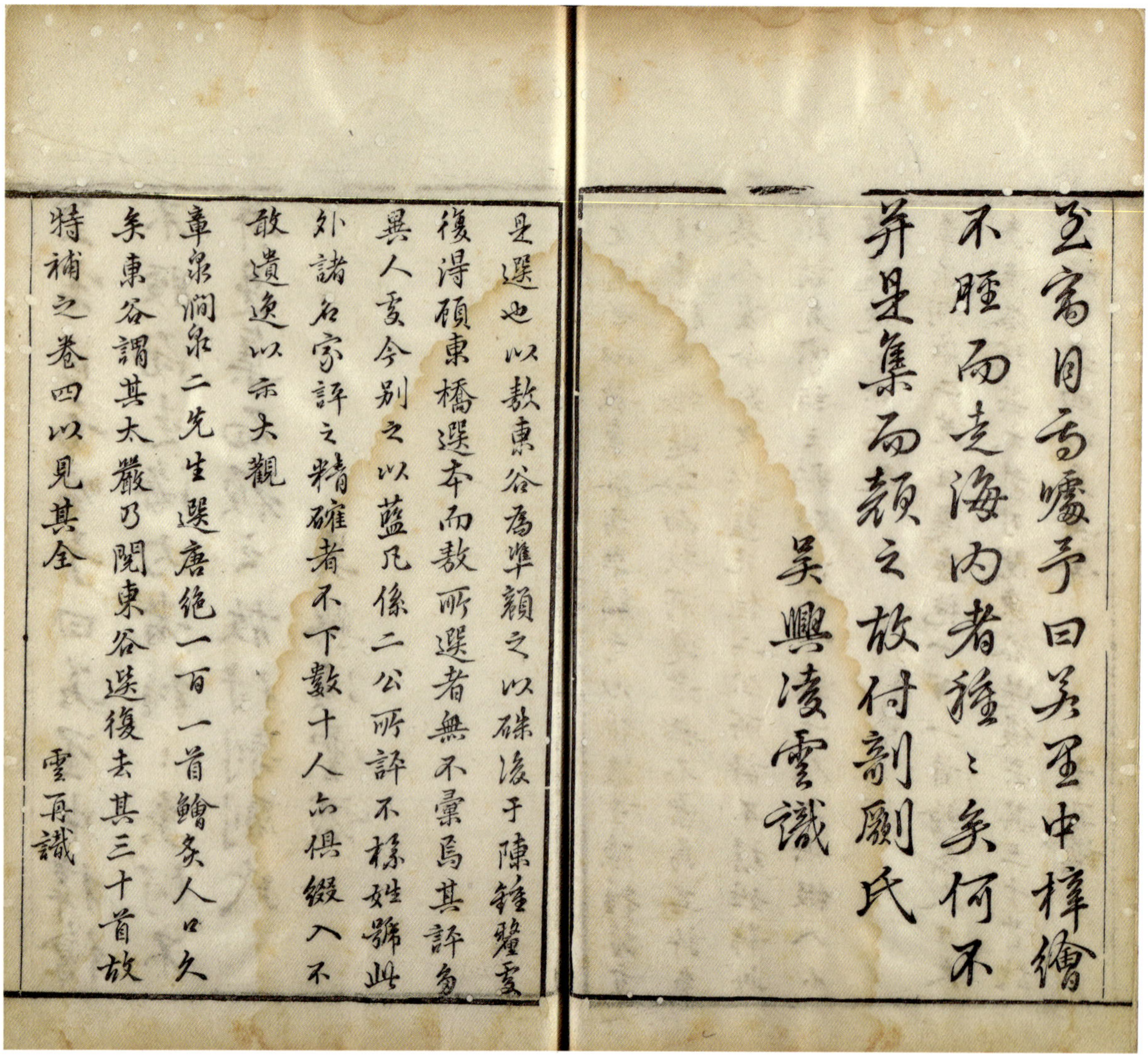


## 唐詩絶句類選四卷總評一卷人物一卷

（明）敖英、凌雲輯

明凌雲三色套印本

八册

匡高 20 厘米，寬 14.8 厘米

半葉八行十九字，小字雙行同，白口，四周單邊

國家珍貴古籍名録編號：09478

此書是明人凌雲根據敖英《類編唐詩七言絶句》輯録、增補而成，全書除敖氏原内容外，補入未收詩數首，並增顧璘等人的評語。是書采用三色套印，原文用墨色，敖英評用朱色，顧璘評用藍色。有『西皋别墅』『馮榮之章』『冯氏名榮』『功楣』『蕉林藏書』『蕉林梁氏書畫之印』『芷閣藏書』『觀其大略』『吴興劉氏嘉業堂藏書記』『張叔平』等藏印。嘉業堂舊藏。

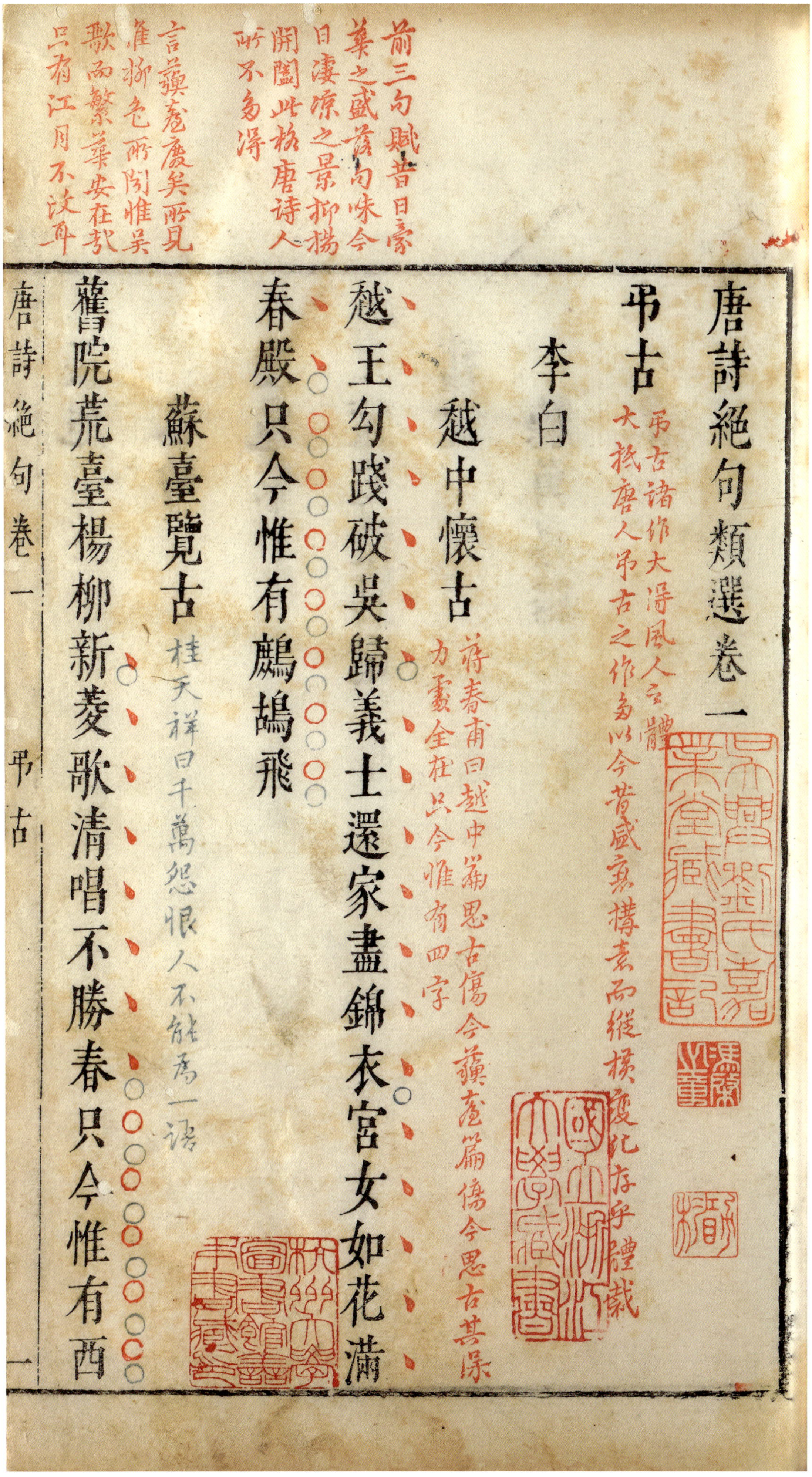

前三句賦昔日豪華之盛，落句咏今日淒涼之景。抑揚開闔，此格唐詩人所不多得。

言蘇臺廢矣，所見惟柳色，所聞惟吳歌，而繁華安在哉？只有江月不改耳。

唐詩絕句類選卷一

弔古

弔古諸作大得風人之體

大抵唐人弔古之作多以今昔盛衰構意而縱橫變化存乎體裁

李白

越中懷古

蔣春甫曰：越中篇思古傷今，蘇臺篇傷今思古，其得力盡全在只今惟有四字。

越王勾踐破吳歸，義士還家盡錦衣。宮女如花滿春殿，只今惟有鷓鴣飛。

蘇臺覽古

桂天祥曰：千萬怨恨，人不能為一語。

舊苑荒臺楊柳新，菱歌清唱不勝春。只今惟有西

唐詩絕句卷一　弔古　一

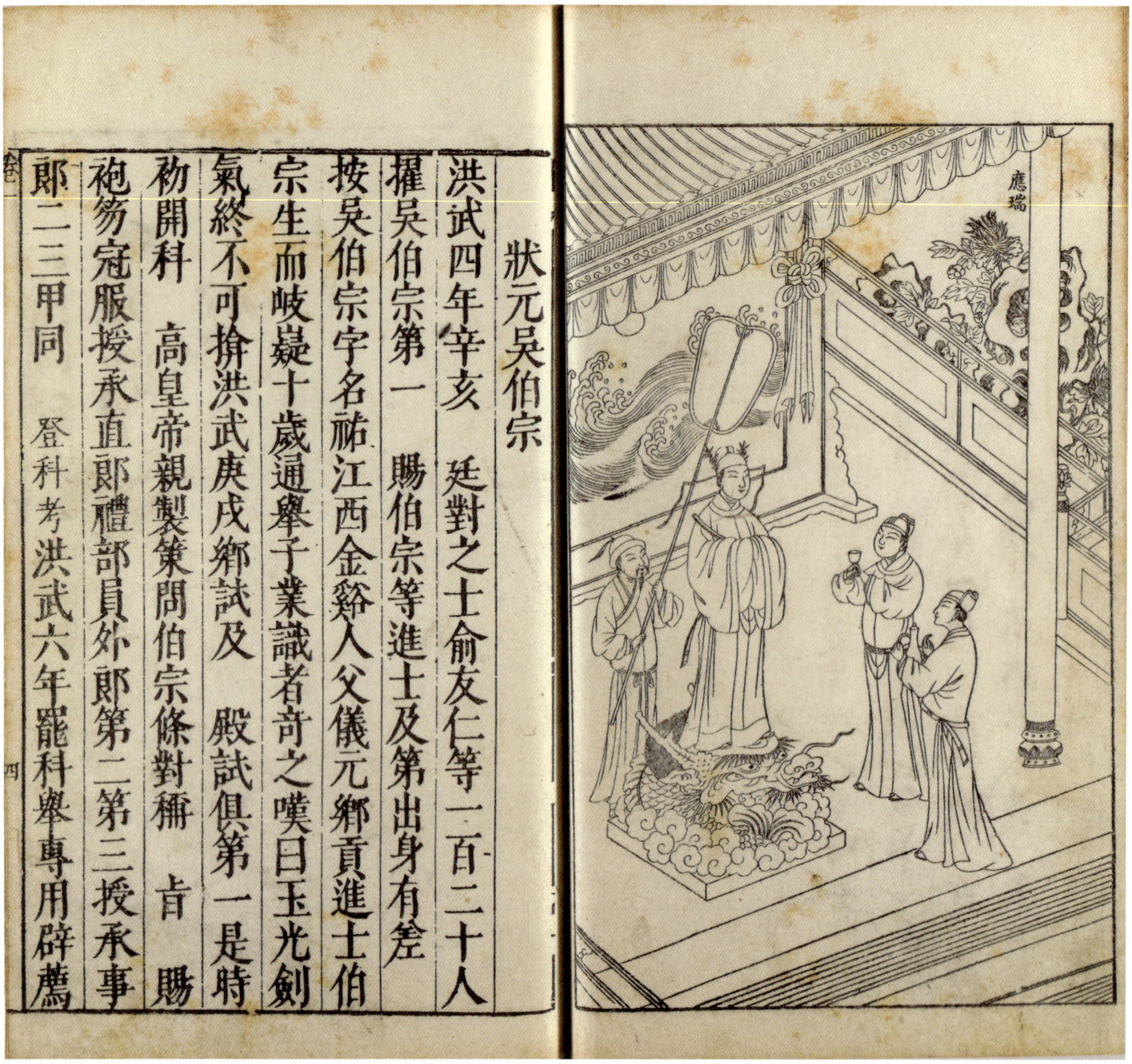
狀元吳伯宗
洪武四年辛亥　廷對之士俞友仁等一百二十人
擢吳伯宗第一　賜伯宗等進士及第出身有差
按吳伯宗字名祐江西金谿人父儀元鄉貢進士伯
宗生而岐嶷十歲通舉子業識者奇之嘆曰玉光劍
氣終不可揜洪武庚戌鄉試及　殿試俱第一是時
初開科　高皇帝親製策問伯宗條對稱　旨　賜
袍笏冠服授承直郎禮部員外郎第二第三授承事
郎二三甲同　登科考洪武六年罷科舉專用辟薦


## 增狀元圖考六卷

（明）顧祖訓撰　（明）吳承恩、程一楨補
（清）陳枚增訂
明萬曆三十五年至三十七年（1607—1609）吳承恩、黃文德刻清初武林陳枚文治堂書坊增刻本
六册
匡高 20.8 厘米，寬 13.8 厘米
半葉九行二十字，小字雙行同，白口，四周單邊

此書是對明《狀元圖考》一書的增訂。明《狀元圖考》主要收録了明朝狀元的科舉軼事，配有圖片和人物小傳。《狀元圖考》常見版本有三，一是萬曆三十七年（1609）吳承恩增修版本，收録了洪武至萬曆間狀元；二是崇禎增修本，增收了萬曆至崇禎間狀元；三即館藏此本，在崇禎本的基礎上，增補崇禎至清初的狀元，故名《增狀元圖考》。有陳枚序。

# 增狀元圖考

句吳大學士顧鼎臣孫祖訓彙編

新都後學　吳承恩君錫父　校益
程一楨君寧父
黄文德承甫父　仝閱
吳脩道敬夫父
黄應澄兆聖父繪圖
黄應纘嗣宗父書考

武林陳　枚簡侯父增訂

卷一　三

## 古樂苑不分卷

（明）韓錫輯
明天啟五年（1625）稿本　姜亮夫題記
四冊

匡高 20.5 厘米，寬 13.2 厘米
半葉八行二十字，小字雙行同，紅格，白口，四周單邊
國家珍貴古籍名録編號：06325

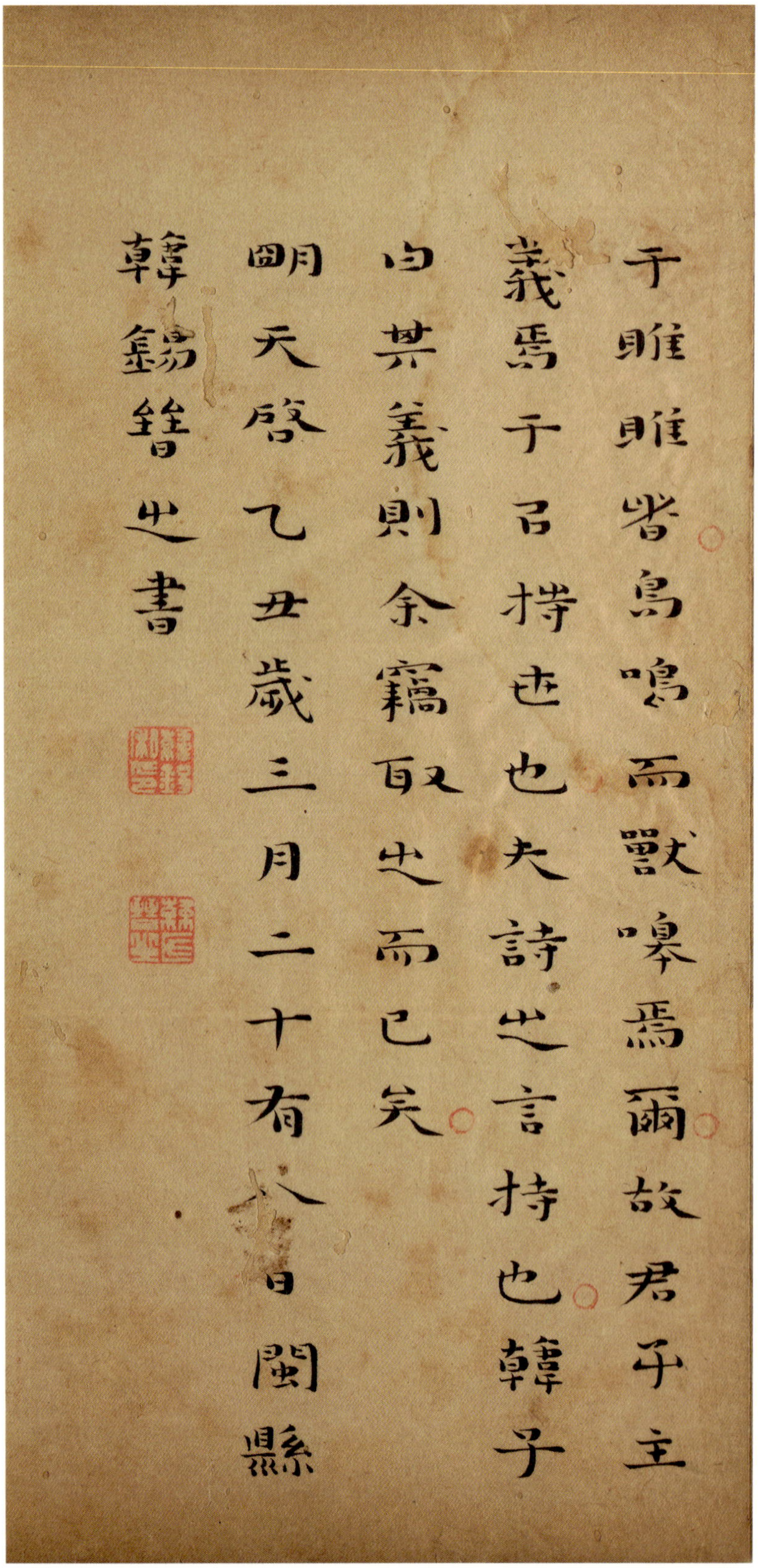


韓錫，一名廷錫，字晉之，萬曆年間諸生，今福建福州人。此書是韓錫稿本，韓氏日常慣用篆書，而此書采用帶有隸意的楷體。書前有明天啟乙丑韓氏序，版心鐫有『榕菴』字樣。榕菴位於福建福州，是韓錫的讀書處。有『韓錫私印』『韓氏晉之』『亮夫』『姜寅清』等印。

# 古樂苑

## 古歌辭

彈歌 古孝子不忍見父母為禽獸所食故作彈以守之乃歌　古孝子

斷竹續竹飛土逐宍 續一作屬　宍古肉字

皇娥歌 少昊母曰皇娥遊于窮桑滄茫之浦遇白帝子乃倚瑟而清歌　皇娥

天清地曠浩茫茫萬象迴薄化無方浛天蕩蕩望滄滄乘桴輕漾著日傍當期何所至窮桑心知和樂悅未央

## 周此山詩集四卷

（元）周權撰
明抄本
四冊

匡高17.1厘米，寬13.2厘米
半葉九行十六字，藍格，白口，四周單邊
國家珍貴古籍名録編號：05756

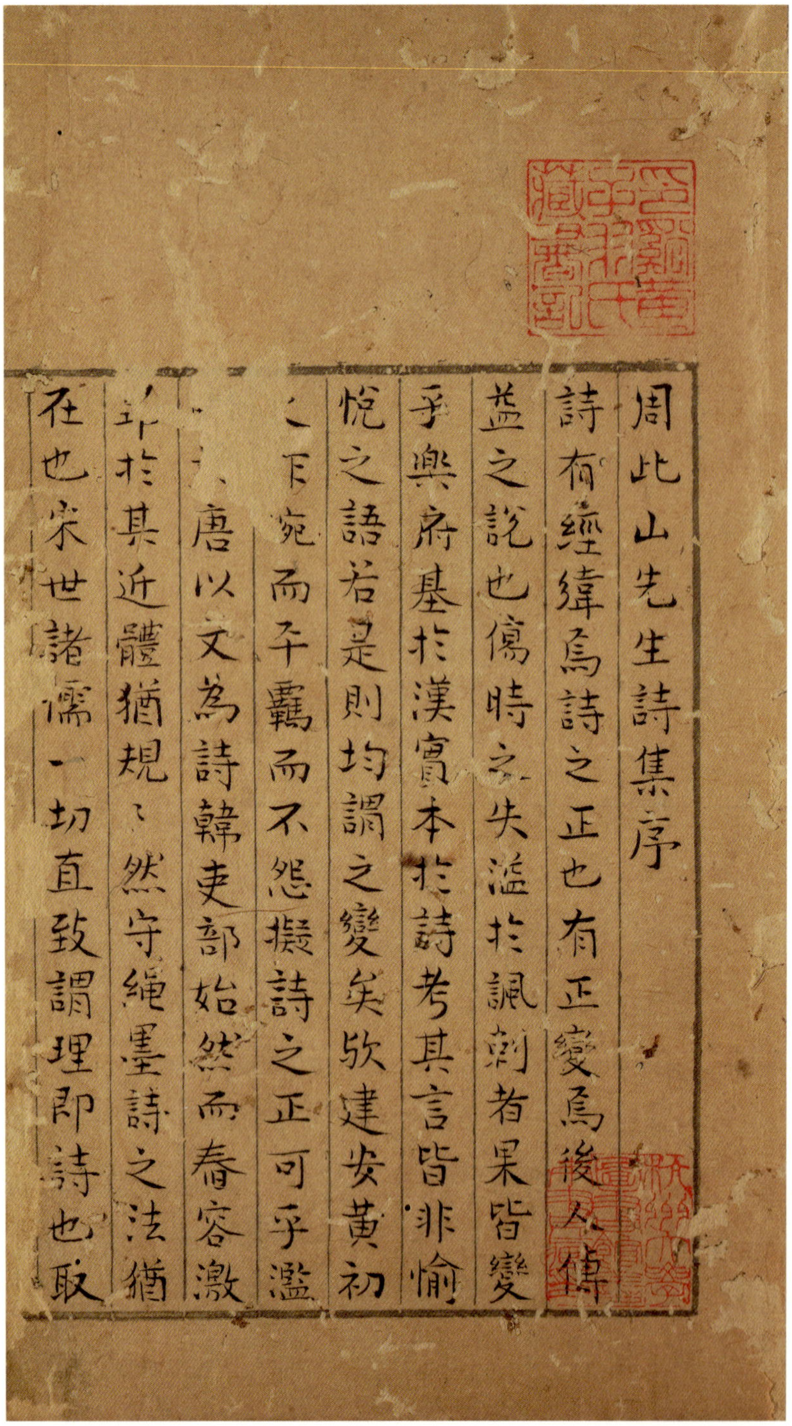
周此山先生詩集序
詩有經緯爲詩之正也有正變爲後人傳
蓋之說也僞時之失濫於諷刺者果皆變
乎樂府基於漢賞本於詩考其言皆非愉
悅之語若是則均謂之變矣欤建安黄初
之下宛而不羈而不怨擬詩之正可乎濫
[illegible]唐以文爲詩韓吏部始然而春容激
許於其近體猶規〻然守繩墨詩之法猶
在也宋世諸儒一切直致謂理即詩也取

周權（1275—1343），字衡之，號此山，今浙江麗水人，通經史，工於詩，袁桷讚其詩『意度簡遠，議論雄深』。此書收周權詩二百餘首，藍格朱墨精抄，原文用墨色，歐陽玄評點用朱色。有『印谿黄子羽氏藏書記』『琴西』『臣衣言印』等藏印。玉海樓舊藏。

# 周此山詩集卷第一 附原功評

## 五言古詩

### 擬古

夫數詩浩有古意

洪鈞播無垠，八埏蕩和風。枯叢同華滋，陳荄變纖茸。高門與窮巷，嫵媚白与紅。陽和不擇地，化育自至公。惟人物之靈，屯理均降衷。大朴日凋喪，町畦生室中。貴賤殺親疎，貧富乖始終。誰能返其初，物我俱玄同。

東溟躍羲和，西海允望舒。迭運不遑息，汲

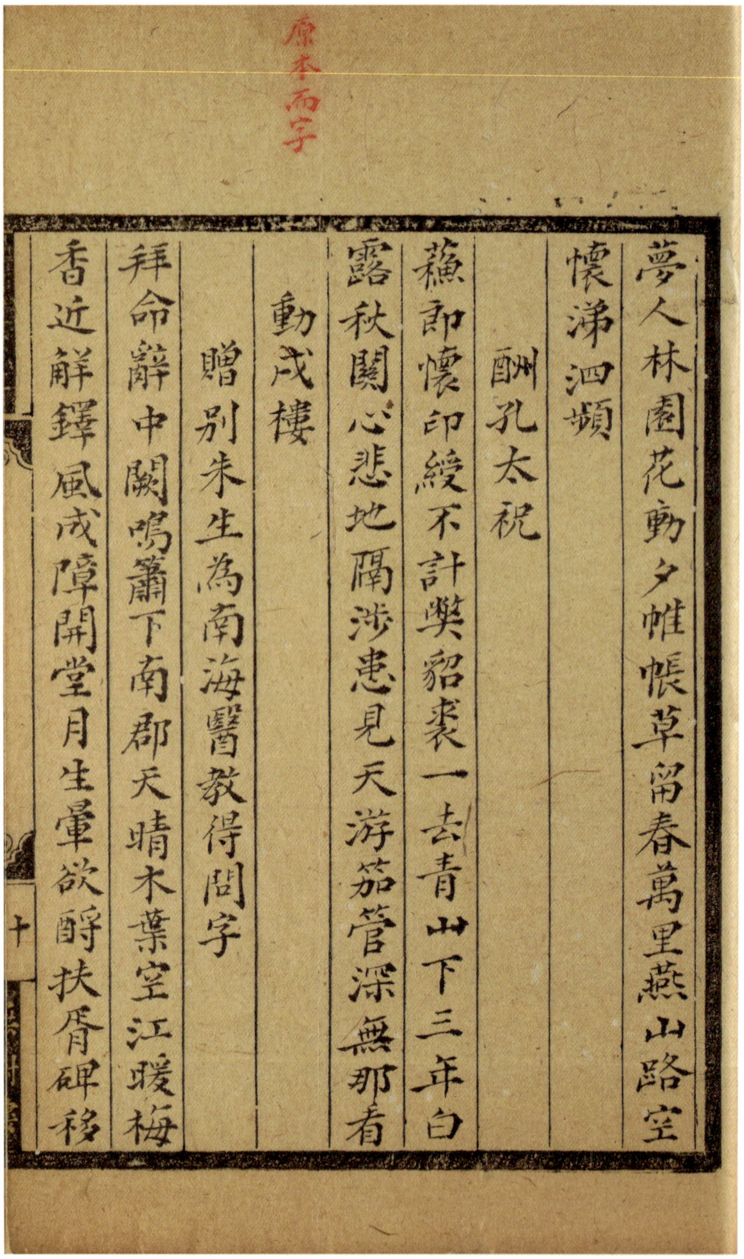
原本而字
夢人林園花動夕帷帳草留春萬里燕山路空
懷涕泗頻
酬孔太祝
蘊郎懷印綬不計獘貂裘一去青山下三年白
露秋關心悲地隔涉患見天游茄管深無那看
動戍樓
贈别朱生為南海醫教得問字
拜命辭中關鳴簫下南郡天晴木葉空江暖梅
香近解鐸風戍障開堂月生暈欲酹扶胥碑移

## 范德機詩集七卷

（元）范梈撰

明抄本

二册

匡高17.5厘米，寬13.8厘米

半葉九行十八字，黑口，雙花魚尾，左右雙邊

國家珍貴古籍名録編號：05758

范梈（1272—1330），字亨父，一字德機，『元詩四大家』之一。該書收范詩五百餘首，版心下側有『無射樓』字樣。現存最早的《范德機詩集》爲葛雝、孫存吾編次校定的七卷本，後至元六年（1340）益友書堂曾刊，此後《范德機詩集》七卷本或以此爲祖本。有『吕正』『幽暎書屋』『河東使者』『馬氏仲孟』『國琇私印』『經微室』等藏印。

# 范德機詩集卷之一

## 五言古詩

### 送張鍊師□□□

張君瀛洲人來作武當□□□米式尚時秖着謝公屐弟子百數輩稍〻來肝□誅茅立萬柱室中現金碧辛苦三十年夜卧不作席以□律鬼神故亦如短墨元年踰冬旱朱火燒四國將□方焦熬六月纖甸赤朝廷亦不愛犧牲與圭璧□巫覡偲史歌舞無□息君時待詔來公卿初〻

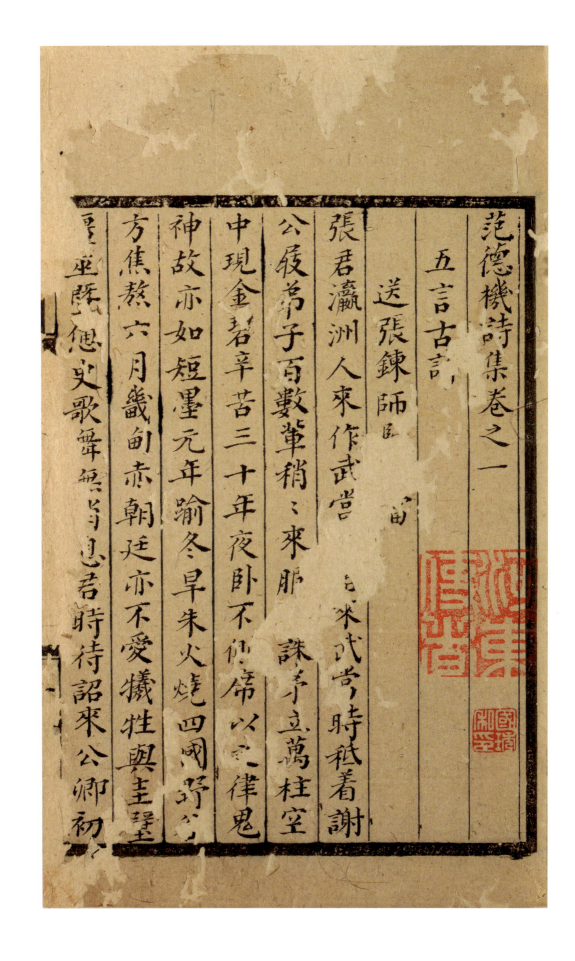

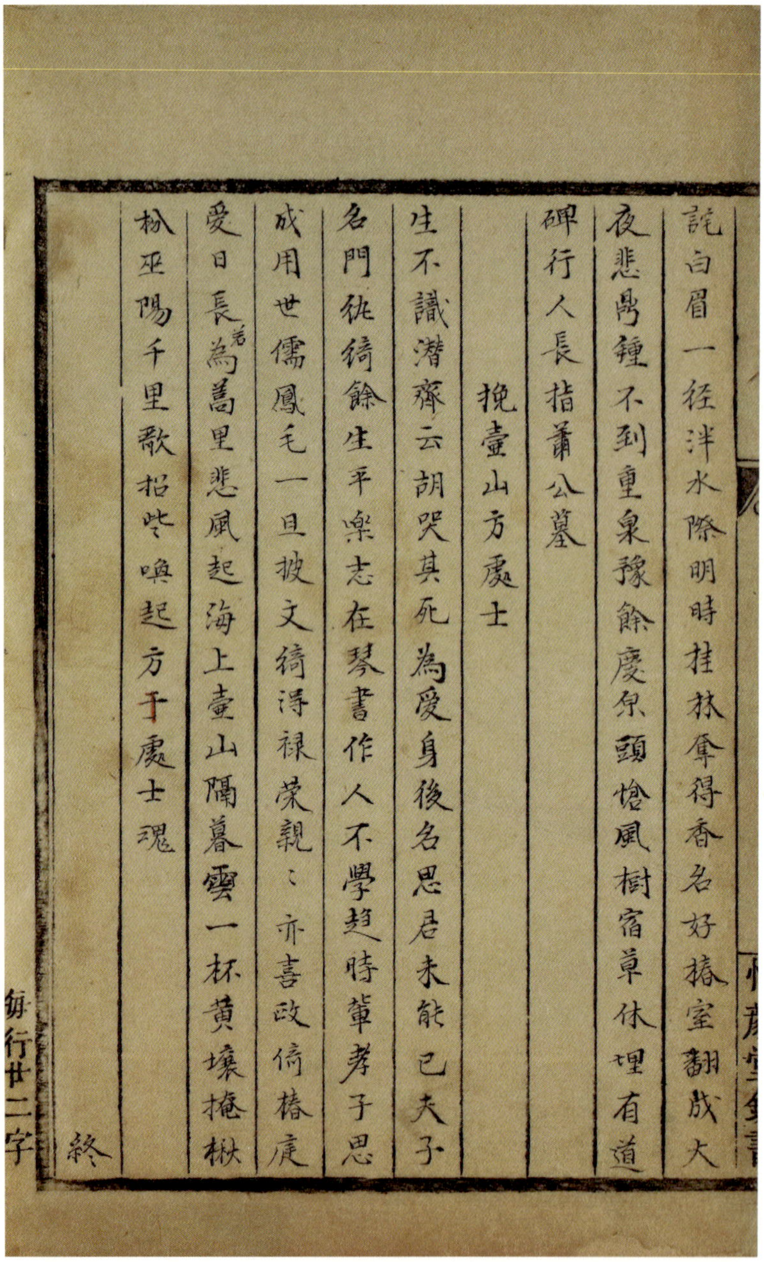
詵白眉一徑泮水際明時挂林羣得香名好椿室翻成大
夜悲愚鍾不到重泉豫餘慶泉頭恰風樹宿草休埋有道
碑行人長指蕭公墓
挽壺山方處士
生不識潛齋云胡哭其死為愛身後名思君未能已夫子
名門秀倚餘生平樂志在琴書作人不學趨時輩孝子思
成用世儒鳳毛一旦披文綺淂祿榮親々亦喜政倚椿庭
愛日長為萬里悲風起海上壺山隔暮雲一杯黃壤掩楸
松巫陽千里歌招些喚起方于處士魂
終
每行廿二字

## 三山翰林院典籍高漫士木天清氣詩集不分卷

（明）高棅撰

明怡顏堂抄本

四冊

匡高 18.6 厘米，寬 13.9 厘米

半葉十行二十二字，白口，單黑魚尾，左右雙邊

國家珍貴古籍名録編號：05860

高棅（1350—1423），字彦恢，號漫士，今福建福州（三山即福州别稱）人。官至翰林院典籍，博覽群書，擅長文學、書法和繪畫，『閩中十才子』之一。此書爲明代張氏怡顏堂抄本，版心有『怡顏堂鈔書』字樣。

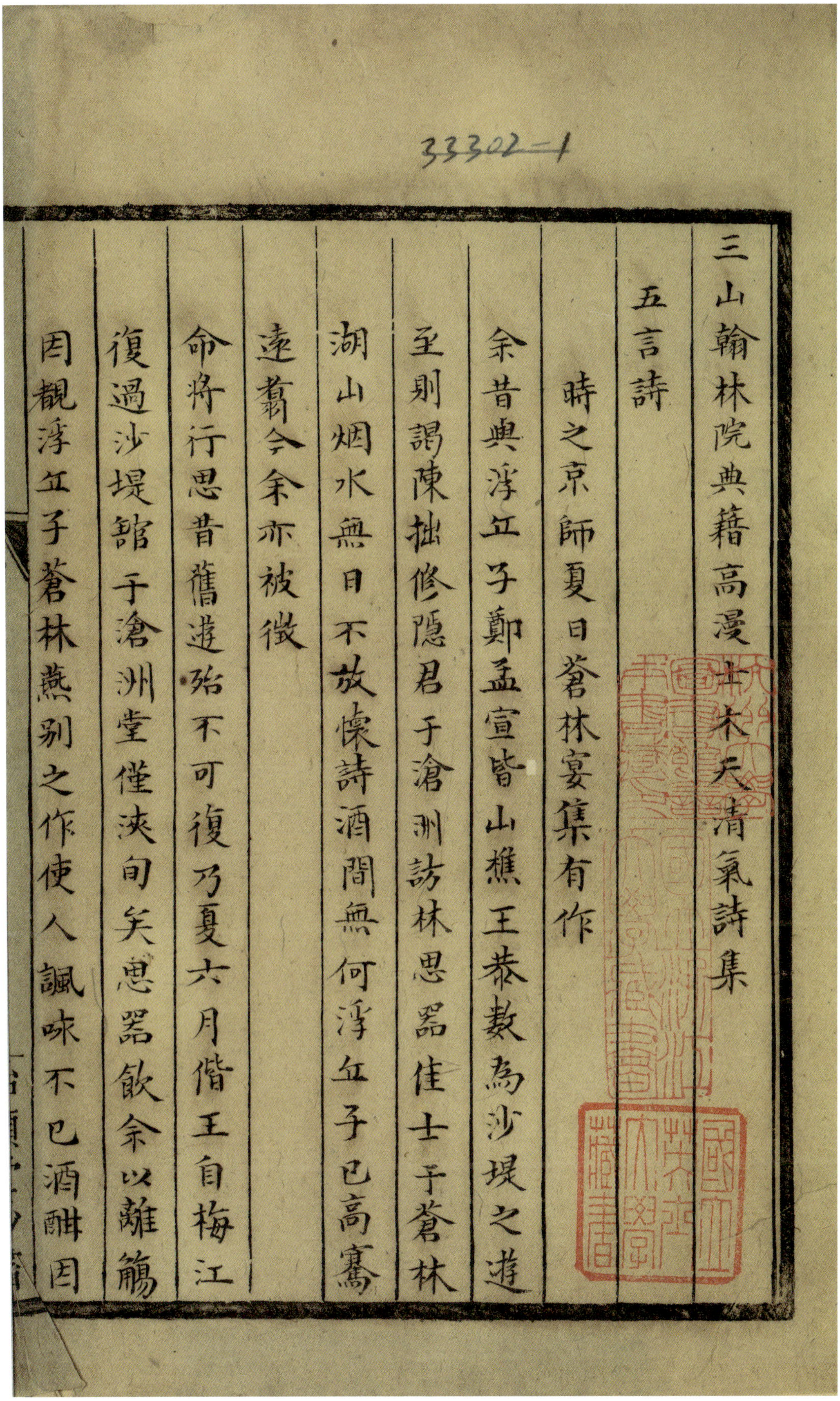



三山翰林院典籍高漫士木天清氣詩集

五言詩

時之京師夏日蒼林宴集有作

余昔與浮丘子鄭孟宣皆山樵王恭數為沙堤之遊至則謁陳拙修隱君于滄洲訪林思器佳士于蒼林湖山烟水無日不放懷詩酒間無何浮丘子已高騫遠翥今余亦被徵

命將行思昔舊遊殆不可復乃夏六月偕王自梅江復過沙堤館于滄洲堂僅浹旬矣思器飲余以離觴因覩浮丘子蒼林燕别之作使人諷咏不已酒酣因

## 杜工部全集六十六卷目録六卷

（唐）杜甫撰 （明）劉世教輯

## 年譜一卷

（宋）黄鶴撰

明萬曆四十年（1612）刻合刻分體李杜全集本 呂留良批 呂葆中跋

十六册

匡高20.1厘米，寬14.8厘米

半葉九行十八字，白口，單白魚尾，左右雙邊

國家珍貴古籍名録編號：10585

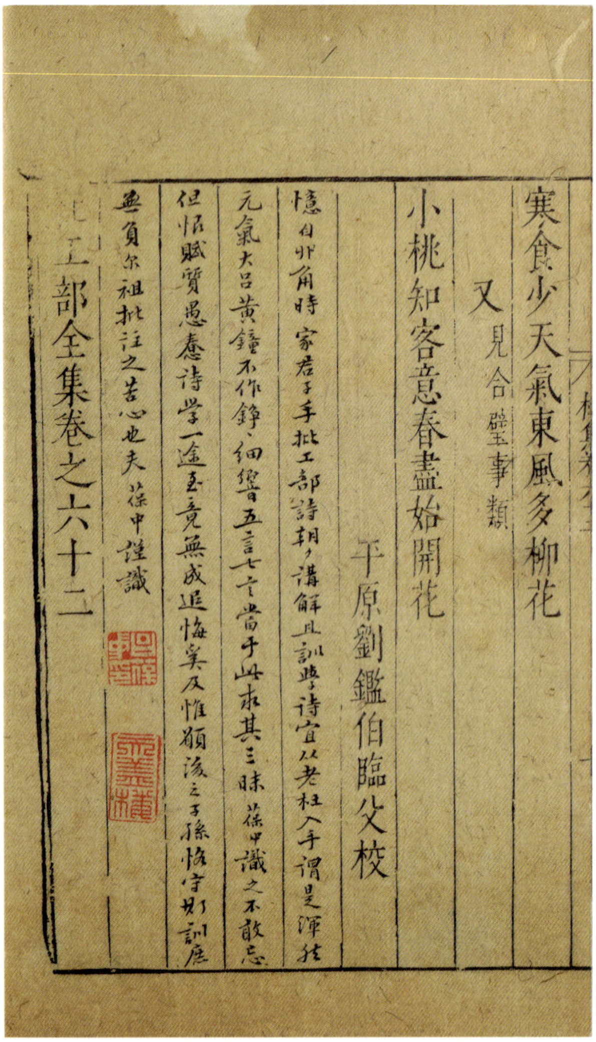


李白和杜甫爲唐代齊名的兩大詩人，明代首次出現李杜集的合刻，此書在合刻的基礎上，對李杜詩文進行分體分類，便於閲讀。呂留良父子是明末清初著名藏書家，呂留良擅詩文，此書有呂留良朱批並葆中跋。有『樂在其中』『諦禪』『吴興劉氏嘉業堂藏』『張叔平』『獨山莫氏收藏經籍記』『問月軒印密圖書記』『如熏之印』『獨山莫氏藏書』『華山馬仲安家藏善本』等藏印。嘉業堂舊藏。

# 杜工部全集卷之一

賦（并表）

## 進三大禮賦表

臣甫言臣生長陛下淳樸之俗行四十載矣與麋鹿同羣而處浪跡陛下豐草長林實自弱冠之年矣豈九州牧伯不歲貢豪俊於外豈陛下明詔不仄席思賢於中哉臣之愚頑靜無所取以此知分沈埋盛時不敢依違不敢激訐默以漁樵之樂自遣而已頃者賣藥都市寄食朋友

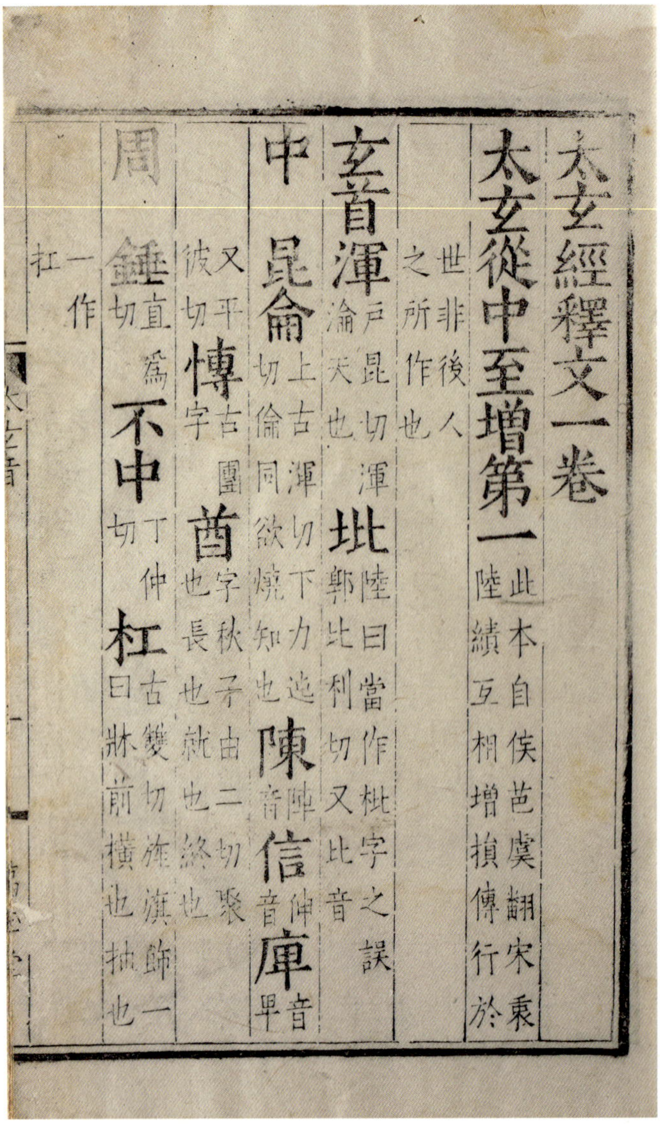
太玄經釋文一卷
太玄從中至增第一 此本自侯芭虞翻宋衷陸績互相增損傳行於
世非後人之所作也
玄首渾 戶昆切渾淪天也 玭 陸曰當作枇字之誤鄭比利切又比音
中 昆侖 上古渾切下力追切倫同欲燒知也 陳 陣音 信 伸音 庳 音畀
又平彼切 慱 古團字 酋 字秋子由二切聚也長也就也終也
周 鍾 直爲切 不中 丁仲切 杠 古雙切旌旗飾一曰牀前橫也抽也
一作扛

## 太玄經十卷

（漢）揚雄撰　（晉）范望解贊

## 説玄一卷

（唐）王涯撰

## 釋文一卷

明嘉靖孫沐萬玉堂刻本

四冊

匡高 20.6 厘米，寬 13.6 厘米

半葉八行十七字，小字雙行同，白口，單黑魚尾，四周雙邊，版心下鐫『萬玉堂』

國家珍貴古籍名録編號：08427

《太玄經》簡稱《太玄》，西漢揚雄代表作之一。仿《周易》之作，前有揚雄之《太玄經》，後有司馬光之《潛虚》。

據《中國古籍版刻辭典》，北宋至明嘉靖間以『萬玉堂』爲堂號者有三，此爲明嘉靖間丹陽人孫沐之堂號，刻印過顏元孫《干禄字書》及范望注《太玄經》十卷、郭忠恕《佩觿》等。孫沐所刻之書均爲八行十七字本，版心下方有『萬玉堂』三字。孫沐之版爲覆宋刊，兼避宋諱，如『貞』『玄』字缺末筆等，故前人往往誤爲宋本。此本爲玉海樓舊藏，有『瑞安孫仲容珍藏書畫文籍印』。

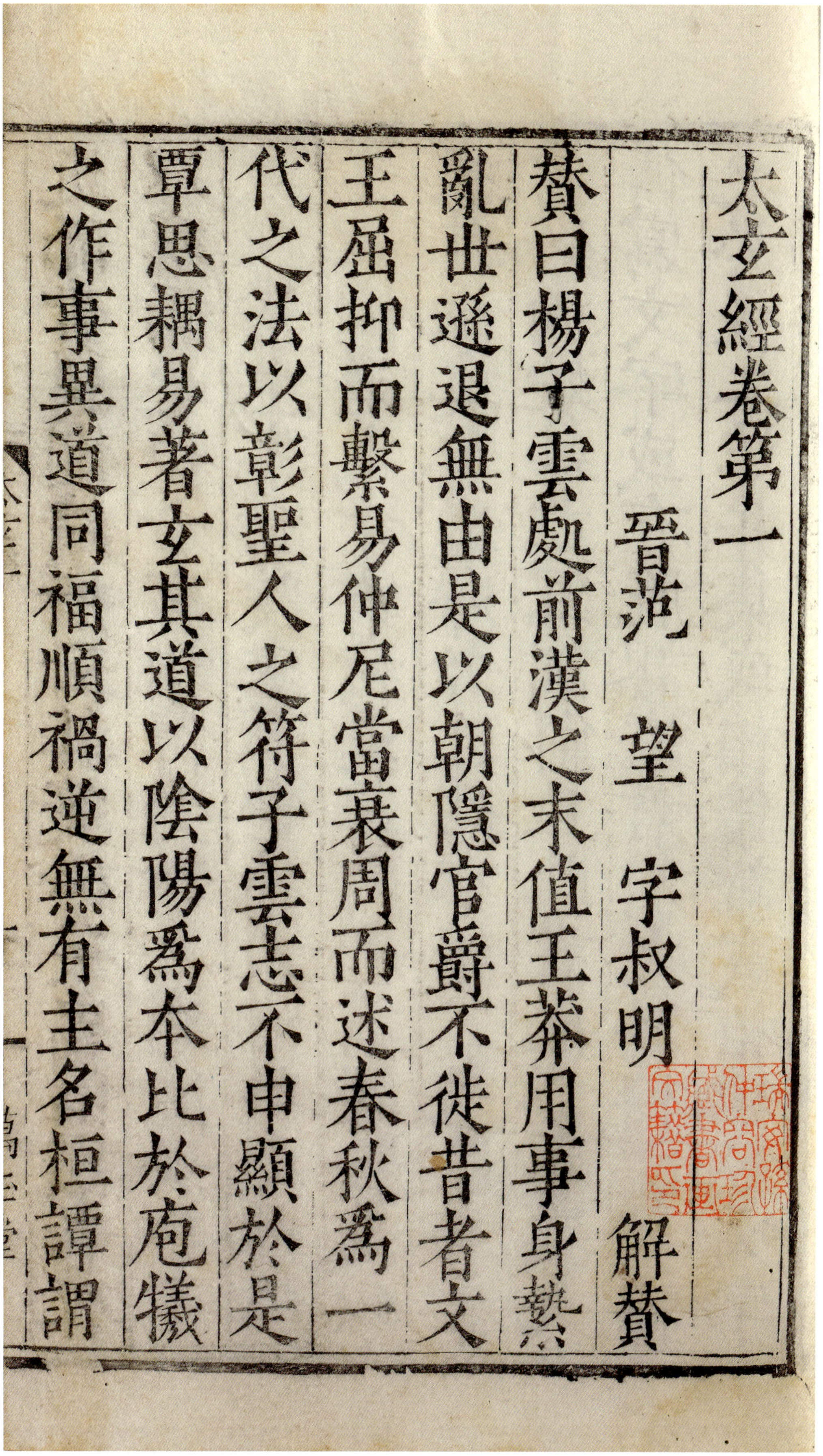
太玄經卷第一
晉范　望　字叔明　解贊
贊曰楊子雲處前漢之末值王莽用事身蟄亂世遜退無由是以朝隱官爵不徙昔者文王屈抑而繫易仲尼當衰周而述春秋爲一代之法以彰聖人之符子雲志不申顯於是覃思耦易著玄其道以陰陽爲本比於庖犧之作事異道同福順禍逆無有主名桓譚謂

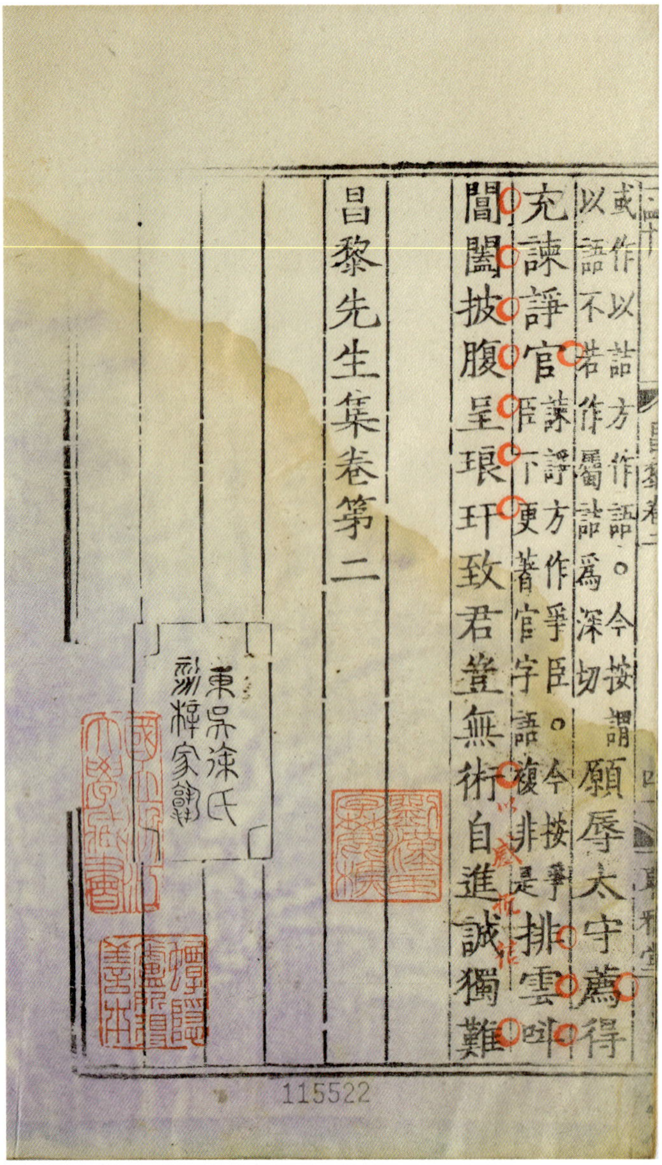


## 昌黎先生集四十卷外集十卷遺文一卷

（唐）韓愈撰　（宋）廖瑩中校正

## 朱子校昌黎先生集傳一卷

明徐氏東雅堂刻本

十六册

匡高20.5厘米，寬13.4厘米

半葉九行十七字，小字雙行同，細黑口，雙黑魚尾，四周雙邊，版心鐫刻工

國家珍貴古籍名録編號：05345

宋人整理刊刻韓愈（768—824）文集是很下了一番功夫的，目前入選《國家珍貴古籍名録》的宋刻本韓集就有七種，其中名氣最大的是南宋咸淳間（1265—1274）廖瑩中世綵堂刻本，此本因版刻精美絶倫，被譽爲『傳世的無上神品』。明正德嘉靖間，吴中地區掀起翻宋刻本的風潮，徐氏東雅堂據世綵堂本覆刻的《昌黎先生集》可謂個中翹楚，而世綵堂本在後世的聲名也部分得益於東雅堂的覆刻之功。此本問世後，即成爲韓集最流行的本子，學界有『東雅堂本一出，諸本皆廢』之説。浙大館藏本爲嘉業堂舊藏，佚名朱筆批點，有『子孫永保』『海陵劉氏染素齋藏書印』『劉漢臣字麓樵』『蟫隱廬所得善本』『吴興劉氏嘉業堂藏』『張叔平』等印。

# 昌黎先生集卷第一

## 賦

宋莒公云馮章靖親校舊本每卷首具列卷中篇目悉以朱墨減殺之惟存其都凡集外別有目録一卷今按李漢所作序云揔七百首并目録合四十一卷則正與馮合

### 感二鳥賦 并序

○公貞元十一年正月至三月以前進士三上宰相書不報時宰相趙憬賈耽盧邁宜其不遇也五月東歸遇所獻二鳥感而作公之賦見於集者四大抵多有取於離騷之意此篇蘇子美亦謂其悲激頓挫有騷人之思疑其年壯氣鋭欲發其藻章以耀于世蘇語雖少貶然進學解所云不

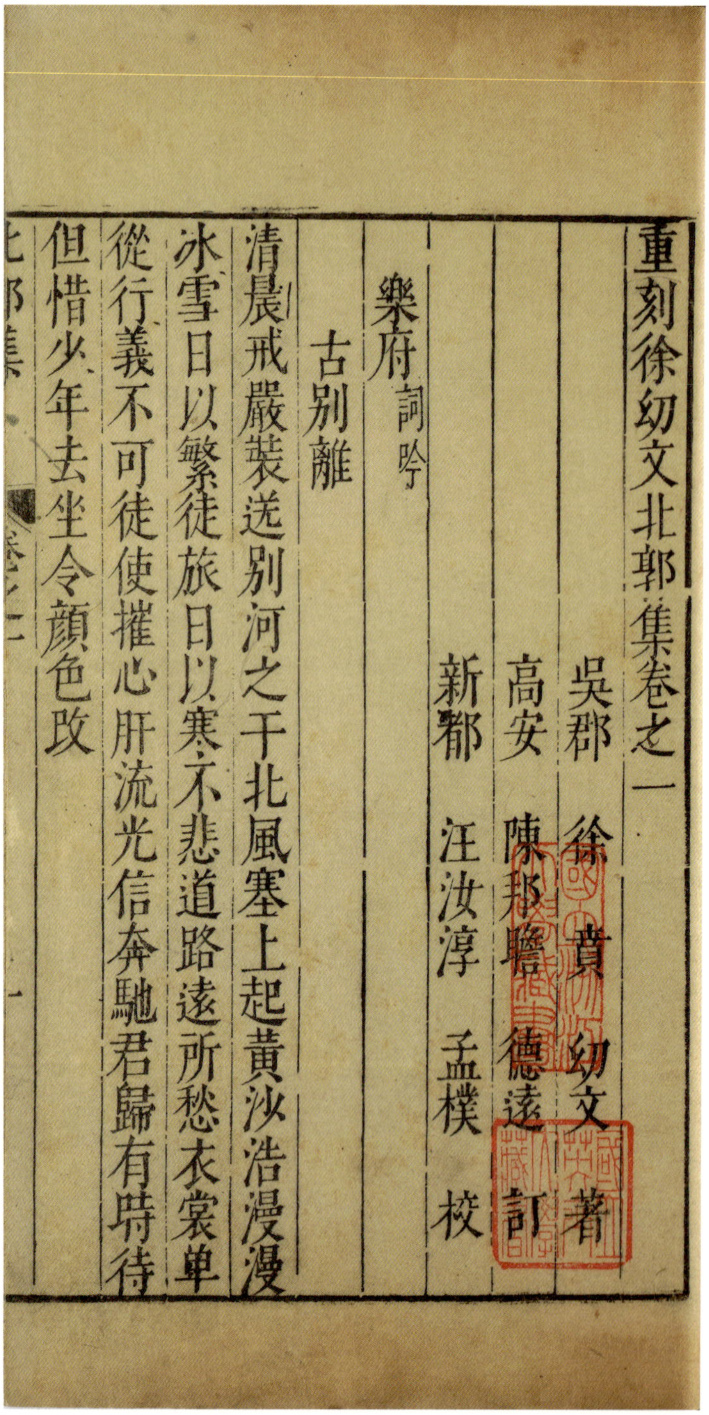
重刻徐幼文北郭集卷之一
吳郡　徐賁　幼文　著
高安　陳邦瞻　德遠　訂
新都　汪汝淳　孟樸　校
樂府 詞吟
古別離
清晨戒嚴裝送別河之干北風塞上起黃沙浩漫漫
冰雪日以繁徒旅日以寒不悲道路遠所愁衣裳單
從行義不可徒使摧心肝流光信奔馳君歸有時待
但惜少年去坐令顏色改
北郭集　卷之一　一

## 重刻徐幼文北郭集六卷

（明）徐賁撰

明萬曆三十七年（1609）汪汝淳刻本（四庫底本）

四册

匡高 21.4 厘米，寬 13.8 厘米

半葉十行二十字，小字雙行同，白口，單黑魚尾，四周單邊

國家珍貴古籍名録編號：12789

《北郭集》是元末明初『吴中四傑』之一徐賁（1335—1380）的詩集，初刻於明成化二十三年（1487），但流傳稀少。萬曆三十六年（1608），時任浙江參政的陳邦瞻（1557—1623）委託寓居杭州的徽商汪汝淳搜訪高啟、楊基、張羽、徐賁四家詩集，於次年（1609）刻成《國初四先生全集》，此書即其中之一。館藏本乃《四庫全書》底本，由安徽巡撫采進，目録頁鈐有『翰林院印』滿漢文官印，書内有四庫纂修官閔思誠（1749—1788）、校對官盧遂（約 1749—1781）、校對官孫溶等校記，是『四庫學』研究的重要資料。

目錄不抄

# 重刻徐幼文北郭集目錄

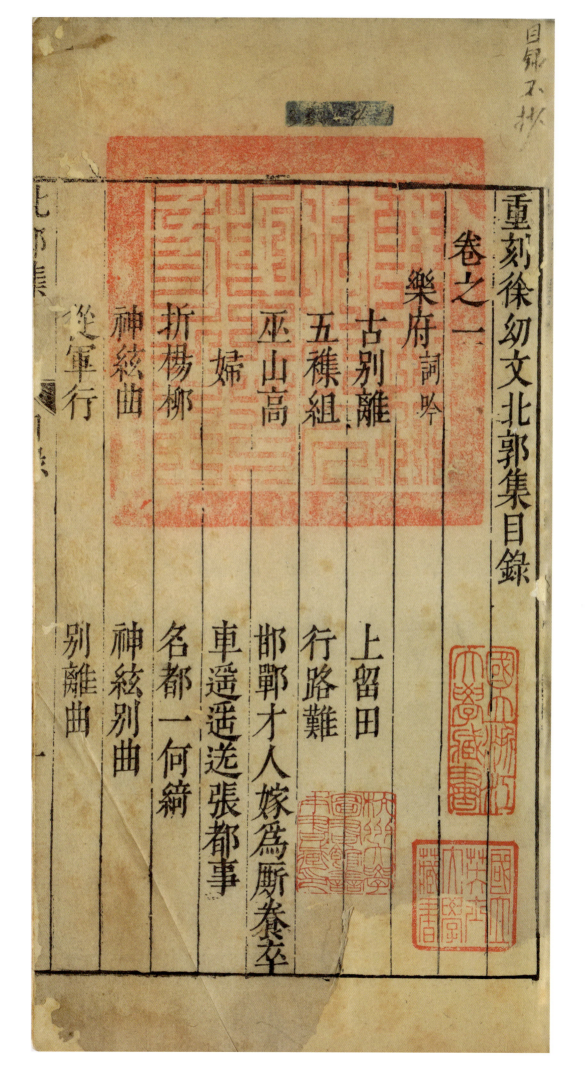

## 永樂南藏（存一種）

明永樂十至十五年（1412—1417）刻本　明印本

有明一代共有三種大藏經刻本，分别爲《洪武南藏》《永樂南藏》《永樂北藏》。《洪武南藏》係明太祖洪武五年（1372）敕令在南京蔣山寺開始點校，至洪武三十一年（1398）雕版完成。永樂六年（1408）蔣山寺火災，板片均被焚毁。《永樂南藏》爲《洪武南藏》的再刻本，明成祖敕令雕印。始刻於1412年，完成於1417年。由南京禮部祠祭清吏司編，刻印地點和經版收藏處均在南京大報恩寺。此藏至明末清初仍在印行。《永樂北藏》則是明成祖遷都北京後所刻。

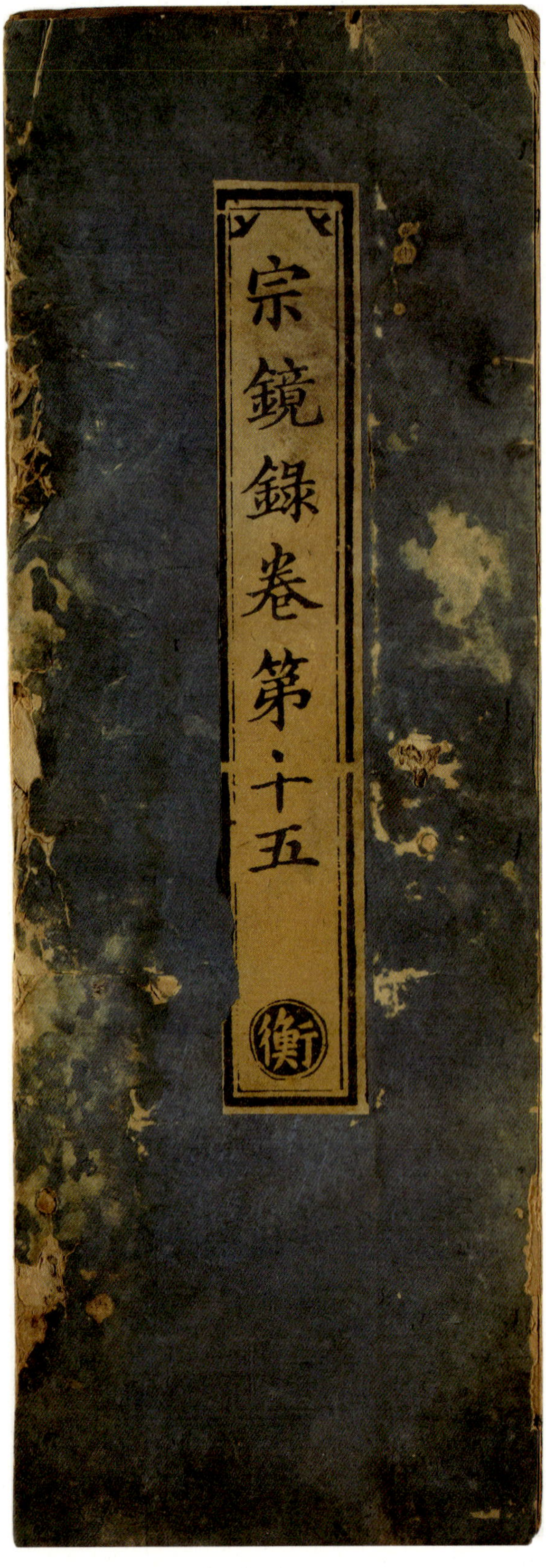

# 宗鏡録卷第十五

慧日永明寺主智覺禪師　延壽　集

問既博地凡夫位齊諸佛者云何不具諸佛神通作用　荅非是不具但衆生不知故華嚴宗云諸佛證衆生之體用衆生之用所以志公和尚訶云日昳未心地何曾安了義他家文字有親䟽莫起功夫求的意任縱横絶忌諱長在人間不居出運用元來聲色中凡夫不了爭爲計如有學人問大安和尚如何是諸佛神通師云汝從何處來對云江西來師云莫不謾語不對云終不謬言學人再問如何是神通師云果然妄語斯皆可驗並是

## 永樂南藏（存一種）

清印本

# 大法炬陀羅尼經卷第十一　使十一

隋天竺三藏法師闍那崛多等譯

六度品之餘　求證品第二十五

諸菩薩證三昧品第二十六

召諸菩薩品第二十七

## 六度品之餘



復次摩那婆云何名爲第四菩薩樂行毗梨耶波羅蜜者謂彼菩薩行毗梨耶波羅蜜時或在居家若見如來及諸菩薩聲聞大衆凡有所須悉能備辦所謂飲食湯藥衣服牀敷洗塗手足揩摩身體此等衆具浴器澡水浣染衣服庭燎燈燭經行處所及餘種種作使

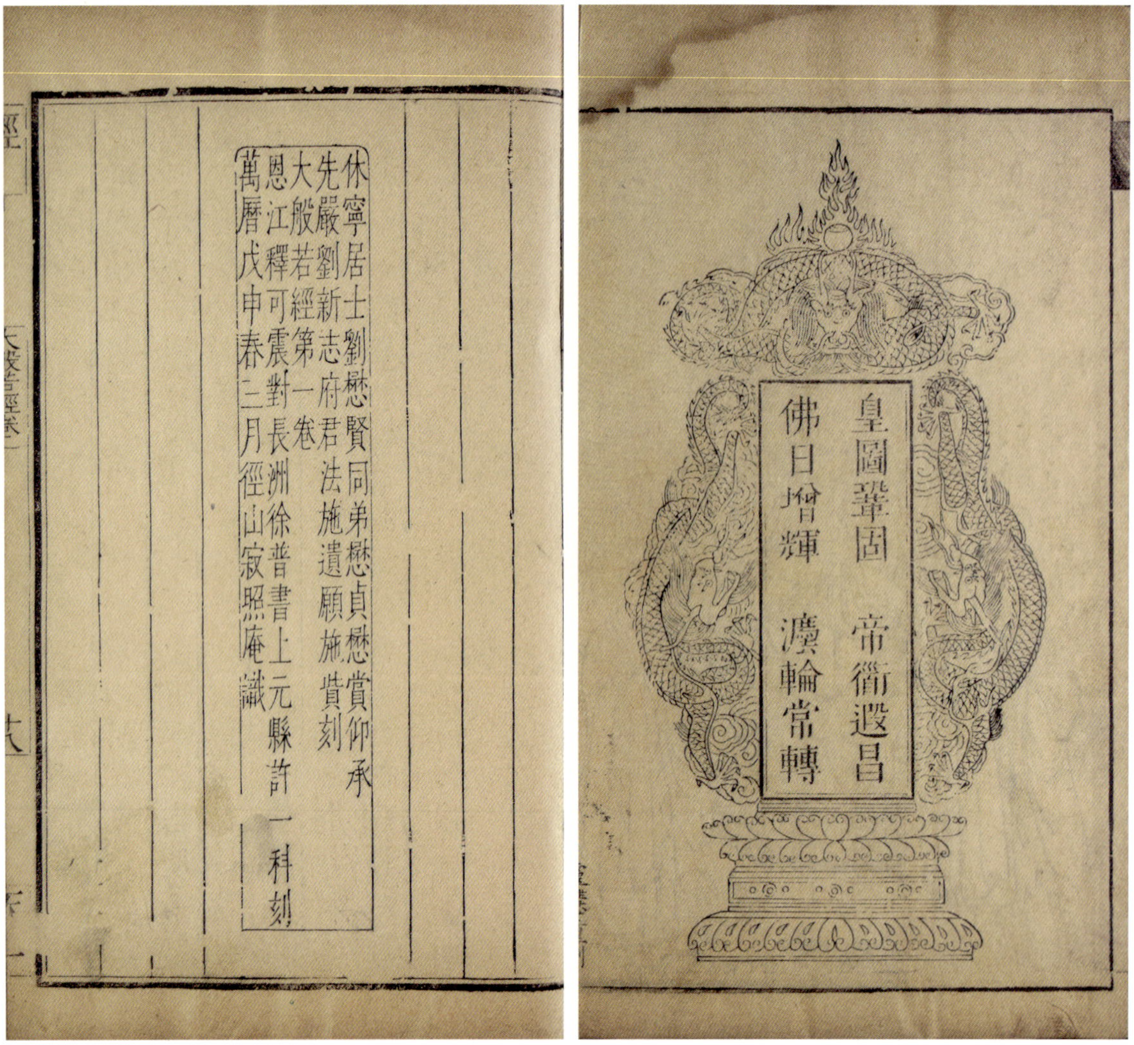
皇圖鞏固　帝道遐昌
佛日增輝　法輪常轉
休寧居士劉懋賢同弟懋貞懋賞仰承
先嚴劉新志府君法施遺願施貲刻
大般若經第一卷
恩江釋可震對長洲徐普書上元縣許一科刻
萬曆戊申春三月徑山寂照庵識

## 徑山藏（存一千一百五種）

明萬曆十七年（1589）至清康熙刻雍正至嘉慶遞修本

二千零八十一冊

匡高 17.7 厘米，寬 13.6 厘米

半葉十行二十字，小字雙行同，白口，四周雙邊

《徑山藏》是明末清初刊刻的私版大藏經，分正藏、續藏、又續藏三部分，共刊刻佛教典籍二千餘種，以其雕版集中貯存於徑山而得名，又因其在嘉興楞嚴寺發行流通，亦名《嘉興藏》。《徑山藏》的刊刻發起於明萬曆七年（1579），大規模的正式刻經活動開始於萬曆十七年（1589）。先是在山西五臺山開雕，因山區氣候寒冷，交通不便，遂遷至浙江餘杭徑山，後又在嘉興、吴江、金壇等地募刻，歷經百餘年，直至清康熙末年方才基本告竣。雍正至嘉慶年間，《徑山藏》又歷經多次補版並增刻個別經目，故不同時期印本，書版經常變化，内容也有差異。

《徑山藏》在我國大藏經出版史上具有重要地位：一是收書最多；二是刊刻時間最長；三是最早的一部方冊本大藏經。本部《徑山藏》原爲嘉業堂舊藏，存一千一百五種，得全者之半，實屬難得。

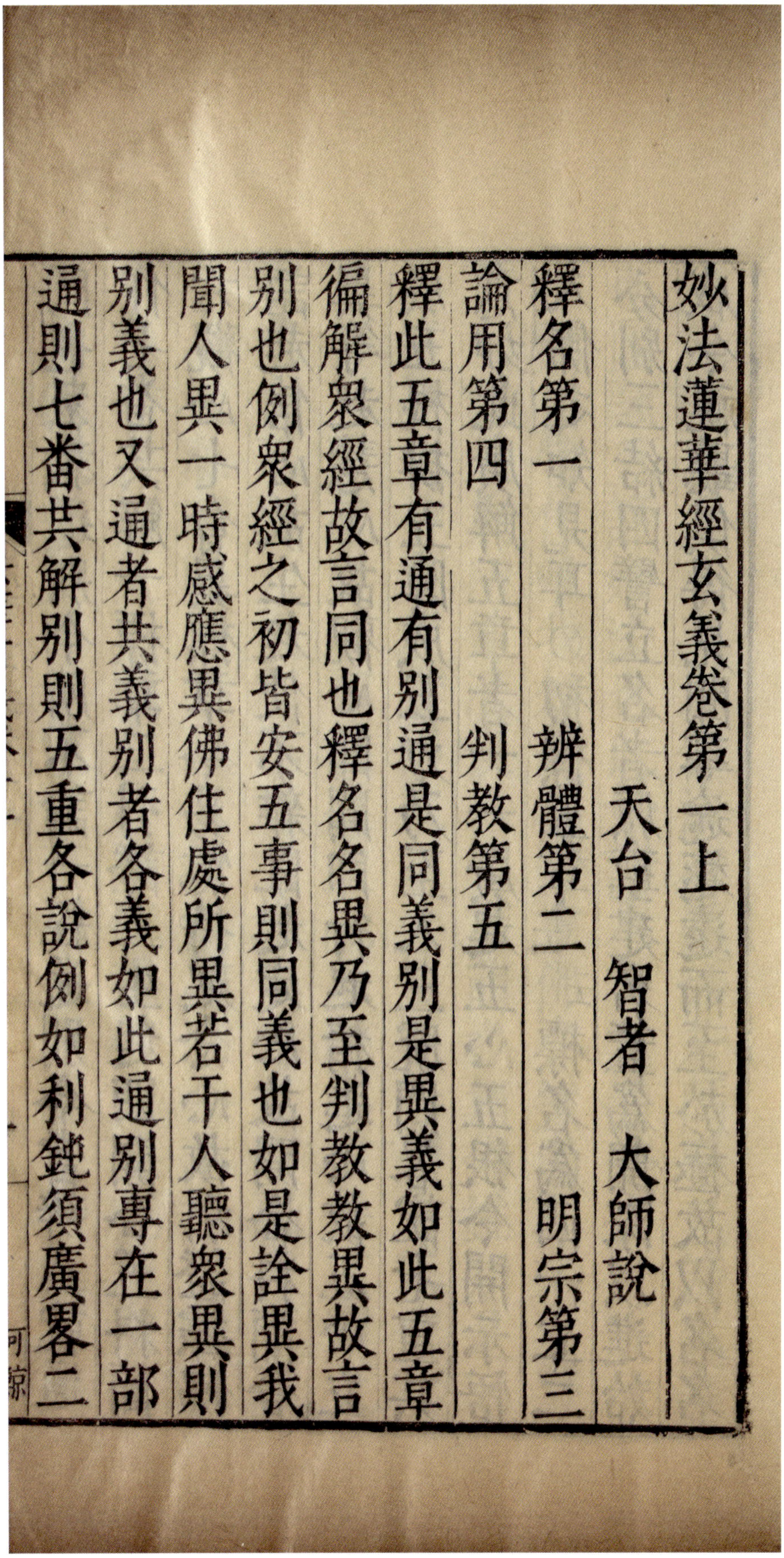

妙法蓮華經玄義卷第一上
天台 智者 大師說
釋名第一 辨體第二 明宗第三
論用第四 判教第五
釋此五章有通有別通是同義別是異義如此五章
徧解衆經故言同也釋名名異乃至判教教異故言
別也例衆經之初皆安五事則同義也如是詮異我
聞人異一時感應異佛住處所異若干人聽衆異則
別義也又通者共義別者各義如此通別專在一部
通則七番共解別則五重各說例如利鈍須廣畧二

第三部分

# 書林『清』話

本館所藏清代珍貴版本以稿抄校本爲多，尤以内府抄本、名家抄本及孫氏稿本爲最，現精選數種展出。明清以來，又有影抄一類，因宋元佳槧漸少，想獲得其書，唯有影抄。本館也藏有一部，可與影宋刻本相較而賞玩之。清初之刻本，依黄永年先生所説，基本繼承明代後期的傳統刻方體字本，而不同者稱寫刻本，此次亦展出數種。單元以『書林「清」話』爲名，展示清代珍稀版本。

## 集韻十卷

（宋）丁度等撰

清康熙四十五年（1706）曹寅揚州使院刻嘉慶十九年（1814）重修本　方成珪批校

二十册

匡高 16.1 厘米，寬 11.5 厘米

半葉八行十六字，小字雙行二十字，細黑口，左右雙邊

國家珍貴古籍名録編號：10156

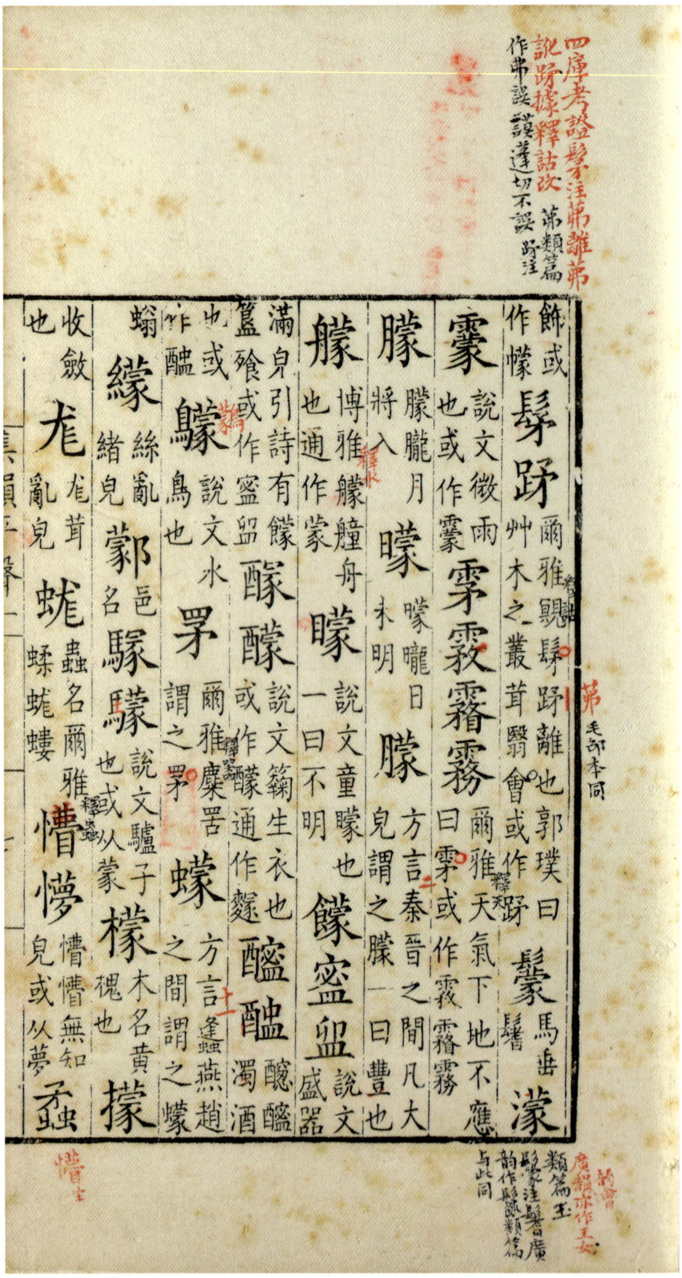

此書是宋人編纂的音韻學著作。明毛氏汲古閣曾影抄宋刻本，此本後爲朱彝尊所藏，康熙時曹寅主持揚州使院的刊刻工作，據朱氏所藏刊之。至嘉慶時，揚州使院刻板漸損，顧廣圻等人修補此版，乃有是書。此書經清代學者方成珪朱筆精校，價值較高。

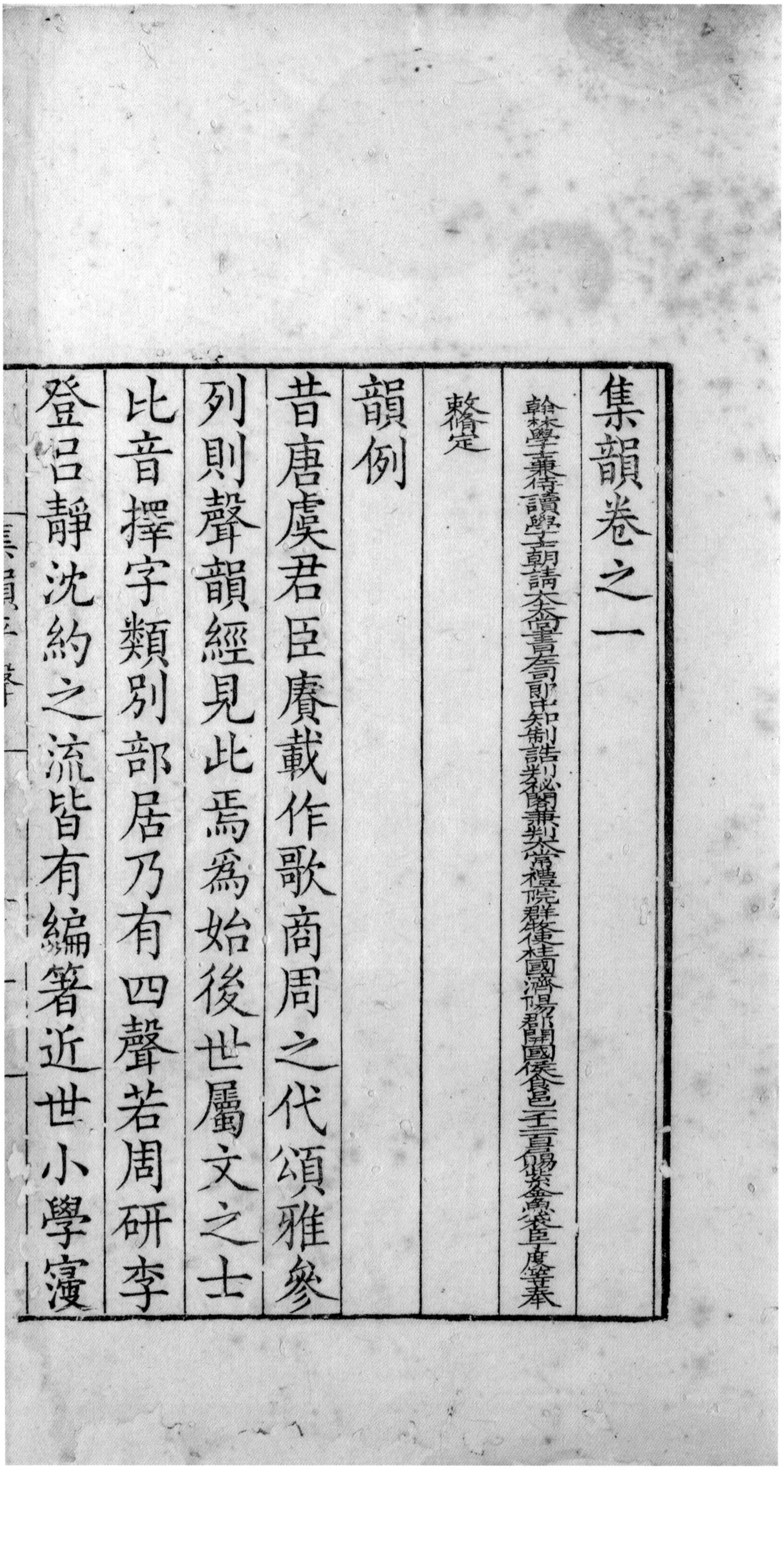
集韻卷之一
翰林學士兼侍讀學士朝請大夫尚書左司郎中知制誥判秘閣兼判太常禮院羣牧使柱國濟陽郡開國侯食邑二千一百戶賜紫金魚袋臣丁度等奉
敕脩定
韻例
昔唐虞君臣賡載作歌商周之代頌雅參
列則聲韻經見此焉爲始後世屬文之士
比音擇字類別部居乃有四聲若周研李
登呂靜沈約之流皆有編著近世小學寖
集韻平聲一

# 李長吉昌谷集句解定本四卷

（唐）李賀撰 （清）姚佺箋 （清）丘象隨等辯註
清初丘象隨西軒刻梅邨書屋印本 何焯批並跋
四册

匡高 20.6 厘米，寬 13.5 厘米
半葉九行二十字，小字雙行同，白口，單黑魚尾，四周單邊
國家珍貴古籍名録編號：10596

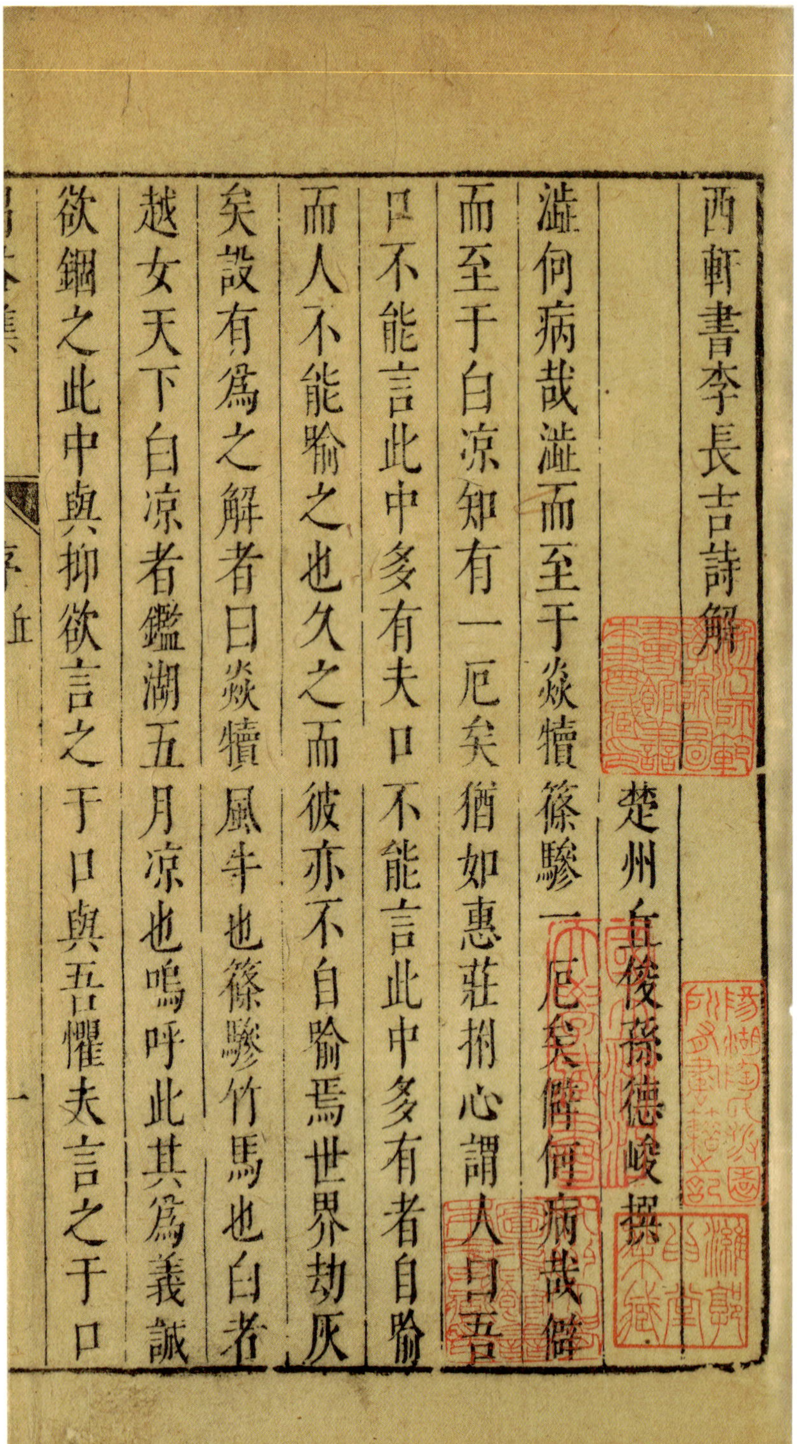


此書收李賀詩百餘首，並姚佺、丘象隨等人箋註，多前人序跋，有何焯墨色批校。何焯（1661—1722），字屺瞻，號義門，今江蘇蘇州人，通經史百家之學，尤擅考據。何氏批校本考據精審，書法清雅，價值極高。有『濰郭申堂架藏』『陽湖陶氏涉園所有書籍之印』等印。

李長吉昌谷集句解定本卷之一

辱菴姚　佺山期箋閱

積公丘象升曙戒　同評

廣陽蔣文運玄扈

西軒丘象隨季貞辯註

○○○李憑箜篌引　丘曾益云箜篌風俗通作坎侯。沈約宋書作控揔。樂部有竪箜篌。臥箜篌。大小箜篌。杜佑通典云漢靈帝好之。抱于懷中用兩手齊擘俗謂之擘箜篌而吾鄉湯公右君考三才圖會器用圖箜篌似瑟而小但首尾翹上首刻如猴狀。虛其中。下以兩架承之。用兩手擫彈。即臥箜篌也。與竪箜篌植抱而彈者異。豈箜篌又空猴之誤與。并識

吴同年穆照宋本校文斡
康熙丙戌得見何碧趙衍
又藉加是正趙本四卷
外集詩
庚寅借得毛斧季南宋
逸者復正數字已為吾
人白彙擲之焯記

故宫
刊本
不載
本校
本後

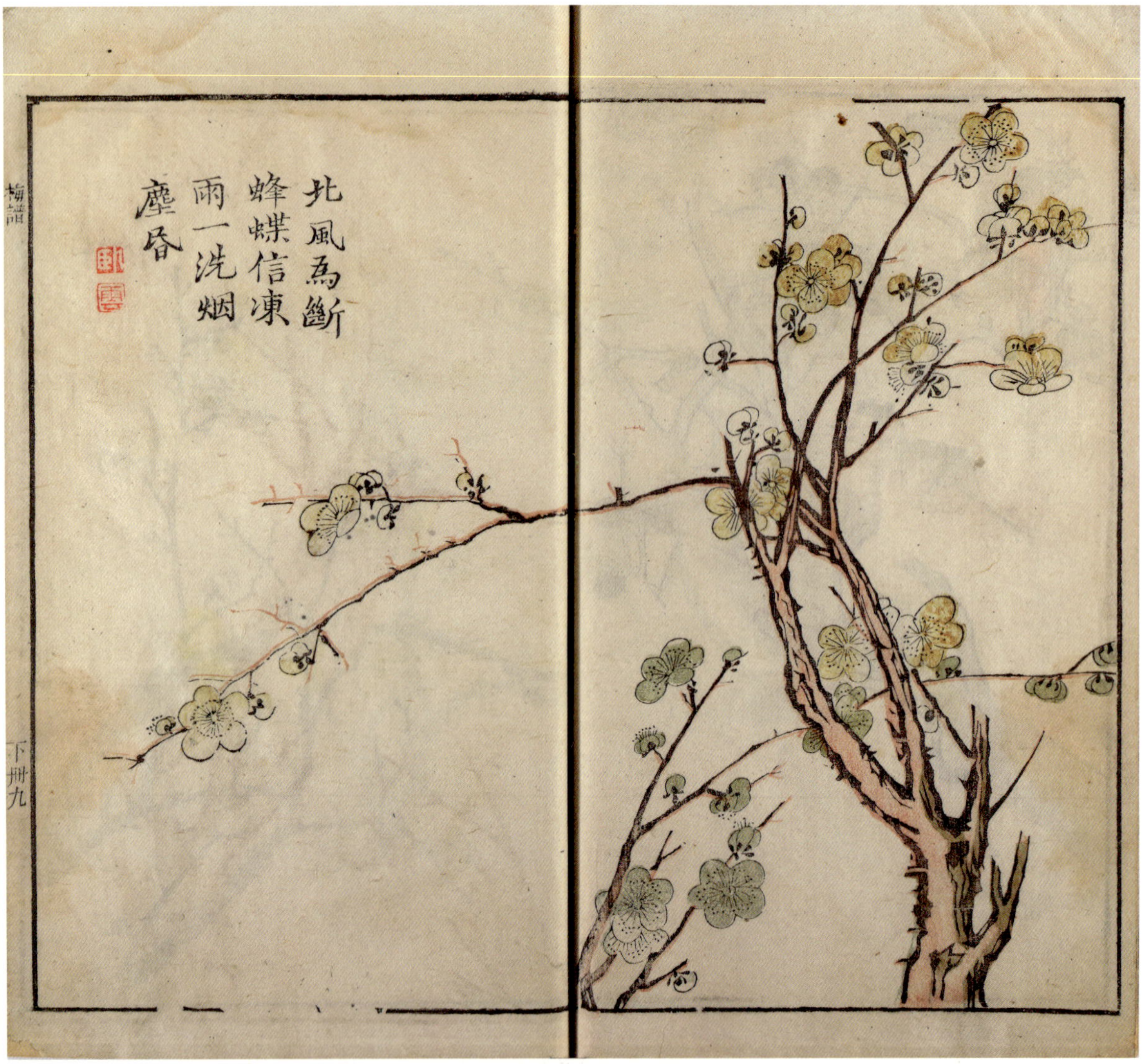


## 芥子園畫傳二集八卷首一卷

（清）王槩、王蓍、王臬輯

清乾隆四十七年（1782）金閶書業堂刻彩色套印本

四册

匡高 21.7 厘米，寬 14.4 厘米

半葉九行二十字，白口，四周單邊

此書分爲蘭、竹、梅、菊譜四册，由於是畫譜，采用多色套印的印刷方法。《芥子園書傳》共有三集，初集首刊於康熙十八年（1679），二集、三集並刊於康熙四十年（1701），原爲芥子園甥館刊刻，乾隆年間，甥館向各地出讓版權，才出現了翻刻版，金閶書業堂刻本即其中之一。

# 青在堂畫梅淺說

## 畫法源流

唐人以寫花卉名者多矣尚未有專以寫梅稱者于錫有雪梅野雉圖乃用於翎毛上梁廣作四季花圖而梅又雜於海棠荷菊間李約始稱善畫梅其名亦不大著至五代滕昌祐徐熙畫梅皆鈎勒着色徐崇嗣獨出已意不用描寫以丹粉點染爲沒骨畫陳常變其法以飛白寫梗用色點花崔白專用水墨李正臣不作桃李浮豔壹意寫梅深得水邊林下之致故

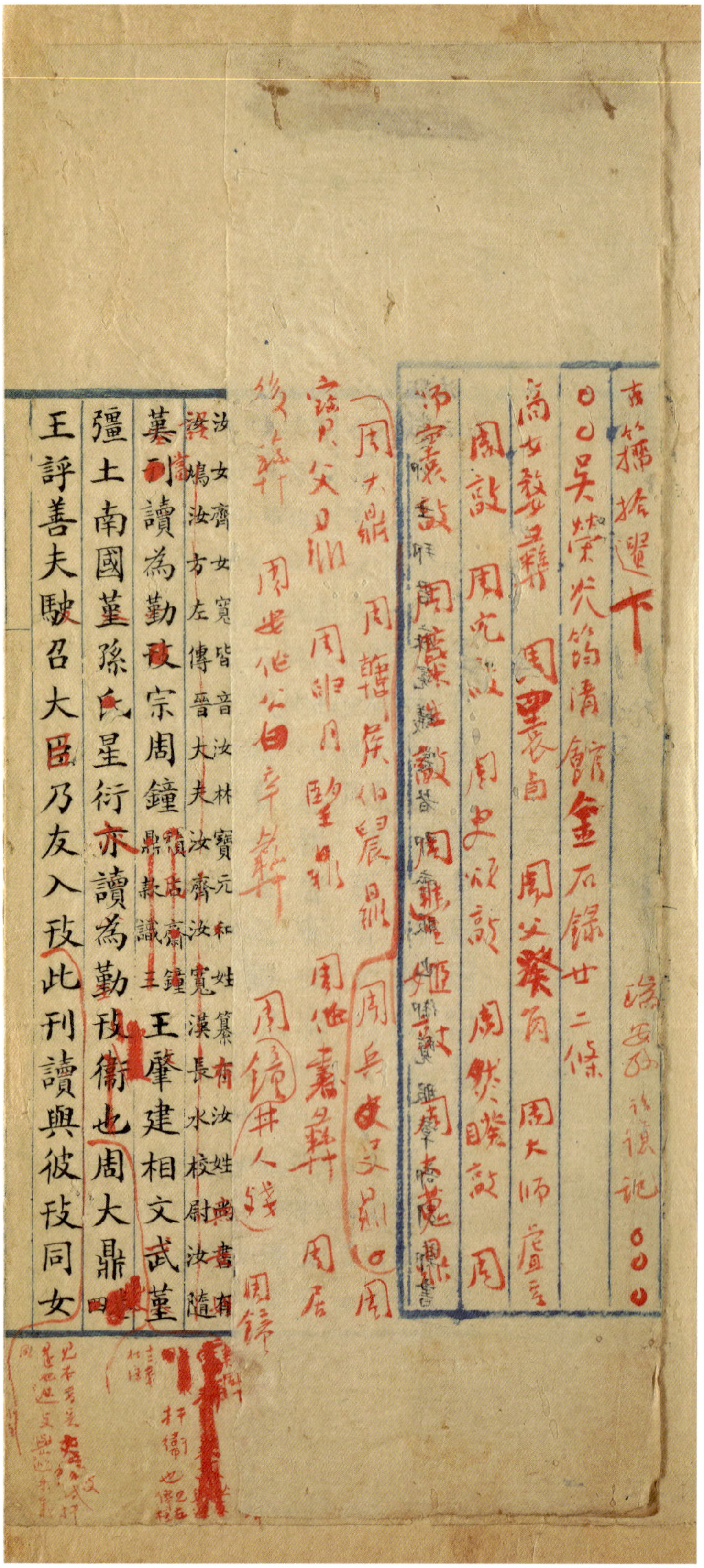

## 古籀拾遺三卷

（清）孫詒讓撰

稿本

二册

匡高16.8厘米，寬11.8厘米

半葉十行二十字，小字雙行同，藍格，細藍口，左右雙邊

國家珍貴古籍名録編號：03448

孫詒讓（1848—1908），又名德涵，字仲容，浙江瑞安人。晚清著名經學家、文字學家和藏書家，章太炎譽其爲『三百年絶等雙』。此書主要從薛尚功《歷代鐘鼎彝器款識法帖》、吴榮光《筠清館金文》和阮元《積古齋鐘鼎彝器款識》中遴選六十六器並進行分析和考釋。該書爲孫氏稿本，書中附有多張孫氏手書浮簽，可見其用功之深。

孫詒讓記
薛

釋　用　三益

古籀拾遺上　瑞安孫詒讓記〇〇〇
〇〇宋薛尚功鐘鼎彝器款識十三條
商鐘　己酉戌命尊　無子鐘　聘鐘　盄龢鐘
齊侯鎛鐘　寶磬　晉姜鼎　師艅尊　單
癸卣　孟姜匜　辛辟父敦　敔敦　寅簋
〇〇商鐘　[illegible]
非欣禾咊其安㠯嘯堂集古錄釋為台樂口口博古圖釋為喜
而賓各客其台怡鼓之夙暮博古圖釋為慕不嘯堂集古錄釋為辛非
烏余子孫萬葉葉無疆用之　案此鐘薛書所
載凡三本一為淮揚石本一為古器物銘本一為博古
錄文各不同皆詰屈奇詭多增益筆畫以就繁縟殊

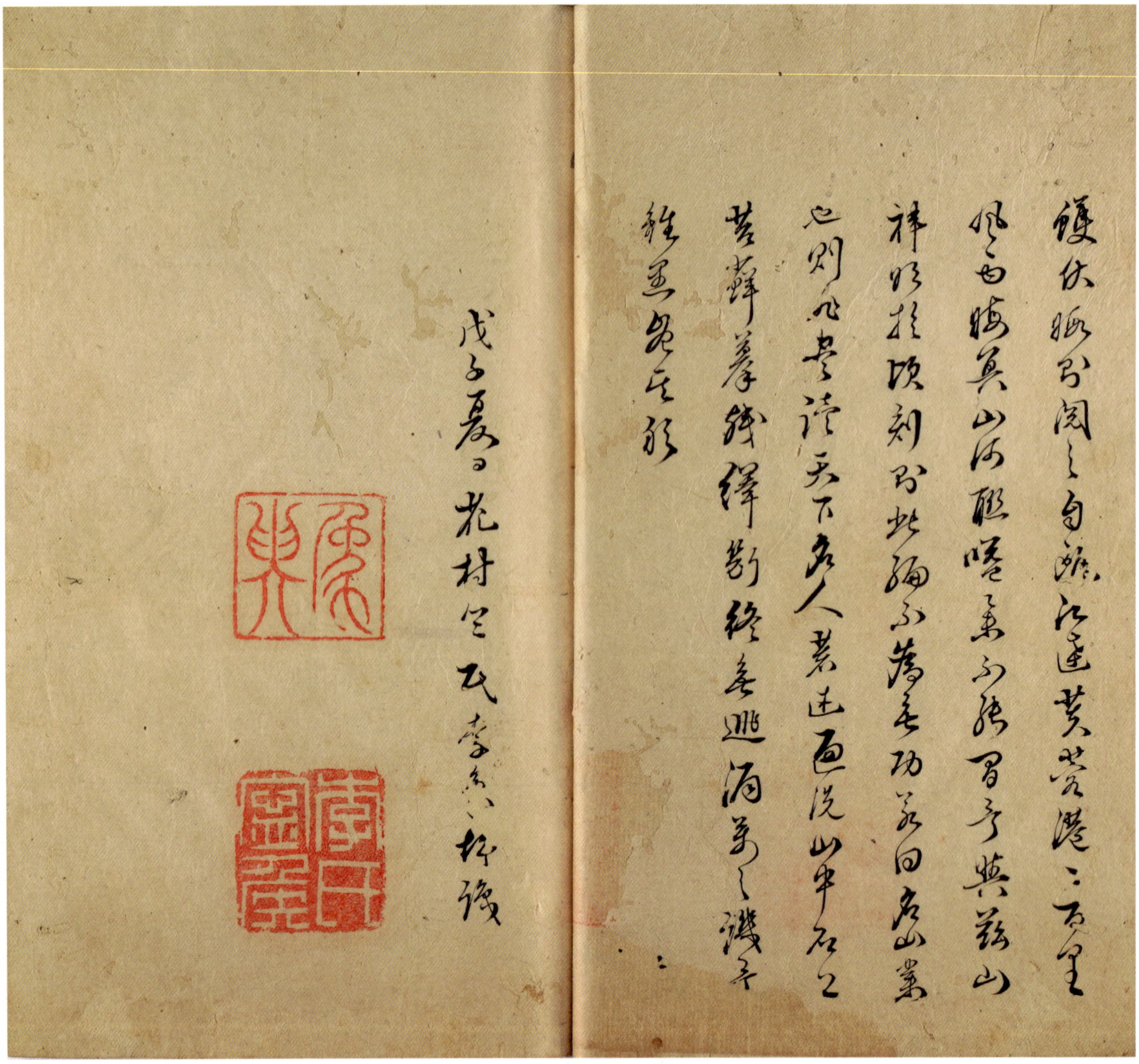

## 雁山志稿二十五卷（存十一卷）

（清）李象坤撰
稿本
四冊
半葉八行二十字，小字雙行同
國家珍貴古籍名録編號：04194

李象坤，字寧侯，號匊庵，明末清初浙江温州人。此書是記載雁蕩山地理和人文狀況的地理志，始作於崇禎二年(1629)。原稿爲孫氏玉海樓收藏，只存其中十一卷，後由孫氏捐贈給浙江大學。有『象坤』『李氏盌矦』『赤岸』『周天錫印』『瑞安孫仲容珍藏書畫文籍印』等藏印。

鴈山志卷稿卷一

名勝

雁山一名鴈蕩一名鴈湖在温州府樂清縣東北距縣治九十里山高四十里頂瀦大湖水常不涸春鴈南歸多宿此故名北至蒼坡山（在永嘉縣南溪）東至温嶺（舊屬樂清今分隸台之太平縣）西至白巖（在蕩陰）南至玉環山並海周遭三百餘里分東西四谷自縣而往逾白廿芳林窰嶴（三湨嶺名）抵長嶴原曰白外谷從芙蓉村上

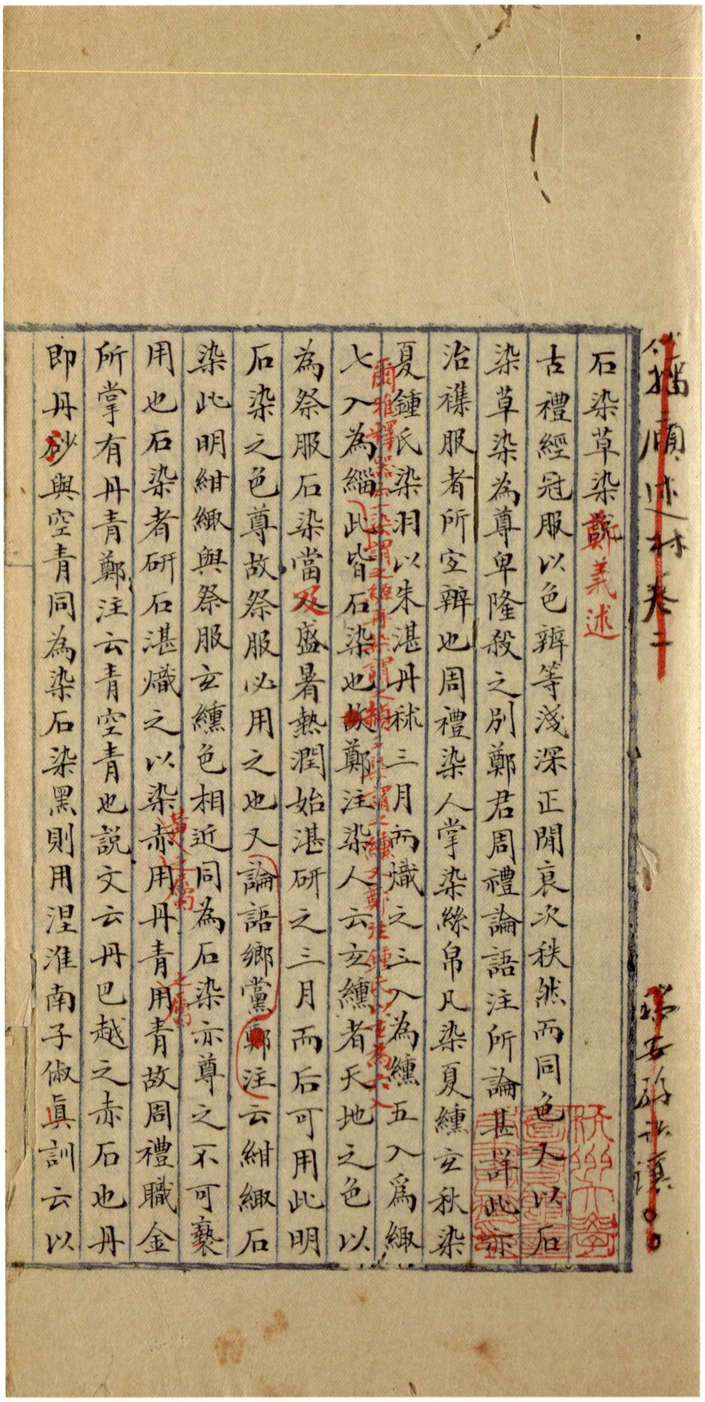
籀廎述林卷一
石染草染
古禮經冠服以色辨等淺深正閒良次秩然而同色又以石
染草染為尊卑隆殺之别鄭君周禮論語注所論甚詳此亦
治禮服者所宜辨也周禮染人掌染絲帛凡染夏纁玄秋染
夏鍾氏染羽以朱湛丹秫三月而熾之三入為纁五入為緅
七入為緇此皆石染也故鄭注染人云玄纁者天地之色以
為祭服石染當及盛暑熱潤始湛研之三月而后可用此明
石染之色尊故祭服必用之也又論語鄉黨鄭注云紺緅石
染此明紺緅與祭服玄纁色相近同為石染亦尊之不可褻
用也石染者研石湛熾之以染赤用丹青用青故周禮職金
所掌有丹青鄭注云青空青也說文云丹巴越之赤石也丹
即丹砂與空青同為染石染黑則用涅淮南子俶真訓云以

## 籀廎述林十卷

（清）孫詒讓撰

稿本

四册

匡高17厘米，寬11.8厘米

半葉十二行二十三至二十四字，小字雙行同，藍格，細藍口，左右雙邊

國家珍貴古籍名録編號：04777

此書收録清代學者孫詒讓各類考、述、釋文等一百餘篇，體現了孫詒讓的治學成果。結集於1908年，但在孫氏生前未刊。該手稿先由抄手謄抄，後經孫氏親手校改、删定。有『經微室』印。

# 籀廎述林卷一

瑞安孫詒讓

## 徹法攷

徹為有周一代稅斂之正法而其名不見於周禮其見於論語孟子者與夏貢殷助三法並舉是必周損益二代特為此制與貢助不同故得專是名且既為當代之正法則必通行於畿內邦國凡稅斂悉取正於是皆可知也而漢以來說經者咸不能塙指其制鄭君注考工記匠人引論語孟子諸文而釋之曰周制畿內用夏之貢法稅夫無公田邦國用殷之助法制公田不稅夫周之畿內稅有輕重諸侯謂之徹徹者通其率以什一為正其注論語亦云什一而稅謂之徹徹通也為天下之通法義雖與周禮注小異而其詁徹為通則同後漢

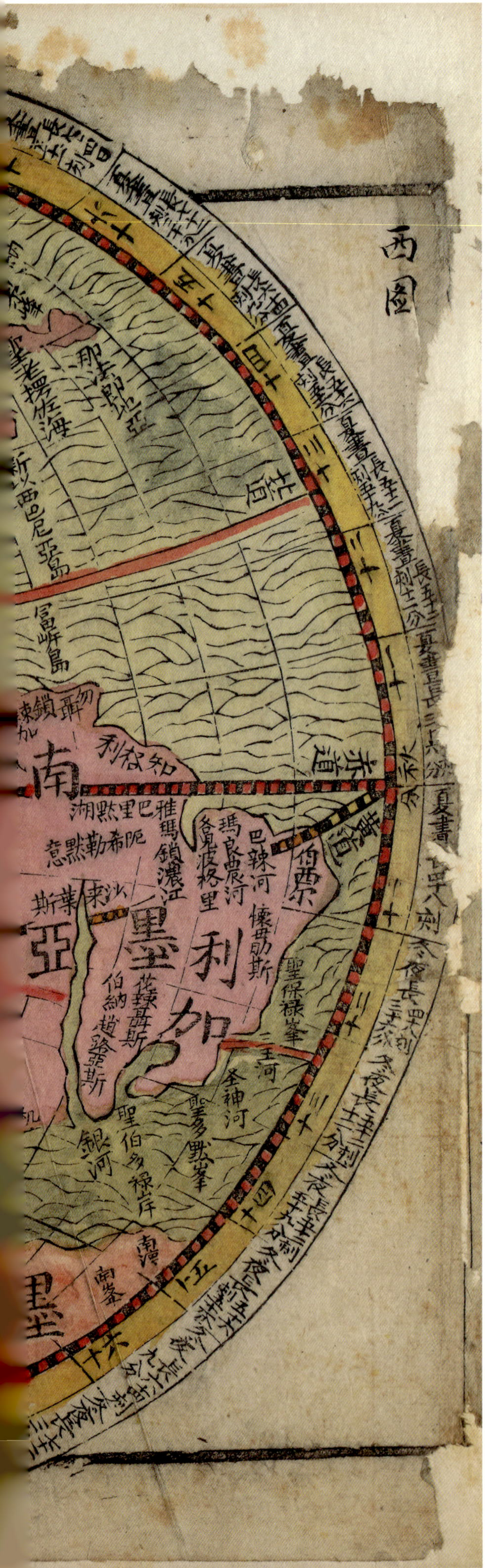


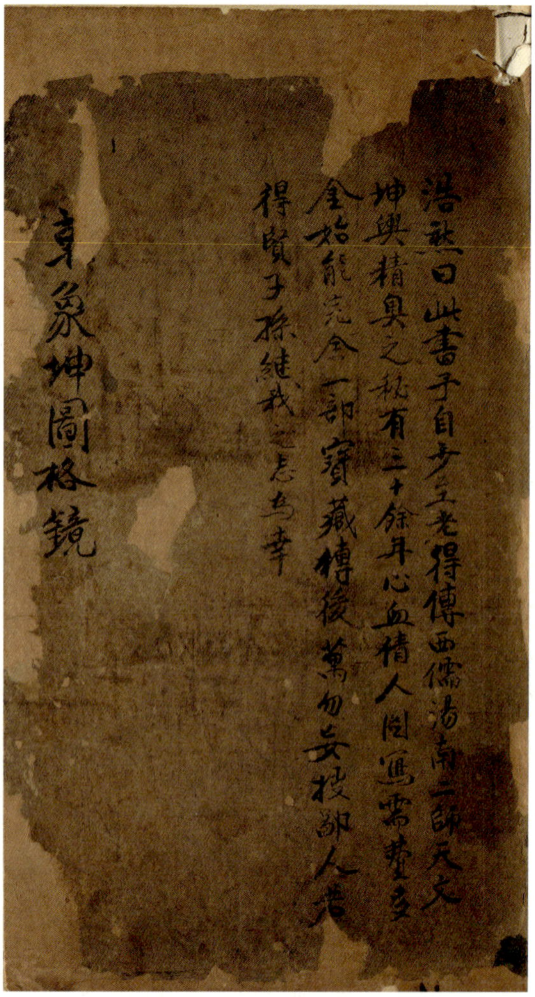


## 乾象坤圖格鏡十八卷

（清）王宏翰撰

清康熙三十年（1691）稿本

六册

半葉十行二十二至二十四字，小字雙行同

國家珍貴古籍名録編號：08420

王宏翰（1648—1700），字惠原，號浩然子，松江華亭人，清朝名醫，尤擅中西醫結合整治。除醫學方面，王宏翰在天文地理等方面也擅長中西結合。此書將西方天文、地理知識與中國傳統學説結合起來，探究事物本源，從而達到光大儒學的目的。除文字外，書内還繪有多幅精美的星圖和地圖。

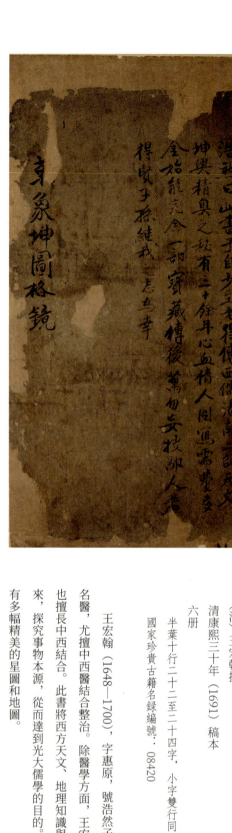

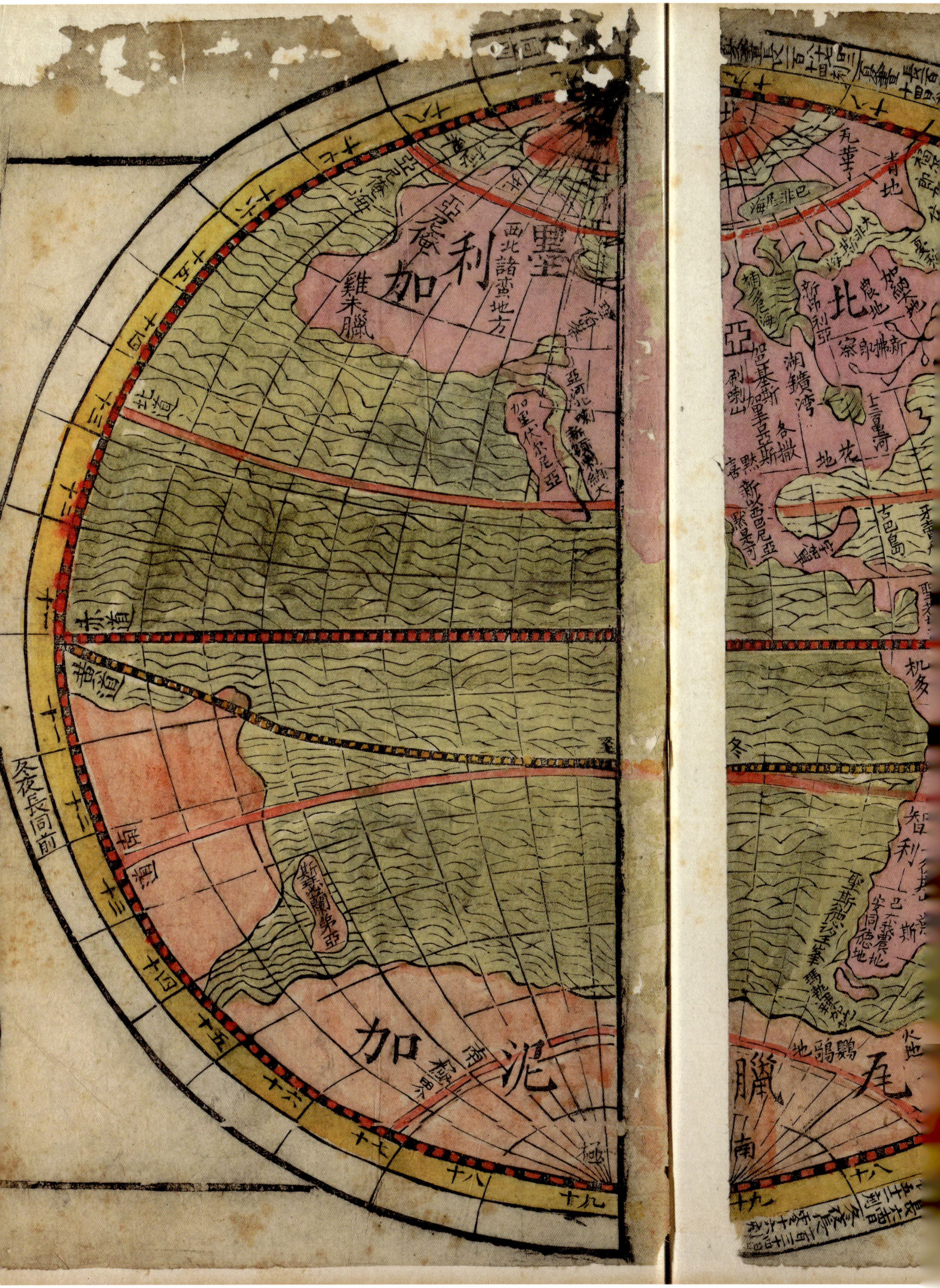

亞尼俺海
墨
利
加
亞
西北諸蠻地方
雞未臘
加里伏尔尼亞
赤道
晝夜長同前
墨瓦
斯
泥
加
南極界
南
極
十九
十八
十七
十六
十五
十四
十三
十二
十一
北
亞
古巴島
智利
鸚鵡地
瓦
臘

## 武經總要前集二十卷後集二十卷（存二卷）

（宋）曾公亮、丁度等撰
清乾隆内府寫本
一冊
包背裝
匡高 21.1 厘米，寬 13.9 厘米
半葉八行二十一字，紅格，白口，單魚尾，四周雙邊
國家珍貴古籍名録編號：04501

此書收録了大量古代軍事技術和軍事理論，是中國古代第一部官修兵書。該本用朱絲欄精寫，係南三閣《四庫全書》原抄本，南三閣中的文宗閣和文匯閣藏書悉數毀於太平天國戰火，僅文瀾閣書籍流散於世，後經丁氏兄弟搶救得以保存下來部分，因此原抄本彌足珍貴。有『古稀天子之寶』『乾隆御覽之寶』等印。

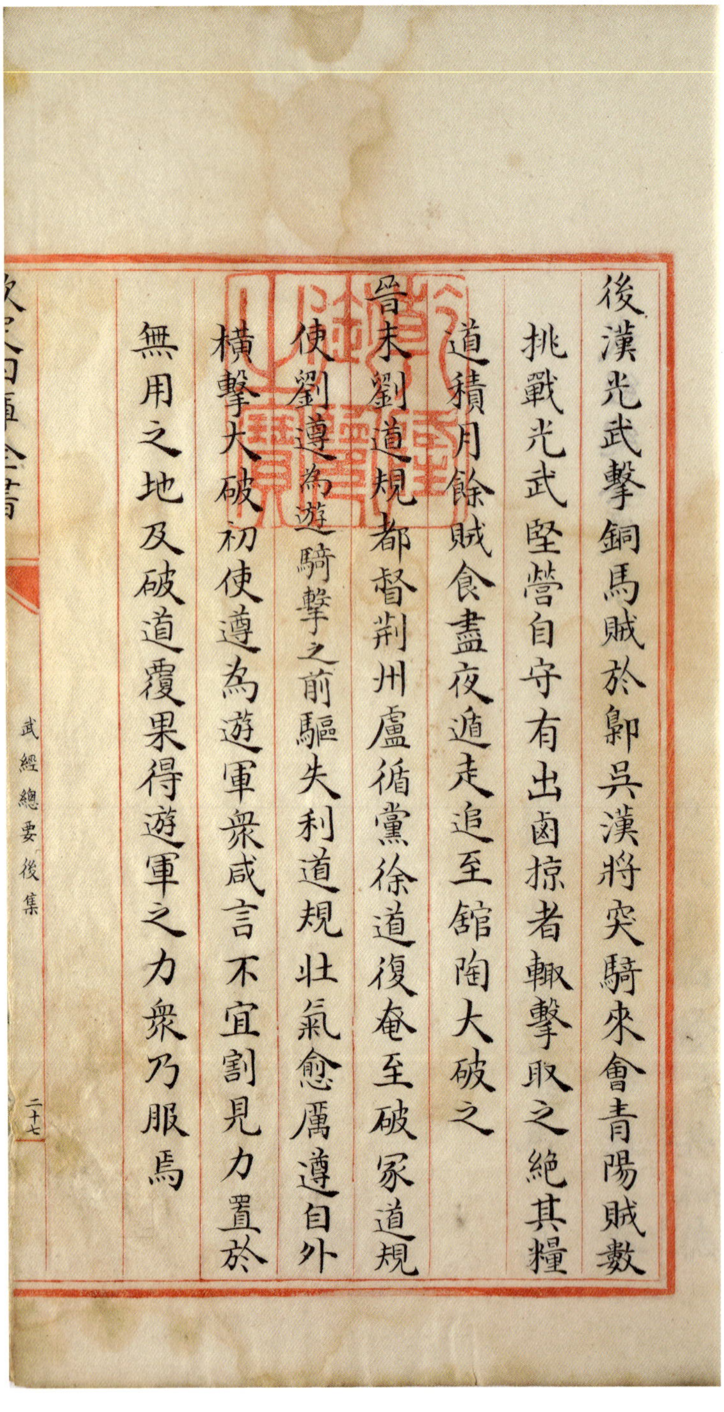

後漢光武擊銅馬賊於鄡吳漢將突騎來會青陽賊數挑戰光武堅營自守有出鹵掠者輒擊取之絶其糧道積月餘賊食盡夜遁走追至館陶大破之

晉末劉道規都督荆州盧循黨徐道復奄至破冢道規使劉遵為遊騎擊之前驅失利道規壯氣愈厲遵自外横擊大破初使遵為遊軍衆咸言不宜割見力置於無用之地及破道覆果得遊軍之力衆乃服焉

欽定四庫全書
武經總要後集
二十七

欽定四庫全書

武經總要後集卷十三

宋　曾公亮等　撰

故事十三

察敵降

項羽圍漢滎陽漢王請和割滎陽以西者為漢亞父勸項王急攻滎陽漢王患之陳平反間既行羽果疑亞父大怒而去疽發病死紀信曰事急矣臣請誑楚可

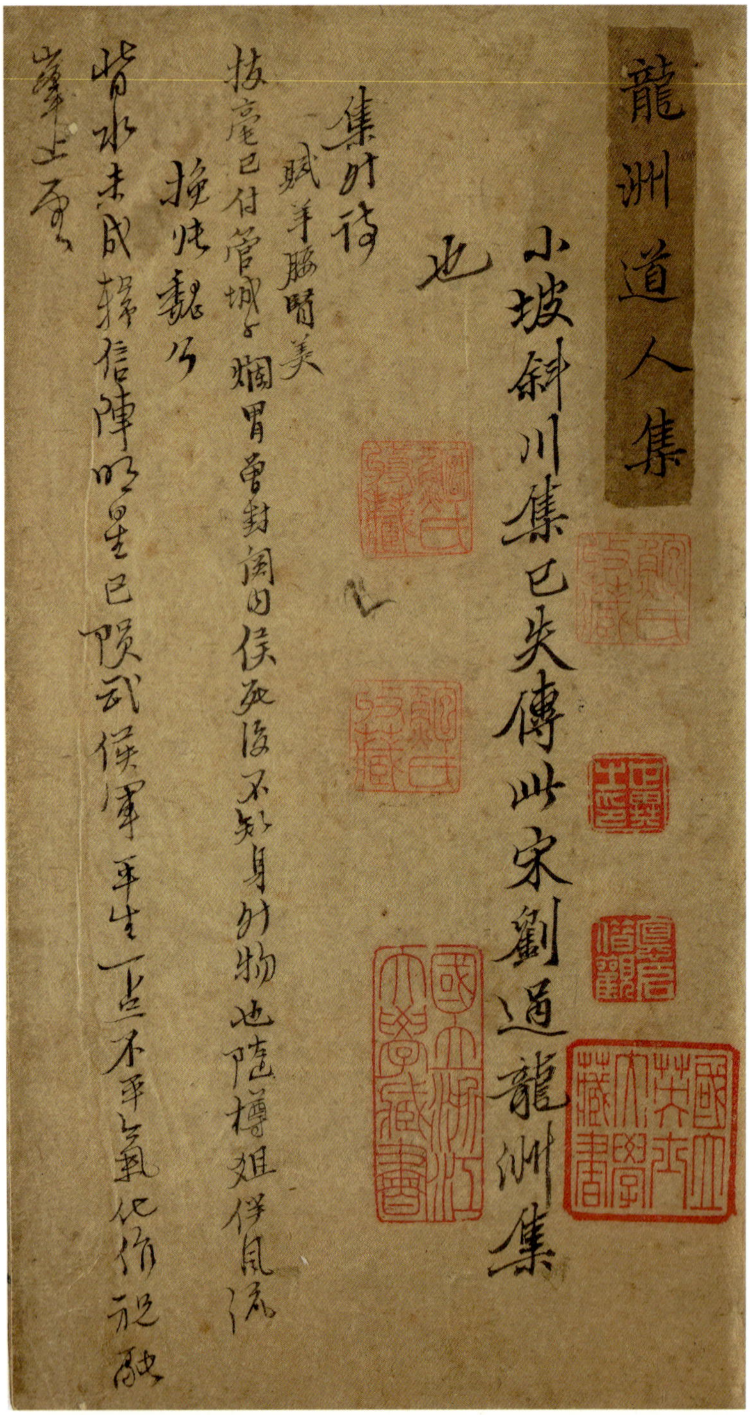


## 龍洲道人集十卷

（宋）劉過撰

清鮑氏知不足齋抄本

二册

匡高17.1厘米，寬11.9厘米

半葉十行二十四字，白口，四周單邊

國家珍貴古籍名録編號：10659

劉過（1154—1206），字改之，號龍洲道人，今江西泰和縣人，擅詩詞。此書劉氏生前並未結集，後由其族弟劉澥整理而成。該本卷端誤題爲《斜川集》，只因《斜川集》作者蘇過與劉過同名，有一字之差，全書内容實爲劉過《龍洲道人集》。有『鮑氏收藏』『世異之印』『緑飲』『志』『天都鮑氏困學齋圖籍』『皇二子』『昭餘渠晉鶴字夢翔珍藏祕籍』『鹽官吴氏寶雲樓珍藏書畫印』『羅振常讀書記』等藏印。

蜀一作國非

# 斜川詩集卷之一

眉山蘇過叔黨著

## 襄陽歌

十年着脚走四方胡不歸來兮襄陽襄陽真是用武國上下吳蜀天中央銅鞮坊裏兮作市八邑田熟麥當糧一條路入秦隴去落日彷彿見太行土風沉渾士奇傑烏、酒後歌聲發歌曰人定兮勝天半壁久無胡日月買劍傾家賣市馬托生死科舉非不好行都兮萬里人言邊人盡麤材卧龍高卧不肯來杜甫詩成米芾寫二三子亦英雄哉

## 多景樓醉歌

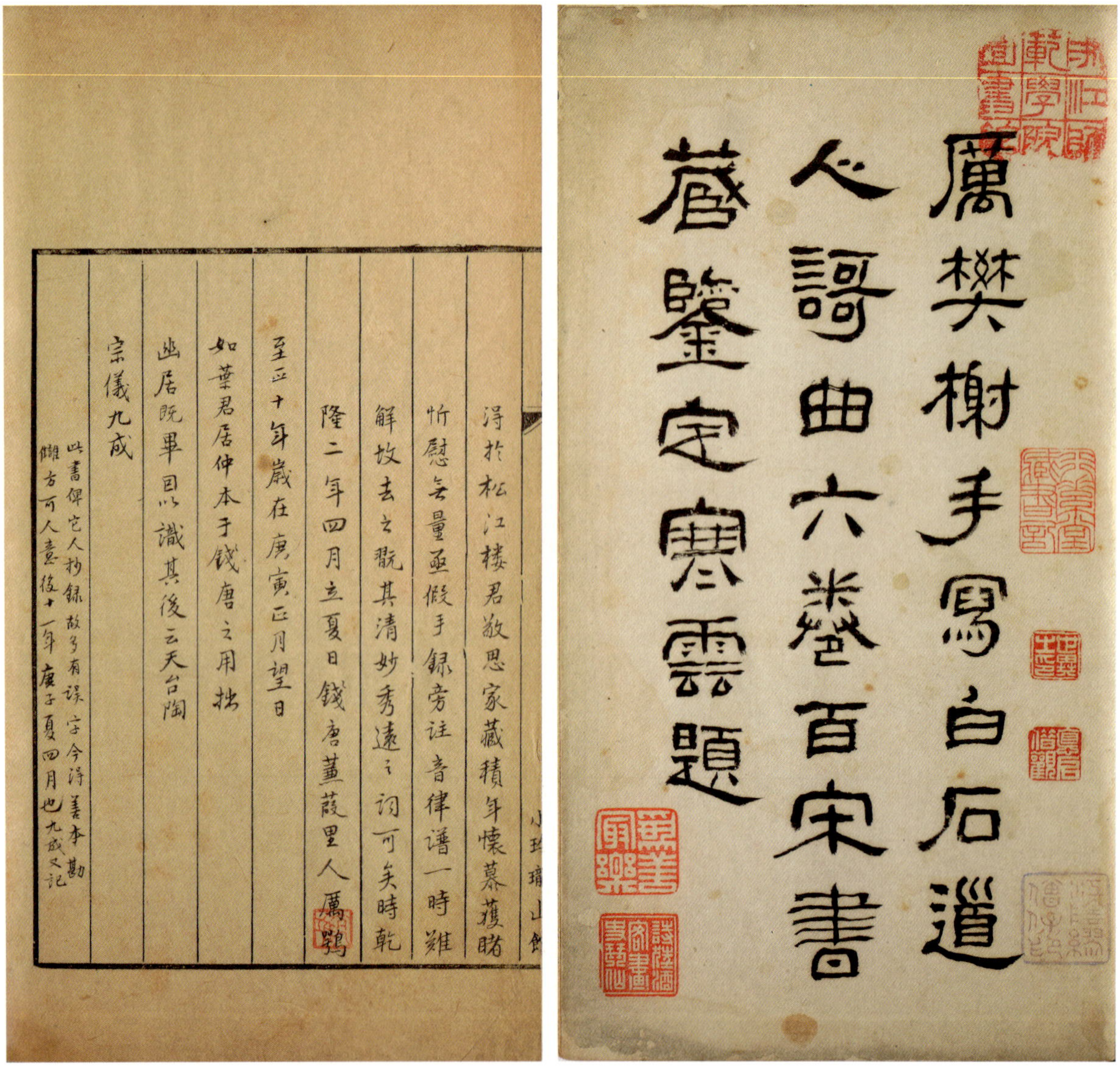


## 白石道人歌曲六卷別集一卷

（宋）姜夔撰

清乾隆二年（1737）小玲瓏山館抄本

袁克文、羅振常跋

一冊

匡高18.9厘米，寬14厘米

半葉九行二十字，小字雙行同，細黑口，單黑魚尾，四周單邊

國家珍貴古籍名録編號：10661

此書收録姜夔詞八十餘首，乃厲鶚從友人處抄録得來，版心有『小玲瓏山館』字樣，采用的是揚州小玲瓏山館專用稿紙，書法纖弱清麗。後爲袁克文、羅振常等人收藏，有袁、羅跋。有『詩狂酒客書史琴仙』『行素堂藏書記』『江陰繆僧寶印』『世異之印』『德啟借觀』『爲善最樂』『小玲瓏山館』『馬佩兮家珍藏』『曾藏沈燕謀家』『太鴻』『蟬隱廬祕籍印』『沈燕謀藏書記』『高氏校閲精鈔善本印』『振常印信』『僧寶珍藏』『雙倉樓』等藏印。

# 白石道人歌曲卷之一

## 聖宋鐃歌鼓吹曲十四首

慶元五年青龍在己亥番昜民姜夔頓首上尚書臣聞鐃歌者漢樂也殿前謂之鼓吹軍中謂之騎吹其曲有朱鷺等二十二篇由漢逮隋承用不替雖名數不同而樂紀罔墜各以詠歌祖宗功業唐亦鐃部有柳宗元作十二篇亦棄弗録神宗受命帝績皇烈光耀震動而逸曲未舉迺政和七年臣工以請上詔製用中更否擾殽

## 勸善金科十本二十卷首一卷

(清) 張照等撰
清乾隆内府五色抄本
十册
半葉八行二十二字，無版框
國家珍貴古籍名録編號：06575

此書收録清宮節令戲——目連救母。目連救母本是佛教故事，是書將故事嫁接於唐朝背景之下，一般在歲末演出，旨在宣揚忠孝精神。全書由紅、藍、緑、黄、黑五色抄寫而成，色彩明晰，製作精美。現傳世《勸善金科》多爲五色刻本，五色抄本爲浙大圖書館獨家館藏。有『海豐吴子苾藏』『石蓮涉獵』『海豐吴氏珍藏』『壽平』『山東海豐吴式芬誦孫』『子苾』『聖藩居士』等藏印。

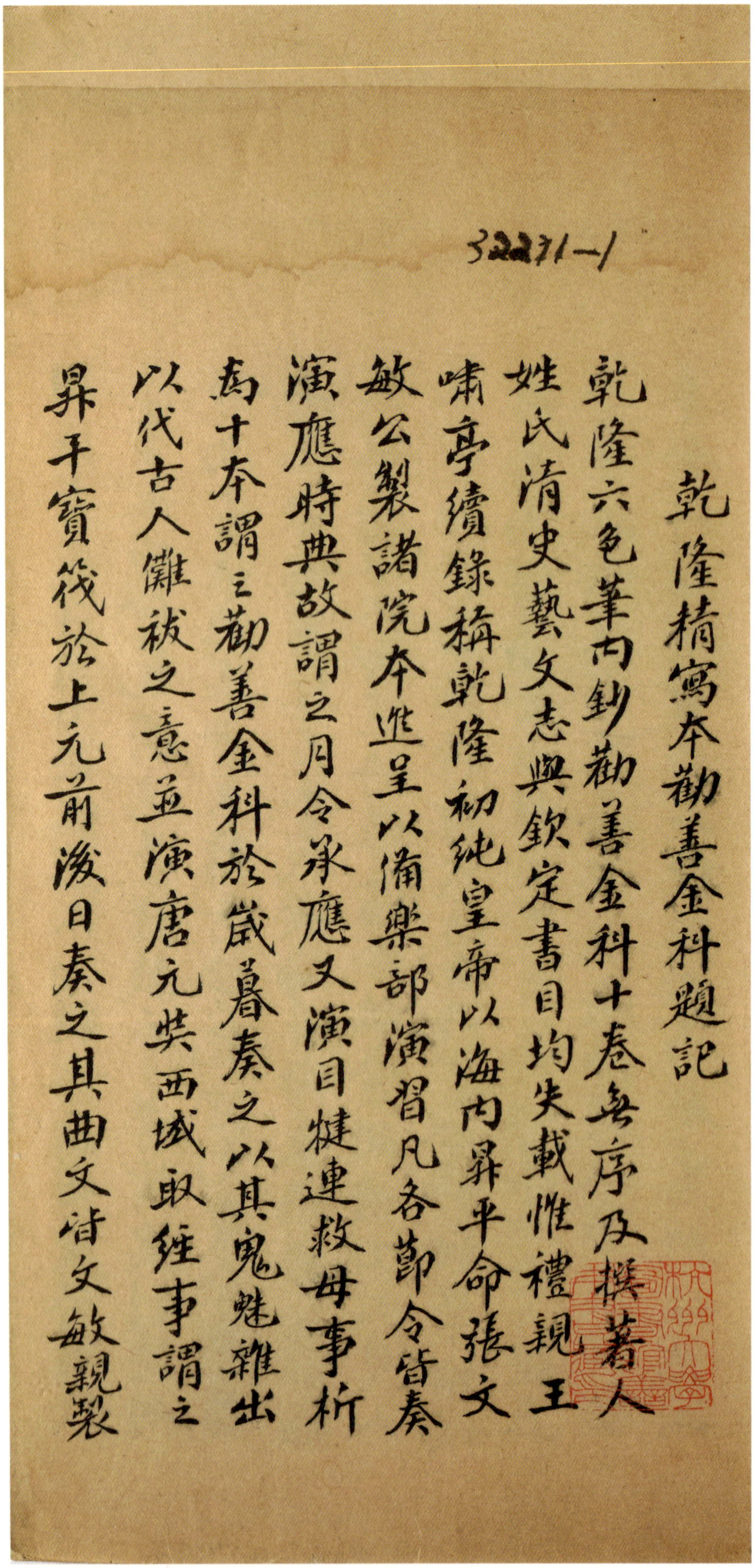

乾隆精寫本勸善金科題記
乾隆六色筆内鈔勸善金科十卷無序及撰著人姓氏清史藝文志與欽定書目均失載惟禮親王嘯亭續録稱乾隆初純皇帝以海内昇平命張文敏公製諸院本進呈以備樂部演習凡各節令皆奏演應時典故謂之月令承應又演目犍連救母事析爲十本謂之勸善金科於歲暮奏之以其鬼魅雜出以代古人儺祓之意並演唐元奘西域取經事謂之昇平寶筏於上元前後日奏之其曲文皆文敏親製

勸善金科 第一本卷上

## 第一齣 樂春臺開宗明義 魚模韻

雜扮八靈官各戴紮巾額紮靠穿戰靴掛赤心忠良牌持鞭從昇天門上跳舞鳴爆竹鞭淨臺科仍從昇天門下場上設香几內奏樂雜扮八開場人各戴將巾紮額簪孔雀翎穿直領繫鸞帶捧爐盤執如意從兩場門分上各設爐盤於香几上焚香三頓首科起各執如意遶場分白

## 嘯堂集古録二卷

（宋）王俅撰

清影宋抄本

二冊（一函）

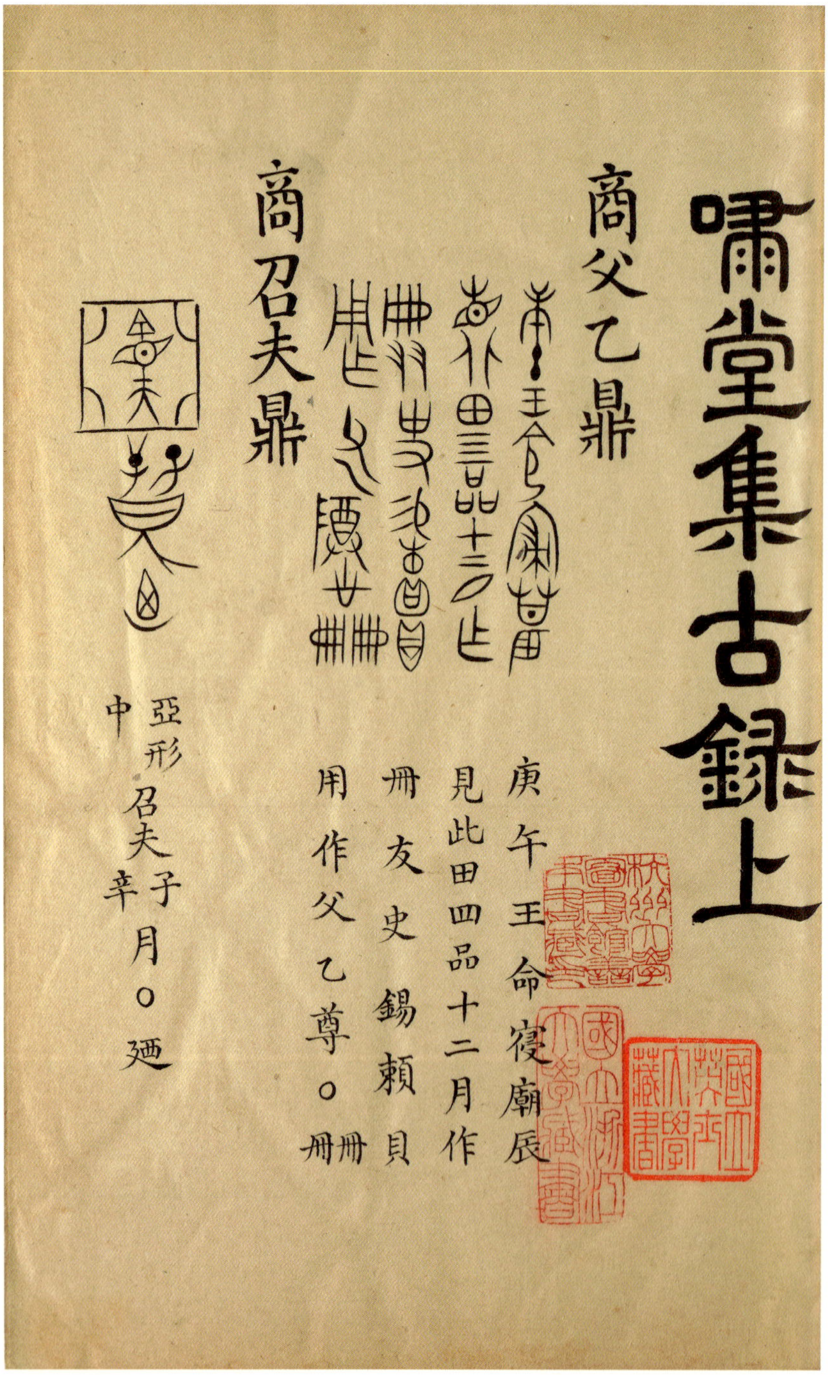


《嘯堂集古録》是宋代王俅所撰的一部金石學著作，約成書於淳熙三年（1176）。該書著録了商周秦漢以來青銅器及印、鏡凡345器的銘文。按器分類，上收銘文摹本，下附釋文，或有缺釋，並雜有僞器。是書保存許多宋人所見而後代不傳的銅器銘文，且摹刻較精，優於宋代其他著録之作。此本爲清影宋抄本，較好地保存了宋刻本的面貌。有『蜀原鮑奠憲收藏圖書』『借軒』等印。

# 嘯堂集古錄下

周雙弓角

器

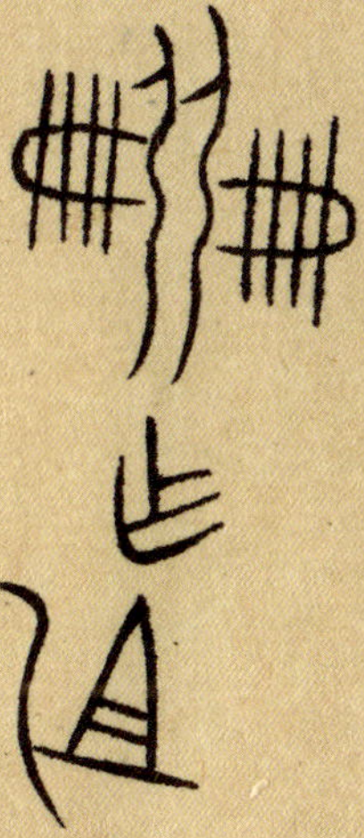

冊祖
雙弓作乙
冊

鋬

亞形中倒戈

商巳丁彝

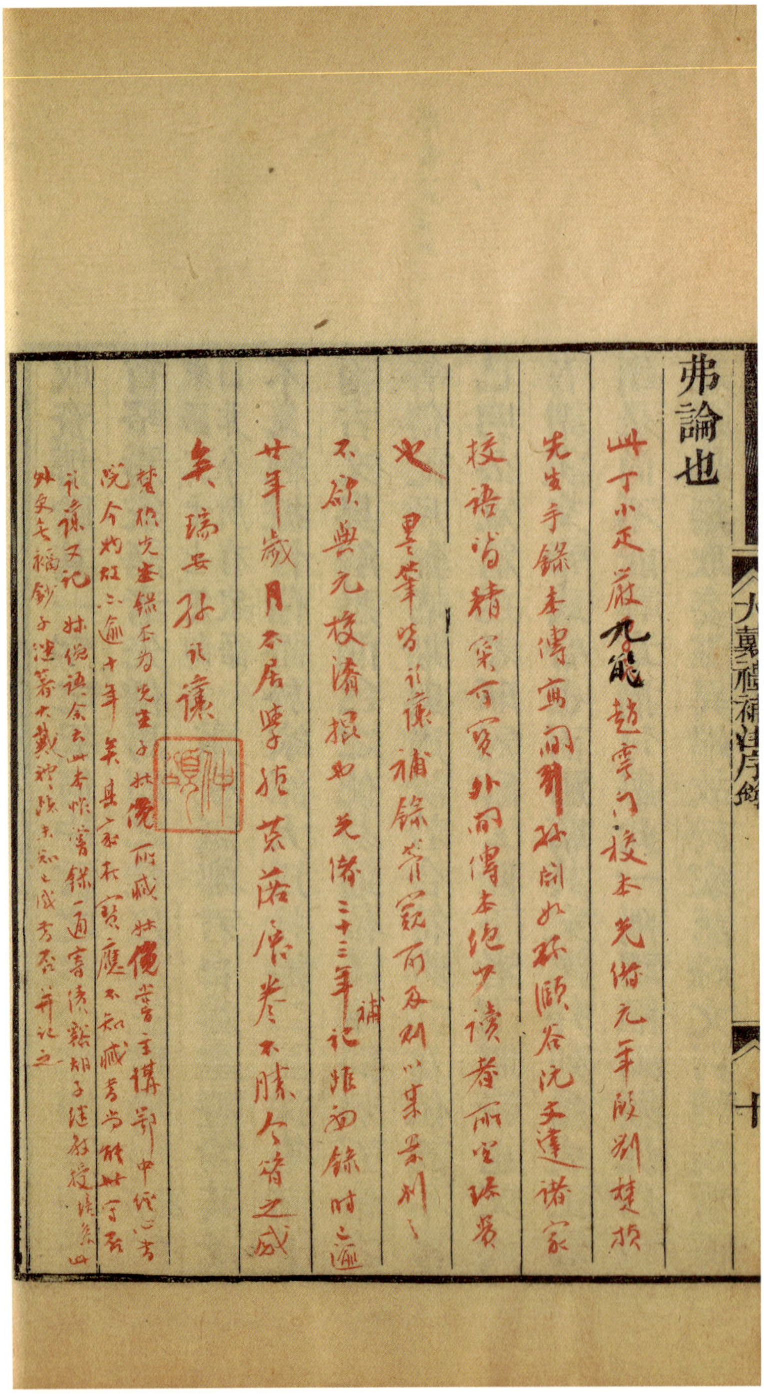

## 大戴禮記補注十三卷序録一卷

（清）孔廣森撰

清同治十三年（1874）淮南書局刻本　孫詒讓校跋並録丁杰、嚴元照、趙鉞等諸家校語

四册

匡高18.4厘米，寬15.1厘米

半葉十行二十字，小字雙行同，粗黑口，雙黑魚尾，左右雙邊

國家珍貴古籍名録編號：10081

孔廣森（1753—1786），字仲衆，號顨軒，山東曲阜人，孔子第六十九代孫，師出戴震，擅治經學。淮南書局是清末揚州地方的官書局，由方濬頤主持開設，校勘群籍。此書有孫詒讓朱筆手校，並録諸家校語，版本價值極高。有『瑞安孫仲容珍藏書畫文籍印』『仲頌』『經微室』等藏印。舊藏玉海樓。

趙云河州校錢云惟士与大夫之言之閒也韓本閒作聞

趙云吾子之閒也難韓本作聞古同

丁云閒主席閒如字

# 大戴禮記補注卷之一

## 王言第三十九

孔子閒居曾子侍孔子曰參今之君子惟士與大夫之言之聞也〇聞宋本譌閒从楊氏大訓改其至於君子之言者甚希矣於乎吾王言其不出而死乎哀哉[補]不出而死言終身不得其人而以王言教之〇於乎音嗚呼曾子起曰敢問何謂王言孔子不應曾子懼肅然摳衣下席曰弟子知其不孫也得夫子之閒也難是以敢問也[補]閒暇也曲禮曰少閒願有復也〇孫音遜閒朱本作聞孔子不應曾子懼退負序而立[補]序東西牆也堂上之牆曰序堂下之牆曰壁室中之牆曰墉負序示不敢復問也文王世子曰凡侍坐於大司成者遠近閒三席可以問終



於字校

# 題名索引

# 浙江大學圖書館藏國家珍貴古籍目録（一百七十五部）

001 **02101 畏菴集十卷** （明）周旋撰 明成化十九年（1483）刻本 二册

002 **02767 唐書二百二十五卷** （宋）歐陽修 宋祁等撰 **釋音二十五卷** （宋）董衝撰 元大德九年（1305）建康路儒學刻明成化弘治嘉靖南京國子監遞修本 五十册

003 **02872 新編方輿勝覽七十卷** （宋）祝穆輯 元刻本 三十二册

004 **02922 玉海二百卷辭學指南四卷詩攷一卷詩地理攷六卷漢藝文志攷證十卷通鑑地理通釋十四卷漢制攷四卷踐阼篇集解一卷周易鄭康成注一卷姓氏急就篇二卷急就篇補注四卷周書王會補注一卷小學紺珠十卷六經天文編二卷通鑑答問五卷** （宋）王應麟撰 元後至元六年（1340）慶元路儒學刻本（有抄配） 存詩攷等六十一卷 四十册

005 **03174 樂府詩集一百卷** （宋）郭茂倩輯 元至正元年（1341）集慶路儒學刻明修本 存九十卷（十一至一百） 十六册

006 **03185 國朝文類七十卷目録三卷** （元）蘇天爵輯 元至元至正間西湖書院刻明修本 十册

007 **03287 周禮補亡六卷** （元）丘葵撰 明李緝刻本 十二册

008 **03306 禮記集説三十卷** （元）陳澔撰 明嘉靖十一年（1532）建寧府刻本 八册

009 **03448 古籀拾遺三卷** （清）孫詒讓撰 稿本 二册

010 **03449 古籀餘論一卷** （清）孫詒讓撰 稿本 二册

011 **03458 新編篇韻貫珠集八卷直指玉鑰匙門法一卷** （明）釋真空撰 明正德十一年（1516）金臺衍法寺釋覺恒刻嘉靖三十八年（1559）釋本贊修補本 十二册

012 **03465 洪武正韻十六卷** （明）樂韶鳳 宋濂等撰 明嘉靖二十七年（1548）衡藩刻藍印本（卷一至三墨印） 五册

013 **03654 資治通鑑綱目發明五十九卷** （宋）尹起莘撰 明内府刻本 存四十六卷（十四至五十九） 三册

014 **03662 資治通鑑綱目集覽五十九卷** （元）王幼學撰 明内府刻本 存一至三、九至十四、二十八至五十九 四册

015 **03703 資治通鑑節要續編三十卷** （明）張光啟撰 明正德九年（1514）司禮監刻本 二十册

016 **03748 諸史會編大全一百十二卷** （明）金燫撰 明嘉靖四年（1525）金壇縣刻本 一百册

017 **03789 國語二十一卷** （三國吴）韋昭注 明嘉靖七年（1528）金李澤遠堂刻本 十册

018 **03838 貞觀政要十卷** （唐）吴兢撰（元）戈直集論 明成化十二年（1476）崇府刻本 五册

019 **03879 東漢書疏八卷** （明）周璀輯 明弘治十四年（1501）刻兩漢書疏本 三册

020 **03919 歷代君鑑五十卷** （明）代宗朱祁鈺撰 明景泰四年（1453）内府刻本 十册

021 **03945 殿閣詞林記二十二卷** （明）廖道南撰 明嘉靖刻本 二十册

022 **04061 兩漢博聞十二卷** （宋）楊侃輯 明嘉靖三十七年（1558）黄魯曾刻本 十二册

023 **04072 漢雋十卷** （宋）林鉞輯 明嘉靖十一年（1532）郯鼎刻本 八册

024 **04088 歐陽文忠公五代史抄二十卷** （明）茅坤輯 明刻朱墨套印本 十册

025 **04194 雁山志稿二十五卷** （清）李象坤撰 稿本 存十一卷（一至十一）四册

026 **04339 商周金識拾遺三卷** （清）孫詒讓撰 稿本 一册

027 **04356 温州古甓記不分卷** （清）孫詒讓撰 稿本 一册

028 **04376 東萊先生音注唐鑑二十四卷** （宋）范祖禹撰（宋）吕祖謙注 明弘治十年（1497）吕鏜刻本 十二册

029 **04382 學史十三卷** （明）邵寶撰 明正德十六年（1521）陳察刻本 四册

030 **04451 性理大全書七十卷** （明）胡廣等撰 明永樂十三年（1415）内府刻本 四十册

031 **04501 武經總要前集二十卷後集二十卷** （宋）曾公亮等撰 清乾隆内府寫本 一册

032 **04635 六曆甄微五卷** （清）孫詒讓撰 稿本 存四卷（一至四）三册

033 **04777 籀廎述林十卷** （清）孫詒讓撰 稿本 劉恭冕、孫延釗校 四册

034 **04850 初學記三十卷** （唐）徐堅等輯 明嘉靖十年（1531）錫山安國桂坡館刻本 十册

035 **05026 楚騷五卷** （楚）屈原撰 **附録一卷** （漢）司馬遷撰 明正德十五年（1520）熊宇刻篆字本 四册

036 **05091 曹子建集十卷**　（魏）曹植撰（明）李夢陽 王世貞評 明天啟元年（1621）凌性德刻朱墨套印本 六册

037 **05128 唐駱先生集八卷**　（唐）駱賓王撰（明）王衡等評　**附録一卷**　明凌毓枏刻朱墨套印本 八册

038 **05165 孟浩然詩集二卷**　（唐）孟浩然撰（宋）劉辰翁（明）李夢陽評 明凌濛初刻朱墨套印本 二册

039 **05206 李詩選五卷**　（唐）李白撰（明）張含輯（明）楊慎批點 明刻朱墨套印本 二册

040 **05217 韋蘇州集十卷拾遺一卷**　（唐）韋應物撰 明凌濛初刻朱墨套印本 六册

041 **05295 韓文四十卷外集十卷遺集一卷**　（唐）韓愈撰　**集傳一卷**　明嘉靖十六年（1537）游居敬刻韓柳文本 十二册

042 **05345 昌黎先生集四十卷外集十卷遺文一卷**　（唐）韓愈撰（宋）廖瑩中校正　**朱子校昌黎先生集傳一卷**　明徐氏東雅堂刻本 十六册

043 **05383 河東先生集四十五卷外集二卷龍城録二卷**　（唐）柳宗元撰（宋）廖瑩中校正　**附録二卷傳一卷**　明郭雲鵬濟美堂刻本 二十册

044 **05409 孟東野詩集十卷**　（唐）孟郊撰　**聯句一卷**　明嘉靖三十五年（1556）秦禾刻本 六册

045 **05479 直講李先生文集三十七卷**　（宋）李覯撰　**外集三卷年譜一卷門人録一卷**　明正德十三年（1518）孫甫刻本 六册

046 **05487 南豐先生元豐類稿五十一卷**　（宋）曾鞏撰 明成化八年（1472）南豐縣刻遞修本 孫衣言校並跋 八册

047 **05633 後山先生集三十卷**　（宋）陳師道撰 明弘治十二年（1499）馬暾刻本 四册

048 **05638 道鄉先生鄒忠公文集四十卷續集一卷**　（宋）鄒浩撰 明正德七年（1512）鄒翎刻本 六册

049 **05653 孫尚書内簡尺牘編注十卷**　（宋）孫覿撰（宋）李祖堯注 明嘉靖三十六年（1557）顧名儒刻本 六册

050 **05663 莆陽知稼翁文集十一卷詞一卷**　（宋）黄公度撰 明黄廷用刻本 三册

051 **05664 竹洲文集二十卷**　（宋）吴儆撰　**附録一卷**　明弘治六年（1493）吴雷亨刻藍印本 四册

052 **05675 止齋先生文集五十二卷**　（宋）陳傅良撰　**附録一卷**　明正德元年（1506）林長繁刻本 钱桂森題識 八册

053 **05681 止齋先生文集二十八卷**　（宋）陳傅良撰 明嘉靖十年（1531）安正堂刻本 孫詒讓校並跋 十册

054 **05734 蛟峰集七卷**　（宋）方逢辰撰　**山房先生遺文一卷**　（宋）方逢振撰　**蛟峰外集四卷**　（明）方中輯 明天順七年（1463）方中刻弘治嘉靖遞修本 二册

055 **05749 静修先生丁亥集六卷遺文六卷遺詩六卷拾遺七卷續集三卷**　（元）劉因撰 **附録二卷** 明弘治十八年（1505）崔暠刻本 四册

056 **05756 周此山詩集四卷** （元）周權撰 明抄本 四冊

057 **05757 周此山先生詩集四卷** （元）周權撰 清乾隆間鮑氏知不足齋抄本 鮑士恭 張煜跋 二冊

058 **05758 范德機詩集七卷** （元）范梈撰 明抄本 二冊

059 **05767 圭齋文集十六卷** （元）歐陽玄撰 明成化七年（1471）劉釪刻本 四冊

060 **05773 青陽先生文集六卷** （元）余闕撰 明正德十五年（1520）胡汝登刻本 四冊

061 **05790 宋學士文集七十五卷** （明）宋濂撰 明正德九年（1514）張縉刻本 三十六冊

062 **05812 太師誠意伯劉文成公集二十卷** （明）劉基撰 明隆慶六年（1572）謝廷傑、陳烈刻本 二十冊

063 **05820 陶學士先生文集二十卷** （明）陶安撰 **事蹟一卷** 明弘治十三年（1500）項經刻遞修本 十二冊

064 **05827 朱一齋先生文集前十卷後五卷廣游文集一卷** （明）朱善撰 明成化二十二年（1486）朱維鑒刻本 四冊

065 **05831 王忠文公文集二十四卷** （明）王禕撰（明）劉傑輯 明嘉靖元年（1522）張齊刻本 十六冊

066 **05834 蘇平仲文集十六卷** （明）蘇伯衡撰 明正統七年（1442）黎諒刻本 八冊

067 **05845 遜志齋集三十卷拾遺十卷** （明）方孝孺撰 明成化十六年（1480）郭紳刻本 十冊

068 **05857 東里文集二十五卷** （明）楊士奇撰 明刻本 六冊

069 **05860 三山翰林院典籍高漫士木天清氣詩集不分卷** （明）高棅撰 明怡顔堂抄本 四冊

070 **05912 匏翁家藏集七十七卷補遺一卷** （明）吴寬撰 明正德三年（1508）吴奭刻本 十冊

071 **05991 周恭肅公集十六卷** （明）周用撰 **附録一卷** 明嘉靖二十八年（1549）周國南川上草堂刻本 六冊

072 **06005 何仲默集十卷** （明）何景明撰 明嘉靖費槃等刻本 四冊

073 **06058 歐陽南野先生文集三十卷** （明）歐陽德撰 明嘉靖三十七年（1558）梁汝魁刻本 二十冊

074 **06305 古文苑二十一卷** （宋）章樵注 明成化十八年（1482）張世用刻本 六冊

075 **06325 古樂苑不分卷** （明）韓錫輯 稿本 四冊

076 **06404 古文提奇五卷總論序一卷** （明）顔茂猷輯 明崇禎刻朱墨套印本 十冊

077 **06438 唐音十卷** （元）楊士弘輯 明刻重修藍印本 八冊

078 **06522 南溪筆録群賢詩話前集一卷後集一卷續集一卷** 明正德五年（1510）程啟充刻本 三册

079 **06532 蘋洲漁笛譜二卷集外詞一卷** （宋）周密撰 清乾隆四年（1739）抄本 江昱批並跋 二册

080 **06575 勸善金科十本二十卷首一卷** （清）張照等撰 清乾隆内府五色抄本 聖藩居士跋 十册

081 **07255 十三經注疏三百三十五卷** 明嘉靖李元陽刻本 一百零四册

082 **07335 新刊禮記正蒙講意三十八卷** （明）陳褎撰 明嘉靖十六年（1537）左序刻本 八册

083 **07353 大樂律吕元聲六卷** （明）李文利撰（明）李元校補 明嘉靖十四年（1535）浙江布政司刻本 二册

084 **07455 契文舉例二卷** （清）孫詒讓撰 稿本 二册

085 **07492 史記題評一百三十卷** （明）楊慎 李元陽輯 明嘉靖十六年（1537）胡有恒、胡瑞刻本 六十四册

086 **07526 班馬異同三十五卷** （宋）倪思撰（宋）劉辰翁評 明嘉靖十六年（1537）李元陽刻本 四册

087 **07544 唐書二百卷** （後晉）劉昫等撰 明嘉靖十八年（1539）聞人詮刻本 八十册

088 **07600 資治通鑑考異三十卷** （宋）司馬光撰 明嘉靖二十三至二十四年（1544—1545）孔天胤刻本 七册

089 **07602 司馬溫公經進稽古録二十卷** （宋）司馬光撰 明弘治十四年（1501）楊璋刻本（有抄配）二册

090 **07650 資治通鑑綱目集説五十九卷前編二卷** （明）扶安輯（明）晏宏校補 明嘉靖晏宏刻本 七十二册

091 **07670 新刊四明先生高明大字續資治通鑑節要二十卷** （明）劉剡撰（明）蔡亨嘉校正 明嘉靖葉氏翠軒刻本 二十册

092 **07694 兩漢紀六十卷** 明嘉靖二十七年（1548）黄姬水刻本（前漢紀卷一至三、後漢紀卷二十五至三十抄配）十册

093 **07786 秦漢書疏十八卷** 明嘉靖三十七年（1558）吴國倫刻本 十四册

094 **07822 高士傳三卷** （晉）皇甫謐撰（明）黄省曾頌 明嘉靖三十一年（1552）黄魯曾刻漢唐三傳本 二册

095 **07864 歷代名人年譜不分卷** （清）吴榮光撰 稿本 姜亮夫題識 三册

096 **07923 十七史詳節二百七十三卷** （宋）吕祖謙輯 明嘉靖四十五年至隆慶四年（1566—1570）陝西布政司刻本 一百二十册

097 **07927 歷代志畧四卷** （明）唐琺輯 明嘉靖黄時刻本 四册

098 **08013 [嘉靖]寧波府志四十二卷** （明）周希哲 張時徹纂修 明嘉靖刻本 三十二册

099 **08059 震澤編八卷** （明）蔡昇撰（明）王鏊重修 明弘治十八年（1505）林世遠刻本 四册

100 **08101 文獻通考三百四十八卷** （元）馬端臨撰 明正德十一至十四（1516—1519）劉洪慎獨齋刻本 二百册

101 **08178 史通二十卷** （唐）劉知幾撰 明嘉靖十四年（1535）陸深刻本 四册

102 **08207 孔子家語十卷** 題（魏）王肅注 明崇禎毛氏汲古閣刻本 孫詒讓校並跋 二册

103 **08265 文公先生經世大訓十六卷** （明）余祐輯 明嘉靖元年（1522）河南按察司刻本 六册

104 **08360 疑獄集十卷** （五代）和凝 和㠓撰（明）張景增輯 明嘉靖十四年（1535）李崧祥刻本 六册

105 **08420 乾象坤圖格鏡十八卷** （清）王宏翰撰 稿本 六册

106 **08427 太玄經十卷** （漢）揚雄撰（晉）范望解贊 **説玄一卷**（唐）王涯撰 **釋文一卷** 明嘉靖孫沐萬玉堂刻本 四册

107 **08513 蘭舫筆記一卷** （清）常輝撰 稿本 一册

108 **08596 群書考索前集六十六卷後集六十五卷續集五十六卷别集二十五卷** （宋）章如愚輯 明正德三至十三年（1508—1518）劉洪慎獨齋刻十六年（1521）重修本 四十二册

109 **08624 三餘别集不分卷** （明）游日章撰 明（1508—1518）劉洪慎獨嘉靖四十一年（1562）刻本 一册

110 **08662 楚辭集注八卷辯證二卷後語六卷** （宋）朱熹撰 **反離騷一卷** （漢）揚雄撰 明嘉靖十四年（1535）袁褧刻本 八册

111 **08691 類箋唐王右丞詩集十卷** （唐）王維撰（明）顧起經注 **文集四卷集外編一卷** （唐）王維撰（明）顧起經輯 **年譜一卷** （明）顧起經撰 **唐諸家同詠集一卷贈題集一卷歷朝諸家評王右丞詩畫鈔一卷** （明）顧起經輯 明嘉靖三十五年（1556）顧氏奇字齋刻本 十册

112 **08823 武溪集二十一卷** （宋）余靖撰 明嘉靖四十五年（1566）劉穩刻本 十册

113 **08827 司馬文正公集略三十一卷詩集七卷** （宋）司馬光撰 明嘉靖十八年（1539）俞文峰刻本 二十册

114 **08829 趙清獻公文集十卷** （宋）趙抃撰 **附録一卷** 明嘉靖四十一年（1562）汪旦刻本 六册

115 **08835 南豐先生元豐類稿五十一卷** （宋）曾鞏撰 明嘉靖四十一（1562）黄希憲刻本 八册

116 **08851 歐陽先生文粹二十卷** （宋）歐陽修撰（宋）陳亮輯 **遺粹十卷** （宋）歐陽修撰（明）郭雲鵬輯 明嘉靖二十六年（1547）郭雲鵬寶善堂刻本 六册

117 **08861 蘇文忠公全集一百十一卷** （宋）蘇軾撰 **年譜一卷** （宋）王宗稷撰 **東坡先生墓誌銘一卷** 明嘉靖十三年（1534）江西布政司刻本 七十二册

118 **08880 豫章黃先生文集三十卷外集十四卷別集二十卷簡尺二卷詞一卷** （宋）黃庭堅撰 **伐檀集二卷** （宋）黃庶撰 **山谷先生年譜三十卷** （宋）黃𤊹撰 明弘治葉天爵刻嘉靖六年（1527）喬遷、余載仕重修本 二十四册

119 **08886 后山詩注十二卷** （宋）陳師道撰（宋）任淵注 明嘉靖十年（1531）遼藩朱寵瀼梅南書屋刻本 六册

120 **08918 晦菴文抄十卷** （宋）朱熹撰（明）吴訥 崔銑輯 明嘉靖十九年（1540）張光祖刻本 八册

121 **08944 程端明公洺水集二十六卷首一卷** （宋）程珌撰 明嘉靖三十五年（1556）程元昞刻本（卷十八至二十六抄配）六册

122 **08952 秋崖先生小稿四十五卷又三十八卷** （宋）方岳撰 明嘉靖五年（1526）方謙刻本 十册

123 **08964 新刊重訂疊山謝先生文集二卷** （宋）謝枋得撰 明嘉靖三十四年（1555）林光祖刻本 二册

124 **09010 高皇帝御製文集二十卷** （明）太祖朱元璋撰 明嘉靖十四年（1535）徐九皋、王惟賢刻本 十一册

125 **09015 新刊宋學士全集三十三卷** （明）宋濂撰 明嘉靖三十年（1551）韓叔陽刻本 十八册

126 **09035 缶鳴集十二卷** （明）高啟撰 明刻本 八册

127 **09070 謝文莊公集六卷** （明）謝一夔撰 明嘉靖四十一年（1562）謝廷傑刻本 四册

128 **09079 楓山章先生文集九卷** （明）章懋撰 明嘉靖九年（1530）張大綸刻本 八册

129 **09082 楓山章先生文集四卷實紀一卷** （明）章懋撰 明嘉靖二十一年（1542）虞守愚刻本 存四卷（文集全）四册

130 **09093 馬東田漫稿六卷** （明）馬中錫撰（明）孫緒評 明嘉靖十七年（1538）文三畏刻本 八册

131 **09095 鬱洲遺稿十卷** （明）梁儲撰 明回天閣刻本 四册

132 **09115 祝氏集略三十卷** （明）祝允明撰 明嘉靖三十六年（1557）張景賢刻本 十六册

133 **09134 水南集十七卷** （明）陳霆撰 明嘉靖四十三年（1564）陳翀刻本 十二册

134 **09135 何氏集二十六卷** （明）何景明撰 明嘉靖沈氏野竹齋刻本 十二册

135 **09149 崔氏洹詞十七卷附録四卷** （明）崔銑撰 明嘉靖三十三年（1554）周鎬等刻本 十册

136 **09153 鈐山詩選七卷** （明）嚴嵩撰（明）楊慎輯 明嘉靖刻本 四册

137 **09157 儼山文集一百卷目録二卷外集四十卷續集十卷** （明）陸深撰 明嘉靖二十五年（1546）、三十年（1551）陸楫刻本 二十册

138 **09159 莊渠先生遺書十六卷** （明）魏校撰 明嘉靖四十年（1561）王道行、張焯刻本 十册

139 **09161 張文定公文選三十九卷** （明）張邦奇撰 明嘉靖二十九年（1550）張時徹刻本 七册

140 **09175 薛西原集二卷** （明）薛蕙撰 明嘉靖十四年（1535）李宗樞刻本 四册

141 **09176 嵩渚文集一百卷目録二卷** （明）李濂撰 明嘉靖刻本 二十册

142 **09179 張南湖先生詩集四卷** （明）張綖撰 **附録一卷** 明嘉靖三十二年（1553）張守中刻本 存二卷（一至二） 二册

143 **09182 崔東洲集二十卷續集十一卷** （明）崔桐撰 明嘉靖二十九年（1550）曹金刻續集三十四年（1555）周希哲刻本 十六册

144 **09183 夢澤集十七卷** （明）王廷陳撰 明嘉靖四十一年（1562）王廷瞻刻本 四册

145 **09188 龍湖先生文集十四卷** （明）張治撰 明嘉靖刻本 存十一卷（三至十三） 四册

146 **09194 練溪集四卷** （明）凌震撰 明嘉靖三十年（1551）凌約言刻本 二册

147 **09202 芝園定集五十一卷** （明）張時徹撰 明嘉靖刻本 三十二册

148 **09205 袁永之集二十卷** （明）袁袠撰 明嘉靖二十六年（1547）袁尊尼刻後印本 六册

149 **09211 念菴羅先生集十三卷** （明）羅洪先撰 明嘉靖四十二年（1563）劉玠刻本 八册

150 **09220 璉川詩集八卷** （明）施峻撰 明嘉靖三十八年（1559）刻本 四册

151 **09223 二谷山人集二十四卷緱山侯氏譜二卷** （明）侯一元撰 明嘉靖刻本 十册

152 **09359 唐人集□□種□□卷** 明銅活字印本 存三十八種一百十七卷（唐太宗皇帝集二卷、唐玄宗皇帝集二卷、虞世南集一卷、許敬宗集一卷、李嶠集三卷、皇甫冉集三卷、皇甫曾集二卷、權德輿集二卷、陳子昂集二卷、王勃集二卷、戴叔倫集二卷、駱賓王集二卷、盧綸集六卷、武元衡集三卷、蘇廷碩集二卷、嚴維集二卷、顧況集二卷、楊炯集二卷、錢考功集十卷、張九齡集六卷、沈佺期集四卷、盧照鄰集二卷、李端集四卷、李嘉佑集二卷、李益集二卷、耿湋集三卷、韋蘇州集十卷、張説之集八卷、羊士諤集二卷、杜審言集二卷、孫逖集一卷、郎士元集二卷、包何集一卷、包佶集一卷、韓君平集三卷、秦隱君集一卷、司空曙集二卷、劉隨州集十卷） 十八册

153 **09361 李杜全集八十三卷** （明）鮑松編 明正德八年（1513）自刻本丁耀亢跋 二十册

154 **09372 選詩補注八卷** （元）劉履撰 **補遺二卷續編四卷** （元）劉履輯 明嘉靖三十一年（1552）顧存仁養吾堂刻本 十二册

155 **09427 真文忠公續文章正宗二十卷** （宋）真德秀輯 明嘉靖二十一年（1542）晉藩刻本 張廷濟跋 二十册

156 **09446 古文類選十六卷** （明）王三省輯 明嘉靖十五年（1536）相州清慎堂刻本 十册

157 **09454 文則四卷** （明）張雲路輯 明嘉靖三十四年（1555）自刻本 四册

158 **09478 唐詩絶句類選四卷總評一卷人物一卷** （明）敖英 凌雲輯 明凌雲刻三色套印本 八册

159 **09518 太倉文略四卷** （明）陸之裘輯 明嘉靖二十二年（1543）王夢祥刻本 四册

160 **10046 周易乾鑿度股術一卷** （清）孫詒讓撰 稿本 一册

161 **10081 大戴禮記補注十三卷序録一卷** （清）孔廣森撰 清同治十三年（1874）淮南書局刻本 孫詒讓校跋並録王念孫、王引之、丁傑、嚴元照、趙鉞等校 四册

162 **10082 大戴禮記斠補三卷** （清）孫詒讓撰 稿本 二册

163 **10083 夏小正正義** （清）王筠撰 稿本 二册

164 **10130 宋太學石經考一卷附魯齋先生武林金石録校跋一卷** （清）羅以智撰 稿本 一册

165 **10156 集韻十卷** （宋）丁度等撰 清康熙四十五年（1706）曹寅揚州使院刻嘉慶十九年（1814）重修本 方成珪校 二十册

166 **10224 逸周書十卷** （晉）孔晁注 清乾隆五十一年（1786）盧文弨刻抱經堂叢書本 孫詒讓批校 二册

167 **10225 逸周書集訓校釋十卷逸文一卷** （清）朱右曾撰 清光緒三年（1877）崇文書局刻本 孫詒讓校 二册

168 **10233 越絶書十五卷** （漢）袁康撰 明刻本 孫詒讓校 二册

169 **10551 百川學海一百種一百七十九卷** （宋）左珪編 明弘治十四年（1501）華珵刻本（有抄配）四十二册

170 **10585 杜工部全集六十六卷目録六卷** （唐）杜甫撰（明）劉世教輯 **年譜一卷** （宋）黄鶴撰 明萬曆四十年(1612) 刻合刻分體李杜全集本 吕留良批 吕葆中跋 十六册

171 **10596 李長吉昌谷集句解定本四卷** （唐）李賀撰（清）姚佺箋（清）陳愫 丘象隨辯注 清初丘象隨西軒刻梅村書屋印本 何焯批並跋 四册

172 **10659 龍洲道人集十卷** （宋）劉過撰 清知不足齋抄本 鮑廷博校並跋 羅振常跋 二册

173 **10661 白石道人歌曲六卷別集一卷** （宋）姜夔撰 清小玲瓏山館抄本 厲鶚、袁克文、羅振常跋 一册

174 **12367 資治通鑑綱目五十九卷** （宋）朱熹撰 南宋嘉定十四年（1221）鄭寅廬陵郡庠刻本 存第四十五卷 二册

175 **12789 重刻徐幼文北郭集六卷** （明）徐賁撰 明萬曆三十七年（1609）汪汝淳刻本（四庫底本）四册

# 『册府千華』——國家珍貴古籍特展一覽表

| 序號 | 省份/單位 | 時間 | 展覽名稱 |
|---|---|---|---|
| 1 | 湖北 | 2014 | 册府千華——湖北省藏國家珍貴古籍特展 |
| 2 | 山東 | 2014 | 册府千華——山東省藏國家珍貴古籍特展 |
| 3 | 江蘇 | 2014 | 册府千華——江蘇省藏國家珍貴古籍特展 |
| 4 | 湖南 | 2015 | 册府千華——湖南省藏國家珍貴古籍特展 |
| 5 | 國家圖書館 | 2015 | 册府千華——珍貴古籍雕版特展 |
| 6 | 國家圖書館 | 2015 | 册府千華——民間珍貴典籍收藏展 |
| 7 | 浙江 | 2016 | 册府千華——浙江省藏國家珍貴古籍特展 |
| 8 | 廣東 | 2016 | 册府千華——廣東省藏國家珍貴古籍特展 |
| 9 | 貴州 | 2017 | 册府千華——貴州省藏國家珍貴古籍特展 |
| 10 | 内蒙古 | 2017 | 册府千華——内蒙古自治區藏國家珍貴古籍特展 |
| 11 | 四川 | 2017 | 册府千華——四川省圖書館藏國家珍貴古籍特展 |
| 12 | 河南 | 2017 | 册府千華——河南省藏國家珍貴古籍特展 |
| 13 | 雲南 | 2017 | 册府千華——雲南省藏國家珍貴古籍特展 |
| 14 | 青海 | 2017 | 册府千華——青海省藏國家珍貴古籍特展 |
| 15 | 江蘇 | 2018 | 册府千華——2018江蘇省藏國家珍貴古籍特展 |
| 16 | 廣西 | 2018 | 册府千華——廣西壯族自治區藏國家珍貴古籍特展 |
| 17 | 吉林 | 2018 | 册府千華——吉林省珍貴古籍特展 |
| 18 | 雲南迪慶 | 2018 | 册府千華——納格拉洞藏經修復成果展 |
| 19 | 山西 | 2018 | 册府千華 妙手匠心——山西省古籍保護成果展 |
| 20 | 浙江紹興 | 2018 | 册府千華——紹興市古籍保護成果展開幕 |
| 21 | 山東 | 2018 | 册府千華 守望文明：泰山·黄河·孔子——山東珍貴古籍展 |
| 22 | 寧夏 | 2018 | 册府千華——寧夏回族自治區珍貴古籍特展 |
| 23 | 黑龍江 | 2019 | 册府千華——黑龍江省藏國家珍貴古籍特展 |
| 24 | 遼寧大連 | 2019 | 册府千華——大連地區藏國家珍貴古籍特展暨古籍保護成果展 |
| 25 | 重慶 | 2020 | 册府千華——重慶藏國家珍貴古籍特展 |
| 26 | 江西 | 2020 | 册府千華——江西省藏國家珍貴古籍特展 |
| 27 | 江蘇蘇州 | 2021 | 册府千華——蘇州藏國家珍貴古籍特展 |
| 28 | 浙江大學 | 2021 | 册府千華：中國與亞洲——浙江大學藏中外善本珍本圖書 |
| 29 | 南京大學 | 2021 | 册府千華·南雍擷珍——南京大學古籍菁華展 |

## 圖書在版編目（ＣＩＰ）數據

册府千華：中國與亞洲 浙江大學藏中文珍貴古籍版本圖録 / 浙江大學圖書館古籍碑帖研究與保護中心編. -- 杭州 : 浙江古籍出版社, 2022.3

ISBN 978-7-5540-2192-7

Ⅰ. ①册… Ⅱ. ①浙… Ⅲ. ①古籍－中國－圖録 Ⅳ. ①Z838

中國版本圖書館CIP數據核字(2022)第017782號

**册府千華：中國與亞洲**

**浙江大學藏中文珍貴古籍版本圖録**

浙江大學圖書館古籍碑帖研究與保護中心　編

出版發行　浙江古籍出版社

（杭州市體育場路347號　電話：0571—8517 6986）

網　　址　https://zjgj.zjcbcm.com

責任編輯　伍姬穎

文字編輯　屈鈺明

責任校對　安夢玥

書籍設計　張彌迪

責任印務　樓浩凱

製　　版　杭州聿書堂文化藝術有限公司

印　　刷　浙江海虹彩色印務有限公司

開　　本　889×1194　1/16

印　　張　12.5

字　　數　100千字

版　　次　2022年3月第1版

印　　次　2022年3月第1次印刷

書　　號　ISBN 978-7-5540-2192-7

定　　價　198.00圓